ŒUVRES COMPLÈTES

DE L. VITET

CHEZ LES MÊMES ÉDITEURS

ŒUVRES COMPLÈTES
DE
L. VITET
DE L'ACADÉMIE FRANÇAISE

Format grand in-18

LA LIGUE, scènes historiques — Les États de Blois — Histoire de la ligue — Les Barricades — La Mort de Henri III, précédées des États d'Orléans (nouvelle édition)...	2 vol.
ESSAIS HISTORIQUES ET LITTÉRAIRES	1 —
ÉTUDES SUR L'HISTOIRE DE L'ART (2ᵉ édition)........	4 —
HISTOIRE DE DIEPPE (*sous presse*)	1 —

Format in-8

L'ACADÉMIE ROYALE DE PEINTURE, étude historique.....	1 —
LE LOUVRE, étude historique (*sous presse*)	1 —

POISSY. — TYP. ET STÉR. DE A. BOURET.

ÉTUDES
SUR
L'HISTOIRE DE L'ART

PAR

L. VITET
DE L'ACADÉMIE FRANÇAISE

PREMIÈRE SÉRIE

ANTIQUITÉ
GRÈCE — ROME — BAS-EMPIRE

DEUXIÈME ÉDITION

PARIS
MICHEL LÉVY FRÈRES, LIBRAIRES ÉDITEURS
RUE VIVIENNE, 2 BIS, ET BOULEVARD DES ITALIENS, 15
A LA LIBRAIRIE NOUVELLE

1867

Droits de reproduction et de traduction réservés

INTRODUCTION

Ces *études* sont des fragments, des essais isolés, écrits au jour le jour et à long intervalle, les uns tout récemment, les autres il y a trente ans et plus, tous imprimés déjà pour le moins une fois. Nous les reproduisons en les groupant par séries, par volumes, par ordre de matières autant que faire se peut, et sous ce titre qui en exprime assez bien le caractère commun et le trait principal, *Études sur l'histoire de l'art*. C'est, en effet, l'histoire, bien plus encore que la théorie de l'art, qui fait le fond de ces fragments.

Ils n'ont aucune prétention de former un tout, un ensemble, encore moins d'être une histoire de l'art à proprement parler, c'est-à-dire un tableau complet et méthodique des innombrables formes qu'a revêtues le sentiment du beau, chez tous les peuples et à tous les âges, depuis les temps civilisés. Tel est, en effet, le programme d'une histoire de l'art aujourd'hui ; œuvre immense qui, chaque jour, s'accroît encore de faits nouveaux, de découvertes imprévues, de problèmes inespérés. C'est un champ qui grandit à mesure qu'on l'explore, et que bientôt aucun regard n'aura plus la puissance d'embrasser tout entier.

Ne demandez donc ici rien qui ressemble à cette vaste histoire. Ce n'est pas de matériaux épars que peut sortir un pareil édifice. N'en cherchez ni le plan d'ensemble, ni même de partielles ébauches. Des aperçus, des vues, des données générales, quelques jalons semés çà et là, voilà ce que nous offrons : c'est au lecteur à combler les lacunes. Il trouvera pourtant, nous l'espérons, dans ce pêle-mêle de morceaux détachés, quelques fidèles reflets des nouveautés principales, qui, depuis un siècle environ, depuis la mort de Winckelmann, ont envahi et peu à peu transformé l'histoire de l'art.

Quelles sont ces nouveautés? Il les faut indiquer en deux mots pour prêter quelque prix, quelque intérêt à ces *études*, nous dirions presque pour en donner la clef.

Commençons donc par le point de départ. Voyons ce qu'était, il y a cent ans, cette science nouvelle, alors que l'illustre antiquaire, par la double puissance de sa nature d'artiste et d'érudit, venait de la mettre au monde. Qu'avait-il voulu faire? l'histoire de l'art chez les anciens, pas autre chose. L'antiquité, la pure antiquité était tout son sujet : personne alors n'aurait eu la pensée de lui demander rien de plus. L'heure n'était pas venue de suivre l'art dans sa marche jusqu'à nos temps modernes, à travers les ténèbres du bas-empire et les lueurs du moyen âge; de le montrer revenant à la vie avec la société dont il est le fidèle compagnon; changeant comme elle d'aspect et de fortune selon les temps, selon les lieux; semblant même quelquefois s'éclipser et s'éteindre, mais renaissant toujours. Cette façon d'entendre l'histoire de l'art qui n'étonne personne aujourd'hui, on ne l'aurait, en ce temps-là, ni tolérée ni comprise. C'était déjà une audace assez grande, même en se renfermant dans les limites consacrées de l'antiquité classique, que de considérer l'art en lui-même, dans son essence, de l'étudier dans ses œuvres, d'en suivre les progrès et les vicissitudes, de le traiter, en un mot, comme un être réel, comme une sorte de personnage, dont on peut raconter les actes et la vie.

La tentative était vraiment nouvelle, et fit l'effet, non sans raison, d'un éclair de génie. Rien de tel, jusque-là, n'avait existé nulle part, pas plus de fait que de nom. Voyez chez les anciens : ce ne sont pas quelques pages de Pline, quelques notes de Pausanias, quelques préceptes de Vitruve, qui contiennent en germe l'idée de Winckelmann. Dans ces précieux débris de l'esthétique des anciens, que trouvons-nous? des anecdotes, des détails biographiques, des traditions, des règles, des procédés, rien de philosophique, pas une vue sur la marche de l'art. Passez de là chez les modernes : vous voyez les plus savants esprits, longtemps avant le dernier siècle, s'occuper, et même avec passion, des monuments antiques; on les étudiait, on en discutait la date, on en expliquait l'usage; les commentaires, les gloses, les controverses ne manquaient pas; mais tout cela n'était qu'érudition et archéologie. Les seuls artistes de profession, en présence de ces monuments, faisaient quelque attention aux caractères du style, aux beautés de la forme. Les savants n'y prenaient pas garde; ils pensaient à tant d'autres choses! Pour eux, les plus parfaits chefs-d'œuvre étaient ceux dont ils pouvaient tirer le plus de notions historiques; ils les interrogeaient à titre de témoins, comme des pièces à l'appui de leurs idées, de leurs systèmes, comme des suppléments aux preuves manuscrites qu'ils possédaient déjà.

La gloire de Winckelmann est d'avoir découvert tout un monde nouveau caché et comme enfoui sous cette érudition; d'avoir senti, quoique savant, ce qu'admiraient les artistes, et de l'avoir expliqué avec méthode et avec feu. Épris jusqu'à l'enthousiasme de la beauté plastique, il en fit sa règle suprême dans l'étude de l'antiquité. Dès lors, les monuments se classèrent à ses yeux non plus par ordre d'importance historique, mais par degrés de beauté. Cette beauté, à peine entrevue jusque-là, et appréciée sans autre guide qu'un capricieux instinct, il en fit l'analyse, il en chercha les lois, il en **traça** l'histoire. De là cette classification par siècles, par époques, cette savante hiérarchie des œuvres des anciens. Du plus aride des grimoires, il avait fait sortir la plus poétique des sciences. L'histoire de l'art était créée. Il lui avait donné, du premier coup, la vie, l'indépendance, la noblesse, l'éclat, et ce caractère animé, attachant, et presque dramatique qu'un esprit passionné imprime et communique même aux données de la science. Mais si attrayante qu'il l'eût faite, elle n'en était pas moins enfermée dans un cercle étroit. Le monde antique était son seul domaine, son extrême limite. L'œuvre était donc inachevée : il n'y avait tout au plus d'éclairci que la moitié du problème.

Ce n'est pas tout : dans cette moitié même, dans ce champ de l'antiquité qu'il explorait exclusivement, et qu'il semblait si bien connaître, jusqu'où ses regards avaient-ils pénétré? Qu'avait-il pu voir de ses yeux? Ce qui était visible de son temps, l'ancien monde romain, l'Italie, Rome, rien au delà. L'art grec, dont, avec grande raison, il proclamait la suprême excellence, dont il faisait la base, le fond de son système, il n'en pouvait juger que par ouï-dire, sur la foi des auteurs anciens, et d'après certains marbres trouvés en Italie. La véritable Grèce et les trésors qu'elle possédait encore, l'art des grands siècles, les vrais chefs d'œuvre, il n'en avait qu'une imparfaite idée ; il les connaissait aussi peu que l'Égypte, la Perse, l'Assyrie, et tout ce monde asiatique alors totalement ignoré. On comprend donc que, malgré son génie, il n'ait donné qu'une base précaire à la science qu'il avait fondée. Sa gloire de fondateur n'en souffre aucune atteinte; l'idée mère n'en est pas moins à lui ; mais l'œuvre est à reprendre, dans toutes ses parties, presque de fond en comble; les jugements comme les faits, il faut tout reviser, tout compléter, tout refondre.

Dès lors on voit quelles sont ces nouveautés dont nous parlions tout à l'heure : c'est d'une part l'art moderne tout entier, dix-huit siècles de christianisme et toutes les idées, toutes les émotions, toutes les formes nouvelles qui se font jour dans le cours de ces siècles ; c'est d'autre part l'art antique restitué, éclairci, complété par cent ans d'heureuses découvertes, de fouilles incessantes, d'intelligentes révélations.

Ne sent on pas que des deux côtés la tâche est considérable? Pour ne parler que de l'art moderne, est-il rien de plus malaisé que d'en tracer l'histoire? Même les siècles antérieurs à l'an mil, quelque tristes et quelque obscurs qu'ils soient, demandent une profonde étude. Avec quel soin ne faut-il pas chercher les derniers restes de feu sacré qui s'échappent de ces ruines? Faire la part de l'esprit nouveau régénérant l'esprit ancien, la part de la barbarie étouffant ce fécond mélange; puis, aux premières lueurs des sociétés modernes, saluer le réveil de l'art approprié aux conditions du temps, de l'art religieux et féodal, hardi, aventureux, sans traditions, sans modèles, dédaigneux de l'antiquité, ne lui empruntant rien, du moins en apparence, ne déployant que ses propres ailes; art puissant, inspiré, savant même, quoi qu'on dise; expression merveilleuse des idées de spiritualité et dominant la matière avec une incroyable audace; mais abusant bientôt de cette audace même, poussant son principe à l'extrême, aboutissant aux tours de force, aux effets incertains, confus, désordonnés, aux soi-disant richesses sans mesure et sans loi qui présagent une fin prochaine? Aussi cette série de siècles créateurs n'est-elle que la préparation, la préface à l'histoire véritable de l'art moderne proprement dit. Toutes ces renaissances successives du onzième au quinzième siècle, sont éclipsées, à tort ou à raison, par la grande *renaissance* qui seule porte ce nom, éclosion subite des chefs-d'œuvre les plus divers, jet merveilleux de la séve moderne dirigée et contenue par les règles de l'antiquité.

Mais cette renaissance, ce retour au passé, cette brillante transaction prendra-t-elle partout même forme? Sera-t-elle acceptée partout? Son règne sera-t-il longtemps paisible, incontesté? N'assisterons-nous pas à d'incessantes luttes entre l'esprit qui l'anime, l'esprit classique, l'esprit d'autorité, et la fantaisie personnelle; entre le style et le caprice, entre le dessin et la couleur, luttes plus ou moins ardentes, plus ou moins prolongées selon les divers pays d'Europe, mais animées partout et jetant dans ces trois derniers siècles de continuelles péripéties? Eh bien, c'est cet ensemble qu'il s'agit d'embrasser, c'est à tous ces détails qu'il faut pouvoir suffire quand on veut continuer l'œuvre de Winckelmann. Et nous ne parlons là que des régions inexplorées par lui, du dernier complément de son œuvre, nous ne parlons que de l'art moderne.

Or, sur l'autre terrain, sur le sol de l'antiquité, l'entreprise n'est guère moins périlleuse. Que de lacunes à combler! que de faits à rectifier! que de perspectives à ouvrir? L'Asie, à elle seule, est un champ sans

a.

limites, un champ d'études absolument nouvelles. Aussi mal connue que l'Égypte avant la fin du dernier siècle, elle est maintenant comme elle, visitée et fouillée en tous sens. Les monuments qui s'y rencontrent sont au premier aspect incompatibles avec l'art de la Grèce et néanmoins ils s'y rattachent par des liens réels et par d'étranges affinités; aussi, les influences asiatiques et égyptiennes sont elles désormais une partie intégrante de l'histoire du grand art antique. Elles en éclairent le berceau, elles en expliquent les décadences, elles aident même à en mieux sentir les merveilleuses perfections. Il faut en tenir compte aussi bien en présence des richesses de l'archaïsme et des splendeurs des grands siècles, que devant les raffinements de l'école alexandrine ou devant les témérités des siècles byzantins.

Mais c'est la Grèce elle-même, bien plus encore que l'Égypte et l'Asie, qui depuis Winckelmann a mis à neuf, en quelque sorte, et ravivé l'histoire de l'art. Cette Grèce que nous pensions connaître, il a suffi qu'elle fût affranchie, c'est-à-dire accessible à tous, pour apparaître sous son vrai jour. La vue des lieux, la vue des monuments a redressé nos idées préconçues, rectifié nos jugements, modifié nos classifications et préparé les savantes recherches qui, bien qu'inachevées, ont immortalisé le nom d'Ottfried Muller. Cette distinction nettement établie entre l'esprit dorique et l'esprit ionien, entre ces deux antiques races, si opposées de goût, de mœurs, de caractères, qui, dès les temps primitifs, ont envahi et se sont disputé ce coin de terre favorisé du ciel, voilà tout à la fois une des conquêtes les plus fécondes de l'esprit historique moderne, et peut-être la source principale des nouveautés dont nous parlons ici. Au lieu de raisons abstraites, arbitraires, inventées à plaisir, ce sont maintenant des causes naturelles, vivantes, presque palpables, c'est la coexistence et l'antagonisme persévérant, puis les rapprochements passagers de ces deux races, de ces deux éléments constitutifs du génie grec, qui expliquent et les diversités et les anomalies de l'art à ses différents âges et sur les divers points de la terre hellénique.

Enfin, si vous passez de Grèce en Italie, les aperçus nouveaux vont encore se multiplier. Entre l'art grec et l'art romain, par exemple, nous trouvons aujourd'hui, des différences plus nombreuses, des désaccords plus profonds que n'en supposait Winckelmann, par la raison que nous voyons l'art grec lui-même sous un tout autre aspect qu'il ne l'avait conçu. Pour lui Phidias était le *Giotto* de la sculpture grecque ; il en est pour nous, tout ensemble, le *Léonard* et le *Michel-Ange*. Il lui prêtait, faute de le connaître, un degré d'archaïsme dont personne aujourd'hui ne songe à l'accuser, et en revanche il acceptait comme le dernier terme et l'apogée de l'art certaines œuvres assurément très-belles, mais déjà en partie déchues de cette fleur de jeunesse, de cette grandeur de conception, de cette simplicité native sans lesquelles, en matière d'art, il n'est plus d'âge d'or.

S'il eût connu les marbres du Parthénon et les autres sculptures de cette même époque que nous possédons aujourd'hui, il eût évité ces méprises : il eût vu que la vie n'est pas incompatible avec les perfections les plus idéales de la forme; que le grand art, l'art grec par excellence, consiste précisément en un parfait et mystérieux mélange d'idéal et de vie, et dès lors il eût été plus sobre d'enthousiasme envers des productions où cette harmonieuse union n'existe déjà plus, où la vie se matérialise sans que la forme y gagne rien, imitations dégénérées bien qu'habiles et savantes. Si Winckelmann avait connu le véritable Phidias, il n'eût pas, lui, le fidèle ami, l'adorateur du génie grec, contribué à mettre en faveur, à faire régner despotiquement chez nous pendant plus de quarante années, ce qu'il y a de moins grec au monde, ce style abstrait, inanimé, ce goût soi-disant idéal d'où sont sorties les sécheresses et les roideurs de l'école de David.

Mais la mission la plus nouvelle et la plus délicate aujourd'hui, ce n'est pas de faire le procès à l'art romain, ou, pour mieux dire, à l'art grec essayant de refleurir à Rome, c'est plutôt de lui rendre justice, de montrer que parfois il n'est ni froid ni routinier; qu'il a, lui aussi, ses bons jours, ses jours de séve originale; qu'autant dans le domaine de la mythologie et des traditions héroïques il devient emprunté, banal et conventionnel autant dans l'apothéose de la grandeur romaine, dans l'expression des pompes triomphales il est amplement riche, hardi et créateur, sans compter que lorsqu'il se borne à étudier la vie individuelle, à exprimer des caractères, lorsqu'il fait, en un mot, des bustes, des portraits, il s'affranchit des liens d'école, trouve un accent nouveau, et produit des chefs-d'œuvre sinon de poésie du moins de vérité.

Et ce n'est pas seulement à Rome, c'est dans le reste

de la Péninsule, en Étrurie, en Calabre, dans la Pouille, autour des golfes de Salerne et de Naples, qu'il faut suivre les migrations de l'art, en deviner les origines, en saisir les transformations. Qu'elle infinie variété! Et combien, de nos jours, les éléments cachés de ce curieux spectacle se manifestent plus clairement, soit qu'on jette les yeux sur l'Italie méridionale, et qu'on retrouve tantôt, comme à Pestum, les grandeurs et les simplicités du caractère dorique, tantôt, comme à Pompeï, la grâce et l'abondance de l'esprit Ionien ; soit qu'en remontant l'Apennin, de Pérouse à Volterre, de Cortone à Chiusi, on exhume les restes d'un art étrange, depuis longtemps célèbre mais à peine connu, de l'art Étrusque, ce composé bizarre d'influences asiatiques, aussi directes qu'évidentes, et d'enseignements grecs non moins incontestables, se confondant et s'altérant dans la rudesse persistante de populations autochthones; art sans pareil, imparfait, inégal, inculte et raffiné, monstrueux et charmant, jamais correct, parfois sublime, semé d'imitations et, malgré ses emprunts, toujours original, ou pour le moins indépendant.

On le voit donc, nous n'avions rien exagéré : la tâche est vraiment formidable : l'ensemble en est immense, le détail infini. Il faut aborder de front les sujets les plus dissemblables, les idées les plus disparates; entrer dans la pensée de chaque siècle, dans l'esprit de chaque société; s'initier à toutes les écoles, compter avec tous les goûts, se faire à tous les climats, comprendre tous les succès, ceux-là même qu'on approuve le moins, et se garder pourtant de pousser jusqu'à l'indifférence cette sorte d'impartialité : ce n'est pas seulement un travail de recherches, une œuvre de patience, une exacte nomenclature qui constituent l'histoire de l'art, c'est une peinture animée où l'auteur intervient et se réserve un rôle, où tout en racontant il dirige et il juge, où sa propre opinion, son goût, ses préférences sont franchement accusés.

Trouvera-t-on jamais un vigoureux esprit, encore assez jeune, assez vert, et d'expérience assez mûre, pour se charger d'un tel fardeau ? Dans la patrie de Winckelmann beaucoup l'ont essayé; personne avec l'éclat, l'autorité, le succès de Winckelmann lui-même ; ce qui ne veut pas dire que d'utiles travaux, que d'importants ouvrages n'aient vu le jour au delà du Rhin. On s'est divisé la besogne, on a fait des monographies, des œuvres de détail, ou bien encore des abrégés, des manuels, et même aussi des lexiques, excellents instruments d'étude, mais spécialement consacrés les uns à tel ou tel art pris en particulier, les autres à telle ou telle époque, et presque tous traitant séparément, comme deux choses entièrement étrangères l'une à l'autre, l'art dans les temps modernes et dans l'antiquité. Quelques esprits sans doute ont essayé de planer sur l'ensemble, et de tout embrasser d'un coup d'œil, mais la plupart en cherchant la synthèse se sont égarés dans les nues. On sait qu'en Allemagne il n'y a guère de de milieu entre la pure métaphysique et l'érudition pure et simple.

L'Angleterre, au contraire, par son esprit pratique, échappe à cette alternative ; elle use peu des abstractions et ne se noie pas dans les détails, mais jusqu'ici l'histoire de l'art ne l'a pas vivement séduite. Elle n'a rien produit en ce genre qu'on puisse dire original, si ce n'est quelques essais tout archéologiques sur les origines de l'art, et notamment de l'architecture, au moyen âge, essais remarquables avant tout par la justesse et l'impartialité. Il faut aussi lui savoir gré des lumières que ses voyageurs en parcourant le monde et surtout l'Orient, on jetées sur l'état de l'art aux époques les plus diverses et souvent les plus reculées. Mais tout celà n'est autre chose qu'une série de matériaux : quant à l'histoire de l'art, telle que nous l'entendons, complète et générale, descriptive, vivante et néanmoins philosophique, ni l'Angleterre ni l'Allemagne n'en ont encore donné un véritable exemple qui fasse autorité.

En France aussi même lacune. Ce n'est pourtant pas faute que la philosophie ne nous ait dit, depuis trente ans, sur la science et sur l'histoire du beau, les plus brillantes vérités; ce n'est pas faute que, de son côté, la critique en matière d'art n'ait fait aussi, chez nous, depuis la même époque, les plus évidents progrès. Dans nos journaux, dans nos recueils, on n'abandonne plus ces sortes de questions aux fantaisies de l'esprit littéraire, on les confie au goût, à l'habileté technique de véritables connaisseurs. Si donc il était possible d'unir et de fondre ensemble l'expérience des uns et les savantes spéculations des autres, le problème serait bientôt résolu. Mais, justement, ce qui nous manque, c'est cet heureux amalgame. Nos philosophes n'exercent pas sur nos artistes une autorité suffisante : l'étude et la comparaison des œuvres d'art n'étant pas leur principale affaire, les idées qu'ils émettent et les lois qu'ils proclament, ont trop l'air de pures théories; et, d'autre part, nos critiques, tout occupés de l'art contemporain, aux prises, chaque matin, avec l'œuvre qui vient de naître, ont à peine occasion de jeter un coup d'œil d'ensemble sur les siècles passés; s'ils y regardent, c'est, trop souvent, pour chercher, chacun à l'appui de sa thèse, selon le besoin du jour, un exemple isolé, un argument de circonstance. On s'accoutume ainsi à ne voir que séparément, une à une, les choses les plus étroitement liées. On se passionne pour celles qu'on connaît, on ne songe pas même à regarder les autres. De là des engouements, des dédains exclusifs. Les uns ne jurent que par le moyen âge, les autres que par l'antiquité; il en est qui n'adorent que le dix-septième siècle; d'autres donneraient tout Le Sueur et Poussin pour un caprice de Boucher. Et que résulte-t-il, dans notre école, de ces admirations circonscrites, de ces conflits, de ces partialités? la pire des maladies, l'esprit d'imitation. Chacun se façonne à l'image de l'époque ou du maître qu'il affectionne par-dessus tout : on s'abdique, on se subordonne. Toute séve originale, tout souffle créateur disparaît peu à peu.

Que faire pour affranchir le goût, pour le rendre à la fois plus libre et plus tolérant, plus large et plus élevé? Le vrai moyen, le seul peut-être, est d'éclaircir, de répandre, de populariser l'histoire de l'art, d'en exposer toutes les phases, d'en révéler tous les secrets, sans descendre à trop de détails, sans se perdre en vaines minuties, mais sans rien négliger non plus, sans omettre et sans laisser dans l'ombre aucun des anneaux d'or de cette longue chaîne.

On ne sait pas assez quel enseignement peut en sortir; combien ces séries d'exemples, ces leçons à la fois théoriques et pratiques sont plus claires et plus éloquentes que tous les préceptes abstraits. Dissertez tant qu'il vous plaira sur l'essence de la beauté, creusez l'éternel mystère des émotions qu'elle fait naître et tirez-en les lois de l'art, vous trouverez à peine quelques esprits pour vous comprendre et la conscience des artistes n'en sera pas même effleurée; tandis que si vous chargez l'histoire d'étaler à leurs yeux toutes les créations humaines qui d'âge en âge ont excité l'amour, l'admiration, l'enthousiasme des hommes; s'ils voyent qu'en tout temps, en tout lieu, les mêmes conditions ont produit des chefs-d'œuvre, les mêmes causes des œuvres dégénérées ; que les grandes époques ont même raison d'être et procèdent non de hasards heureux, mais de constantes lois ; que toujours et partout, sous Périclès et sous saint Louis, sous Alexandre et sous Louis XIV, c'est la simplicité, le naturel, l'observation fidèle de la forme, la franche expression de la vie et de la pensée qui ont assuré à quelques œuvres une jeunesse éternelle et une impérissable estime, tandis que les dons acquis, les qualités savantes, les effets recherchés, le fini précieux, et même aussi la fougue, le désordre, le hasardé, le téméraire, s'ils ont parfois surpris la renommée, ne l'ont jamais gardée longtemps, ou ne conservent en vieillissant que l'éclat affaibli d'une célébrité secondaire ; si tel est le spectacle que vos récits déroulent devant eux, vous leur inculquez le respect des saines traditions, l'amour des grands principes, mieux qu'en les accablant de règles, de formules, et de doctes prédications. L'histoire de l'art ainsi comprise n'est donc pas seulement un délassement, un jeu d'oisifs et de raffinés, une satisfaction d'esprit, une science sans application, elle est l'enseignement le plus sûr et le plus pratique, la plus efficace des leçons.

Mais pourquoi, dira-t-on, se donner tant de peine ?

Qu'ont besoin nos artistes de connaître si bien ce qui s'est fait avant eux? Ne le savent-ils pas déjà trop? N'en sont-ils pas gênés plutôt que secourus? Et ne vaut-il pas mieux leur donner simplement quelques notions pratiques, puis les abandonner à leur inspiration? — Assurément, l'inspiration naïve, l'inspiration des premiers âges, si vous pouviez la faire renaître, le mieux serait de n'y rien ajouter. Mais en sommes-nous là, et avons-nous le choix? Le monde est bien trop vieux! Vous ne pouvez pas faire que le passé, que les exemples de nos pères nous soient totalement inconnus : nous en savons tous quelque chose; et c'est ce demi-savoir, plein de périls s'il demeure incomplet, qu'il s'agit d'élargir et d'étendre. Le remède n'est que là. Au lieu de l'art à jamais perdu, de l'art naïf et virginal, il faut nous élever à l'art éclairé, réfléchi, à l'art intelligent, comprenant tout, libre de préjugés, affranchi des formules, planant sur les routines, et s'ouvrant des régions nouvelles à force de comprendre les leçons de l'histoire et l'esprit de son propre temps. S'il est un art de l'avenir, ce ne sera qu'à de telles conditions.

Reste, il est vrai, la mise en œuvre de cet enseignement; reste à produire ces leçons de l'histoire, ce vaste ensemble, ce lumineux enchaînement de faits, d'idées, de souvenirs! Nous voulons croire qu'une tâche si grande excitera l'ardeur des générations qui nous suivent. C'est pour les provoquer, pour éveiller le zèle de jeunes et vaillants esprits, que nous rassemblons ces fragments, incomplètes ébauches de l'œuvre que nous espérons d'eux.

L. V.

INDEX

PREMIÈRE SÉRIE
ANTIQUITÉ
GRÈCE — ROME — BAS-EMPIRE.

I. — Pindare et l'art grec.
II. — Les marbres d'Éleusis.
III. — Nouvelles fouilles à Éleusis.
IV. — Projet d'un nouveau musée de sculpture grecque.
V. — Athènes aux quinzième, seizième et dix-septième siècles.
VI. — La collection Campana.
VII. — Monuments antiques de la ville d'Orange.
VIII. — Les mosaïques chrétiennes de Rome.
IX. — De l'architecture byzantine en France.

DEUXIÈME SÉRIE
MOYEN AGE

I. — Notre-Dame de Noyon.
II. — L'architecture chrétienne en Judée.
III. — L'architecture du moyen âge en Angleterre.
IV. — L'architecture lombarde.
V. — L'église Saint-Cunibert à Cologne.
VI. — Les monuments historiques du nord-ouest de la France.
VII. — Le musée de l'hôtel de Cluny.
VIII. — L'orfévrerie religieuse au moyen âge.
IX. — L'art et l'archéologie.
X. — M. Charles Lenormant.

INDEX.

TROISIÈME SÉRIE

TEMPS MODERNES

LA PEINTURE EN ITALIE, EN FRANCE ET AUX PAYS-BAS

I. — Raphaël à Florence.
II. — Eustache Le Sueur.
III. — Les peintres flamands et hollandais.
IV. — L. David.
V. — Paul Delaroche.
VI. — Ary Scheffer.
VII. — Eugène Delacroix.
VIII. — Hippolyte Flandrin.

QUATRIÈME SÉRIE

TEMPS MODERNES

ARTS DIVERS. — MUSIQUE RELIGIEUSE, MUSIQUE MODERNE

I. — De la théorie des jardins.
II. — Les nielles — Origines de la gravure.
III. — Marc-Antoine Raimondi.
IV. — L'art et les artistes au seizième siècle. — Les Clouet.
V. — Un tableau attribué à F. Clouet.
VI. — Notations musicales de l'Europe.
VII — De l'harmonie au moyen âge.
VIII. — Nouvelle théorie des *neumes*.
IX. — De la musique théâtrale en France.
X. — Rossini et l'avenir de la musique.

ÉTUDES

SUR

L'HISTOIRE DE L'ART

I

PINDARE ET L'ART GREC

A propos des *Essais sur le génie de Pindare et sur la poésie lyrique*
PAR M. VILLEMAIN

Les plus belles œuvres naissent le plus souvent presque à l'insu de leurs auteurs. Au lieu d'un plan conçu d'avance, c'est un hasard, une rencontre qui fait éclore l'inspiration. Il y a cinq ou six ans, l'Académie française avait mis au concours une traduction de Pindare, soit en vers, soit en prose, elle en laissait le choix, demandant seulement, n'importe par quel moyen, un reflet quelque peu fidèle de ce sévère et audacieux génie. Dans un temps qui se pique à bon droit d'avoir rallumé le flambeau de l'inspiration lyrique, l'idée était heureuse de proposer un prix extraordinaire à qui nous donnerait Pindare dans notre langue. Qui le connaît en effet? Ceux qui peuvent le lire sont en si petit nombre, ceux qui l'o.. cru traduire l'ont si bien travesti! Les concurrents ne firent pas défaut, et la plupart, on doit le dire, avaient suffisamment compris le texte grec; mais le rendre, le faire sentir, en exprimer l'esprit, en faire jaillir la flamme, aucun d'eux n'avait même essayé. La commission chargée de dépouiller les manuscrits, de préparer et d'instruire le concours, n'en poursuivait pas moins sa tâche avec courage. On feuilletait, on cherchait, on lisait, on recourait au texte, et ce membre de l'Académie qui, par bonheur, fait partie de toutes les commissions, moins encore en vertu de sa charge que par une sorte de délégation tacite et naturelle d'un corps dont il est l'âme; cet helléniste délicat, chez qui la philologie la plus riche et la plus variée n'est qu'un art accessoire qui se perd et s'efface dans l'éclat de ses dons littéraires, M. Villemain aiguillonné de temps en temps par l'impuissante maladresse d'un de ces apprentis traducteurs, se surprenait à dire : « S'il nous donnait au moins le simple mot à mot ! » Et alors s'échappait de ses lèvres une de ces phrases transparentes qui, sans cesser d'être françaises, laissent clairement entrevoir le calque d'une phrase antique, tant l'ordre et le mouvement des idées, le ton et le coloris des mots s'y conservent fidèlement. A mesure qu'avançait l'examen, ces explosions devenaient plus fréquentes. D'abord c'était un vers, puis une strophe, puis une ode tout entière qui se trouvaient ainsi spontanément traduits. On eût dit un de ces peintres qui, devant la toile d'un élève, commencent par corriger seulement en paroles, indiquant, expliquant ce qu'il eût fallu faire, puis qui peu à peu s'emparent du pinceau, saisissent la palette et finissent la leçon en disant : Regardez, tâchez de faire comme moi !

Au bout de quelques séances, tout Pindare n'était pas traduit, mais il était comme ébauché dans ses parties principales. Pas un fragment notable, pas un hymne célèbre sur lequel, en passant, notre vaillant jouteur n'eût entamé la lutte. Ses confrères, comme on pense, l'excitaient à l'envi, sachant bien qu'une fois à moitié du chemin il irait jusqu'au bout. Peut-être même espéraient-ils déjà qu'après la traduction viendrait le commentaire. Et, en effet, que de choses à dire non-seulement sur Pindare, sur ses vers, sur son temps, sur ses rivaux de gloire, mais sur la poésie lyrique elle-même ! A quelles conditions se produit-elle en ce monde? quelle en est l'essence et l'origine? Est-elle de tous les temps et de tous les climats? tous les états de société peuvent-ils lui donner naissance? N'est-il pas chez les peuples certain degré d'élévation morale et religieuse au-dessous duquel elle ne fleurit pas? Quels furent ses triomphes, ses chutes, ses renaissances? Quelle est son histoire en un mot, et quel peut être son avenir? Autant de questions qui se pressent et s'enchaînent dès qu'on jette les yeux sur ces chants immortels.

C'est ainsi que, sans l'avoir voulu, entraîné, subjugué par l'ascendant fortuit d'un sujet admirable, M. Villemain s'est dévoué à nous traduire Pindare, et comme préambule nous donne le tableau le plus vaste et le plus animé, la plus heureuse page de critique et d'histoire que sa plume ait jamais tracée.

Cette introduction seule est déjà sous nos yeux; la traduction suivra de près, mais à quelque intervalle. Il était bon de lui frayer la route, de préparer les esprits, d'éveiller l'attention et la curiosité par l'attrait d'un brillant frontispice. Le génie de ce grand poëte est chez nous dans un tel abandon! C'est une réparation que M. Villemain lui prépare. Aussi gourmande-t-il notre longue tiédeur. Boileau lui-même, dit-il, tout en rompant en l'honneur de Pindare des lances contre Perrault, le connaissait-il bien? le goûtait-il vraiment? l'admirait-il autrement qu'en paroles, autrement que de parti pris et par dévote fidélité au culte des anciens? l'avait-il même lu tout entier? En citant seulement quatre vers des *Isthmiques*, n'aurait-il pas clos la bouche à Perrault, et vidé sans débat une de leurs querelles sur Homère? Ces quatre vers, et bien d'autres peut-être, lui avaient donc échappé? Et quelle meilleure preuve d'une imparfaite intelligence de cette haute poésie que l'innocente bonne foi avec laquelle il s'imagine avoir imité Pindare dans son ode sur la prise de Namur? Quant à Voltaire, c'est autre chose: il ne prend pas la peine de simuler l'admiration, et ne voit dans le grand lyrique, dans *cet inintelligible et boursouflé Thébain*, comme il l'appelle, qu'*un chantre de combats à coups de poing, premier violon du roi de Sicile*. M. Villemain n'a donc pas tort, nous devons à Pindare une réparation.

Mais d'où vient que nous l'avons ainsi négligé et presque méconnu? Je mets de côté Voltaire; son siècle et lui se sont moqués de tant de nobles choses, que ce serait merveille s'ils avaient pris Pindare au sérieux. Je ne m'étonne que du dix-septième siècle restant froid, réservé, insensible à ce genre de beautés. Est-il donc dans l'antiquité un plus grand nom que le nom de Pindare? Sa gloire, dans le monde ancien, ne s'est-elle pas perpétuée d'âge en âge, toujours incontestée et toujours renaissante? A Rome aussi bien qu'à Athènes, il marche au même rang qu'Homère; Horace est à genoux devant lui, et non pas en flatteur, comme devant Auguste et Mécène, mais en disciple sincère et convaincu. Comment, encore un coup, nos lettrés du grand siècle, accoutumés à tenir compte des jugements de l'antiquité, à modeler leurs goûts sur son exemple, ont-ils passé devant cette figure de Pindare sans lui donner un regard, sans lui brûler un grain d'encens? Je reconnais que l'abbé Massieu, Lamothe-Houdard, et autres de même taille, l'ont honoré de leurs imitations et de leurs paraphrases; mais nos vrais écrivains, nos vrais poëtes, quel hommage lui ont-ils rendu, quels emprunts lui ont-ils faits? les *Olympiques*, les *Pythiques*, les *Isthmiques*, les *Néméennes*, ces quatre grands débris, incomplets, mutilés, mais splendides encore, pour eux ne sont que d'incultes ruines qu'ils ont à peine parcourues sans y rien admirer, sans en rien retenir : étrange indifférence!

Était-ce donc la grandeur de l'hymne, l'audace du dithyrambe, l'accent lyrique, en un mot, que nous étions alors hors d'état de comprendre? Mais, dans ce même siècle, les plus sublimes des lyriques, les prophètes de la sainte Écriture, n'étaient-ils pas admirés et compris? Malherbe, Corneille, Racine, n'en ont-ils pas sondé les effrayantes profondeurs et reproduit le merveilleux langage? Ce n'est donc ni l'ampleur, ni la témérité, ni l'exagération lyrique qui nous ont rebutés dans le poëte thébain. M. Villemain suppose même que c'est ce lyrisme sacré, si bien traduit alors et en si grande estime, qui a comme étouffé le lyrisme païen. C'est Moïse, c'est Isaïe, David, tout le chœur des prophètes, qui ont fait tort à Pindare. L'esprit des Psaumes nous a comme distraits et détournés de l'esprit des *Pythiques*.

J'admets l'explication, et cependant, si grand que fût alors l'empire de la poésie hébraïque et chrétienne, cet empire était-il absolu? Ceux de nos poëtes qui l'ont le mieux interprétée n'ont-ils obéi qu'à elle? n'ont-ils pas maintes fois cherché l'inspiration ailleurs que dans la Bible, puisé à d'autres sources, à des sources profanes? L'auteur de *Polyeucte* n'a-t-il pas fait *Psyché*, et Racine n'a-t-il fait qu'*Athalie*? La question reste donc entière. De tous les grands modèles consacrés par l'antiquité et par elle transmis à nos respects, de tous les poëtes grecs dont nous possédons des chefs-d'œuvre, Pindare est presque le seul dont le dix-septième siècle ne se soit point épris et qu'il ait délaissé sans honneurs et sans interprète. Pourquoi cette exception, et que lui manquait-il? Il lui manquait, faut-il le dire? d'être né quelques olympiades moins tôt, ou d'être, comme Homère, enfant de l'Ionie.

Archaïque et Dorien, Dorien d'esprit et de cœur encore plus que de dialecte, voilà ses deux méfaits. C'est par là qu'il ne peut s'entendre avec le dix-septième siècle, pour qui l'antiquité grecque commence à peine à Périclès, et qui n'accepte Homère, le vieil Homère, qu'en faveur du génie sans rudesse et des instincts civilisés et dramatiques qui sont le privilége naturel de sa race.

Ainsi ce n'est point à Pindare en particulier qu'on a che nous tenu rigueur. Ce que nous avons négligé, mal compris, ce n'est pas son génie, c'est le génie de l'antiquité grecque elle-même dans sa manifestation la plus haute et la plus sévère, dans sa grandeur, dans sa force, dans sa liberté primitive, avec ses irrégularités apparentes, ses formes abruptes et heurtées, ses grands traits sans détails et presque sans nuances. Voilà, selon moi, l'excuse de notre longue insouciance. Pour sentir et comprendre Pindare, il nous manquait la clef non-seulement de ses propres beautés, mais de tout un ensemble d'idées, de sentiments, de contours et de formes dont il est un des représentants les plus persévérants et les plus insoumis.

Tout se lie, tout se tient, architecture et poésie. Combien voilà-t-il de temps que nos yeux se sont accoutumés à la majestueuse rudesse du véritable ordre dorique? Que d'hésitations, que de tâtonnements avant d'en venir là! Ce proéminent chapiteau ombrageant de son vaste tailloir un coussinet rustique, au galbe épais, fuyant et aplati, ces cannelures aiguës, ce fût conique descendant jusqu'au sol sans base ni talon, sans cothurne ni sandale, depuis quand sentons-nous que c'est là de l'art grec et de la vraie beauté? L'ordre dorique promulgué par Vitruve, tel que sur sa parole on l'enseigne en Europe depuis plus de trois siècles, a-t-il la moindre ressemblance avec celui-là? Support banal, maigre colonne, chapiteau froid et effacé, tailloir timide et sans saillie, traduction romaine, en un mot, d'un admirable texte grec, tout est amoindri, tronqué, défiguré dans le dorique de Vitruve, et pourtant, quand Vitruve écrivait, les grands modèles étaient debout. Depuis Pœstum et Sélinonte jusqu'au fond de la mer Égée, on n'avait qu'à choisir. Tout le sol hellénique était encore couvert des types du dorique véritable. Vitruve n'en dit rien. Pas un mot de ces vieux chefs-d'œuvre, pas même du plus jeune, du plus brillant de tous, du Parthénon; il n'a pas l'air de savoir qu'il existe. En revanche, il soutient doctement que l'ordre dorique est impropre à la construction des temples, que les anciens l'ont ainsi reconnu, et que depuis longtemps la mode en est passée[1]. Les anciens! qu'entend-il par là? Le voilà donc qui rejette Ictinus par delà les anciens, dans les temps à demi barbares! Les anciens, pour Vitruve, ce sont les Grecs d'Alexandrie, les architectes des Ptolémées! Il place l'âge d'or en pleine décadence. Or c'est lui, notez bien, c'est lui seul qui a fait notre éducation; les secrets du grand art de bâtir ne nous sont venus que par lui. De là notre tardive intelligence de l'antiquité véritable, surtout de l'antiquité grecque.

Tant qu'il s'agit de l'art romain, Vitruve est un témoin fidèle, il est sur son terrain; il parle de ce qu'il sait, ou s'il se trompe, les monuments sont là, à notre porte, on peut toujours le contredire. On le pouvait, comme aujourd'hui, au dix-septième siècle, même au seizième et au quinzième, car l'Italie nous fut toujours ouverte, tandis qu'en Grèce on n'y pénètre que depuis hier. Les Turcs en prirent la clef tout juste

---

[1] « Nonnulli antiqui architecti negaverunt dorico genere ædes sacras oportere fieri... Quapropter antiqui evitare usi sunt in ædibus sacris doricæ symmetriæ rationem. » (*Vitruv.*, lib. IV, cap. III.)

à partir du jour où apparurent en Occident les premières lueurs d'amour et de respect pour les chefs-d'œuvre de l'antiquité. Vitruve, grâce aux Turcs, devint donc un oracle; sa soi-disant architecture grecque fut acceptée sans conteste. Qui aurait pu prévoir qu'un jour, en parcourant la Grèce, nous verrions ce législateur, neuf fois sur dix, démenti par les monuments? Homme de science et architecte, placé pour tout bien voir, froid, sensé, méthodique, comment son témoignage n'aurait-il pas fait foi? Il fut cru sur parole, et pendant trois cents ans, au lieu d'un art plein d'imprévu, d'audace et de liberté, respectant, il est vrai, certaines grandes lois éternelles, mais n enchaînant jamais l'imagination, il nous fit accueillir et cultiver dans nos écoles, sous ce grand nom d'architecture grecque, un système à la fois timide et inflexible, où de nobles et sages préceptes semblent comme enfouis sous de mesquines prescriptions.

Eh bien, la poésie grecque n'a-t-elle pas eu ses Vitruves aussi? non pas faute de monuments, car ici ce n'est plus ni de pierre ni de marbre qu'il s'agit. Les manuscrits ne tiennent point au sol, ils pouvaient fuir, échapper aux barbares, et nous en recueillîmes d'admirables débris. La main des copistes d'abord, bientôt après l'imprimerie les multiplièrent par milliers, puis d'érudits interprètes se chargèrent de les mettre à la portée de tous. On devait donc espérer que le génie des Grecs serait chez nous plus heureux en poésie qu'en architecture, que nous saurions comprendre non pas seulement leurs vers, mais leur manière de les sentir, accepter leurs jugements, adopter leurs préférences et respecter la hiérarchie de leurs admirations. Il n'en fut rien. Nous admirâmes, mais

1.

tout autrement qu'eux. Cette impartialité qui nous fait aujourd'hui comme sortir de nous-mêmes pour juger une ancienne œuvre d'art, cette façon de franchir les siècles, de nous unir à l'artiste, de partager pour un moment ses passions, ses préjugés, même son ignorance, c'est quelque chose de tout à fait moderne. Nos pères n'ont rien connu de tel ; ils ne prenaient pas tant de peine. Dans la poésie grecque, ils ne virent, ils n'admirèrent sincèrement que ce qui se rapprochait plus ou moins de leurs propres idées, de leurs goûts, de leurs habitudes. Une heureuse et savante expression de sentiments à peine antiques, c'est-à-dire de ces sentiments qui sont de tous les temps et de tous les climats, révélations vivantes, mais générales, de la nature humaine, fonds commun obligé de toute poésie, voilà ce qui les charma, ce qui leur sembla la véritable gloire de la lyre hellénique. Tout ce qui s'écartait au contraire de cette perfection tempérée, de ces beautés un peu banales, tout ce qui laissait voir un aspect insolite, un certain air d'audace, certains angles aigus et fièrement taillés, leur devint un sujet de trouble et de scandale ; c'étaient pour eux les grossiers rudiments d'un art à son enfance, et, comme on dissimule les fautes d'un ami, ils cherchèrent à n'en rien laisser voir. Aussi quel soin chez les traducteurs à cacher ces aspérités, tantôt sous d'amples paraphrases, tantôt avec la lime, en retranchant et en arrondissant !

Ainsi, en poésie comme en architecture, comme dans tous les arts du dessin, la véritable Grèce et ses primitives beautés ne furent chez nous, dans les trois derniers siècles, qu'imparfaitement senties. Si à Rome, du temps d'Auguste, on ne comprenait plus l'esprit du Parthénon, s'il semblait suranné, hors de mode ; si les raffinements de la critique alexandrine avaient faussé le goût même en architecture, et substitué au véritable art grec un art de convention, comment en France, sous Louis XIV, vouliez-vous que Pindare fût encore en faveur? Le meilleur helléniste n'y voyait que du feu.

Racine assurément savait le grec autant qu'homme de France; il le savait en érudit et le devinait en poëte; Athénien lui-même en quelque sorte, passant sa vie au théâtre d'Athènes, qu'a-t-il vraiment compris des trois grands tragiques, et qu'a-t-il pu leur emprunter? Quelques scènes, quelques passages, et encore au moins Grec, en moins ancien des trois. Celui-là même, cet Euripide, son inspirateur, son poëte, dès qu'il s'écarte un peu du cercle des idées communes à tout le genre humain pour rentrer franchement sur son sol hellénique, dès qu'il s'adresse aux passions, aux souvenirs, aux préjugés de ses concitoyens et fait luire sur ses personnages les vrais rayons du ciel attique, aussitôt, on le sent, il déroute le génie de Racine, il échappe à sa pénétration. Ce n'est pas seulement par égard pour les courtisans et par peur des marquis que notre poëte a transformé et affadi son *Hippolyte*, c'est avant tout faute d'avoir senti, comme il savait sentir, la suave grandeur, l'héroïque pureté, l'idéal et mystérieux amour de l'Hippolyte d'Euripide. « O Racine! s'écrie M. Villemain avec un doux reproche, comment n'avoir pas fait passer dans votre admirable langage cette belle et tendre invocation que le jeune héros, à son entrée en scène, au milieu de ses joyeux amis, adresse à Diane, à sa déesse favorite, à sa reine chérie? Pourquoi ce discours d'un gouverneur de prince, au lieu du souvenir de cette invisible et divine maîtresse, dont l'innocent Hippolyte croit entendre la voix dans le silence des forêts? » On le voit donc, même chez Euripide, il y a des traits d'une simplicité encore trop primitive pour être savourés par Racine, des beautés devant lequelles il passe sans qu'elles se révèlent à lui; qu'était-ce donc chez Sophocle, ce peintre de caractères, ce poëte citoyen, dont tous les vers sont des médailles frappées au vrai coin de la Grèce? Et quant au vieil Eschyle, au religieux et lyrique Eschyle, Racine a soin de nous l'apprendre, il n'essayait pas même de l'entendre, et des sept tragédies, seul débris de cette immense gloire, il ne pouvait lire sans fatigue que quelques scènes tout au plus, les premières scènes des *Choéphores*. Saumaise allait plus loin : l'intrépide savant, qui ne reculait guère devant les textes épineux, déclarait que pour lui Eschyle, d'un bout à l'autre, était inintelligible.

Or Eschyle et Pindare sont deux contemporains, et le moins accessible des deux n'est à coup sûr pas Eschyle. Bien que lyrique aussi, il a cet avantage qu'il écrit pour la scène, que sa poésie est dialoguée et s'appuie sur un drame. Toute action dramatique, même lente et presque immobile, est pour l'esprit un jalon conducteur, tandis que rien ne nous égare comme les brusques saillies, les bonds irréguliers de l'ode et du dithyrambe. Voilà donc pour le dix-septième siècle la véritable excuse : il ne pouvait pas goûter Pindare lorsque ses érudits et ses poëtes renonçaient à comprendre Eschyle.

Mais d'où vient qu'aujourd'hui, sans avoir le génie de Racine, sans savoir le grec comme lui, sans même être un Saumaise, on peut entendre Eschyle, le sentir, l'admirer, ne pas lire seulement le début de ses *Choéphores*, mais son *Orestie* tout entière, ses *Perses*, ses *Suppliantes*, même son *Prométhée*, se complaire à sa poésie, en être ému, en contempler avec respect les colossales proportions, les audacieux profils et la décoration si pure, quoique massive et taillée à grands traits? D'où vient que ce genre de beautés n'est plus une énigme pour nous? Et je ne parle pas, notez bien, de quelques esprits d'élite pour qui le soleil brille quand les nuées couvrent la terre; j'excepte même quiconque a déjà lu deux merveilleux chapitres de l'*Essai sur Pindare*, où M. Villemain évoque en traits de flamme et illumine de ses magiques traductions ce mystérieux génie, « Eschyle, le grand Eschyle. » Je récuse ces deux chapitres, par excès d'impartialité, comme on doit faire de toute séduction par trop irrésistible. Je parle seulement du public tel qu'il est, livré à ses propres lumières, et je dis qu'aujourd'hui quiconque par hasard lit encore les tragiques se garde bien, si respectueux qu'il soit pour Euripide et pour Sophocle, de marchander la gloire au vieil Eschyle. Je dis que cette suprématie, dont jamais dans l'antiquité l'ancien roi de la scène ne fut complétement déchu, même après les victoires de ses jeunes rivaux, cette suprématie, qui nous semblait inexplicable, presque absurde, il n'y a pas quarante ans, aujourd'hui n'étonne plus personne, et s'il y avait une palme à donner, s'il fallait faire un choix entre ces trois génies, l'ombre d'Aristophane en bondirait de joie, ce serait à coup sûr son poëte vénéré, ce serait Eschyle et avec lui la grande poésie, l'art simple, religieux et vraiment créateur, qui chez nous aujourd'hui obtiendrait la couronne.

D'où vient, je le répète, cette métamorphose? Un voile

s'est-il donc déchiré? ou bien sommes-nous plus simples dans nos goûts, de mœurs plus primitives, plus grands, plus généreux que nos pères? Il est permis d'en douter. Tout en valant mieux qu'eux peut-être au moins par certains côtés, ce n'est pas notre grandeur morale, ce n'est pas l état de nos âmes qui nous aide à comprendre Eschyle. Est-ce la politique, le spectacle auquel nous assistons depuis deux tiers de siècle? Il faut le reconnaître, tous ces bouleversements du monde, ces immenses triomphes, ces immenses revers accoutument l'esprit aux fortes émotions, aux plaisirs grandioses, et c'est aussi comme un enseignement pour pénétrer dans cette austère poésie que d'avoir quelquefois éprouvé par nous-mêmes certains grands sentiments dont elle est animée. Les mâles dévouements, les civiques vertus, les patriotiques ardeurs des contemporains de Miltiade n'étaient que lettre morte, rhétorique, abstractions devant un trône absolu, tandisque depuis soixante ans, dans nos alternatives de liberté et de servitude, nous en avons par intervalle senti la réalité. Mais ni la politique, ni le patriotisme, ni même des causes plus directes, les progrès incessants de l'histoire et de l'ethnographie, n'auraient suffi à faire éclore cette nouvelle intelligence de l'antique poésie grecque sans une autre influence, sans quelque chose de plus révélateur, quelque chose qui parlât aux yeux. Je vais révolter peut-être certains amis des lettres qui s'offensent à l'idée qu'en aucun cas des formes, des figures, des signes matériels, les arts du dessin en un mot, soient pour elles des truchemans nécessaires, des commentaires vivifiants. Rien n'est plus vrai pourtant.

Supposez en 1828 les Turcs vainqueurs à Navarin et la

Grèce depuis trente-deux ans close et murée comme autrefois ; les beautés et le vrai caractère de l'archaïsme grec seraient encore à l'état de problème, soyez-en sûrs, aussi bien en poésie qu'en sculpture et en architecture. La délivrance de ce petit coin de terre a produit plus d'effet dans le monde des arts qu'on ne le croit communément. C'est la contre-partie du désastre de 1453. L'erreur où nous avait jetés la confiscation de la Grèce, l'affranchissement de 1828 nous en a délivrés. Il a fait justice à la fois et de la barbarie musulmano et du faux hellénisme, de l'hellénisme alexandrin et de sa contre-façon romaine. Ce n'est pas seulement la flotte du sultan, c'est l'autorité de Vitruve (en ce qui touche à la Grèce) qui a sombré à Navarin. Un changement à vue, une lumière soudaine nous a fait voir le véritable art grec, l'art des grands siècles, chez lui, sur son propre sol, mutilé, en ruines, mais pur, sans alliage, non travesti, non commenté.

Il y avait trois cents ans que l'Europe artiste et savante croyait en être en possession : il lui a bien fallu confesser sa méprise. Déjà même pendant le dernier siècle son instinct l'avait avertie qu'elle faisait fausse route, que Vitruve l'avait fourvoyée. Aussi, dès cette époque, que de travaux, que de recherches pour découvrir ce précieux mystère, le véritable art grec ! Pendant qu'à la surface les Boucher, les Vanloo semblent tout diriger, qu'on ne jure que par eux, qu'on ne connaît d'autre idéal qu'un voluptueux caprice, l'érudition travaille et complote en silence un retour à l'antiquité, et non pas à cette antiquité de formes indécises, aux vêtements flottants, ni grecque ni romaine, comme l'entendait Lebrun, mais à une antiquité nouvelle, sévère de lignes et de costume, une pure antiquité grecque. D'heureuses découvertes secondaient l'entreprise : des villes entières venaient d'êtres trouvées sous les scories d'un volcan, villes italo-grecques par malheur, et non franchement hellènes ; n'importe, c'étaient de précieux indices, des éléments nouveaux, assez pour bâtir un système, pour parler aux imaginations ; assez pour rêver la Grèce, pas assez pour la retrouver.

Telle est en effet l'impuissance de tout effort spéculatif en semblable matière, l'insurmontable difficulté de retrouver par la pensée des lignes et des contours sans le secours des yeux, que les chefs de ce mouvement rénovateur, tous, à des degrés divers, habiles, savants, ingénieux, pleins de patience et d'ardeur, quelques-uns même de génie, je cite seulement Caylus, Barthélemy, Winckelmann, faute de posséder et de pouvoir connaître les fondements véritables de l'art qu'ils prétendaient ressusciter, réduits à l'inventer d'après des données incomplètes et d'insuffisants témoignages, qu'ont-ils pu faire ? Qu'ont-ils imaginé ? A quel art grec nous ont ils conduits ? A celui dont David fut l'éditeur et non le père, qu'il accepta tout fait de leur science, et écrivit sous leur dictée de son puissant pinceau.

Ils avaient voulu fuir l'influence romaine, se dégager de l'esprit de Vitruve, qui pesait sur Lebrun, et chercher jusque dans l'archaïsme un remède à la décadence ; ils réussirent à éviter l'épaisseur, la lourdeur, l'indécision des lignes, mais tombèrent dans la sécheresse, la maigreur et l'aridité. Système étrange qui supprimait la vie par peur de ses excès ! Sa nouveauté, son exagération même assurèrent son triomphe : il fut accueilli d'abord presque avec fanatisme, puis délaissé, et finit par s'éteindre dans une sorte de léthargie, parce qu'en effet c'était la mort que cette prétendue pureté.

A peine était-il tombé que bientôt nous apprîmes, presque sans y penser, sans effort de génie, sans nouveau Winckelmann, quelle était la véritable loi, la condition première de cet art si longtemps poursuivi. C'était tout simplement la vie, la vie dans sa juste mesure, en parfait équilibre avec l'ordre et la règle, mais avant tout la vie ; si bien que toute œuvre d'art d'où la vie est absente, quels que soient d'ailleurs sa structure, ses formes et ses traits, n'est grecque que de nom ou n'est pas des beaux temps de la Grèce, on peut l'affirmer à coup sûr. Qui nous avait révélé cette loi ? Je ne sais ; mais l'évidence n'en fut bien établie et ne devint incontestable que vers le temps et comme à la suite de notre expédition de Morée. Déjà pourtant, huit ou dix ans plus tôt, on en avait comme aperçu les premières lueurs. Des marbres incomparables, tels que n'en possédait aucun musée d'Europe, apparurent tout à coup à Londres et à Paris : c'étaient des sculptures arrachées au Parthénon lui-même ; c'était une statue, moins violemment acquise, de moins illustre origine, mais de style analogue, notre *Vénus de Milo*. Se rappelle-t-on bien l'étonnement, le trouble où ces chefs-d'œuvre jetèrent les esprits ? Ce type de beauté contrariait toutes nos traditions. Ce n'était ni la roideur de David ni la molle ampleur de Lebrun ; un accord imprévu des dons les plus contraires, un incompréhensible mélange d'idéal et de réalité, d'élégance et de force, de noblesse et de naturel, confondaient notre jugement. Le propre des vrais chefs-d'œuvre est de causer ces sortes de surprise. Ils nous prennent au dépourvu, nous troublent dans la routine de nos admirations; puis bientôt leur ascendant triomphe, ils s'emparent de nous et tournent à leur profit notre penchant à l'habitude : alors ils nous font voir sous un aspect nouveau, ils font descendre à un rang secondaire tout ce qui régnait avant eux. C'est ainsi que les marbres d'Elgin et la Vénus de Milo, une fois acceptés et compris, détrônèrent peu à peu nos chefs-d'œuvre de prédilection, non qu'il y eût chez ceux-ci la moindre déchéance, mais, comparés à ces nouveau-venus, ils étaient de moins haute naissance et n'avaient plus de droits au premier rang.

Ainsi nos vrais initiateurs, avant même l'affranchissement de la Grèce, ce furent ces marbres merveilleux; mais notre éducation ne s'acheva réellement, nos idées et nos théories ne furent complétement redressées que par l'exploration fréquente de cette terre devenue libre et par l'étude des débris qui la couvraient encore. Lorsqu'il fut bien prouvé que de pareils chefs-d'œuvre ne venaient pas d'un hasard isolé, que partout où s'était conservé un fragment authentique des grands siècles de l'art on rencontrait ce même style, puissant et souple, majestueux et vivant; lorsqu'on apprit qu'à cette statuaire s'associait partout une imposante architecture, faite à sa taille et animée du même esprit, que cette architecture avait pour supports naturels, pour membres nécessaires, ces robustes colonnes, ces rustiques chapiteaux qui, la première fois qu'on les vit à Pœstum, dans le siècle dernier, parurent si étranges qu'on les prit pour une création locale et fortuite, une œuvre déréglée de cyclopes ou de géants, et que pendant longtemps on en fit comme un ordre à part sous le nom d'*ordre de Pœstum*; lorsqu'il fut avéré enfin que cet ordre insolite et soi-disant inculte était en Grèce d'usage universel, l'ordre par excellence, avant et y compris le siècle de Périclès, il fallut bien en prendre son parti et concevoir l'art grec sous un jour tout nouveau, c'est-à-dire reléguer à la seconde place les perfections inanimées, les lignes déliées et subtiles, et ne donner le premier rang qu'à la mâle énergie et à l'antique simplicité.

Et l'on voudrait que cette vérité, une fois acquise à la critique, n'eût jeté ses rayons que sur les arts plastiques, sans que sur la poésie il en tombât quelques reflets? N'allez pas jusqu'en Grèce, passez deux heures au *British Museum*, dans cette grande salle tapissée tout entière des dépouilles d'Athènes, suivez des yeux cette bruyante cavalcade, cette procession majestueuse et vivante; contemplez ces colosses dont les poitrines mutilées respirent et se soulèvent sous leurs diaphanes draperies, et en regard de cette statuaire, comme pour en donner l'échelle et mettre tout à son plan, ce fût tronqué de colonne dorique portant son immense chapiteau; laissez-vous pénétrer de l'esprit de ces formes, et dites-nous si vous éprouvez là cette froideur un peu pédante, ce je ne sais quoi d'abstrait et d'artificiel qui, plus ou moins, vous saisit malgré vous dans ces salles d'antiques de presque tous les musées d'Europe, où quelques vrais chefs-d'œuvre se mêlent trop souvent aux produits équivoques des siècles d'imitation! N'est-ce pas autre chose? Si peu que vous ayez de poésie grecque dans la mémoire, vous la sentez s'illuminer; certains éclairs d'analogie s'échappent de ces marbres et vont donner un sens aux mots, aux phrases qui vous étaient impénétrables; ce que ni dictionnaire, ni glose, ni grammaire ne vous pourraient apprendre, ces sculptures vous le disent. Elles vous forcent à concevoir des hommes à leur image, à prêter à ces hommes leurs véritables mœurs et leurs vrais sentiments; vous avez devant vous non pas un art imitateur, une convention savante, non pas même la nature dans le sens général du mot, mais l'antiquité grecque elle-même, la grande et primitive antiquité, qui vous parle sa noble langue. Voilà ce qu'aujourd'hui il est donné à tous de voir et de connaître, et c'est pourquoi, tout pygmées que nous sommes, nous pouvons désormais comprendre ce qui ne fut si longtemps qu'énigmes et que nuages pour de plus grands que nous.

On le voit donc, l'heure est venue de donner à Pindare cette réparation que M. Villemain lui prépare. Plus d'obstacles préjudiciels, s'il est permis de parler ainsi. Avec notre façon nouvelle de comprendre l'antiquité, quelles préventions, quels préjugés nous reste-t-il contre Pindare? La place est nette; le vieux poëte, le vieux Dorien peut prendre la parole : il n'excitera pas chez nous, comme autrefois dans son pays, des transports d'enthousiasme, un délire populaire, mais il n'essuiera plus ni le dédain ni même l'indifférence. Le mérite de notre temps, qui n'aime au fond que le plaisir, et se soucie fort peu du beau, c'est de permettre au moins qu'on l'admire. Il ne s'offense pas qu'on ait le goût plus haut placé que lui, et tolère, tout en n'en usant pas, les bons exemples qu'on lui donne. Ainsi l'ordre dorique n'est assurément pas du goût de tout le monde, mais personne ne s'aviserait plus de l'appeler barbare. Il en sera de même pour Pindare : les vrais adorateurs, grâce à son interprète, ne lui manqueront pas, et de plus, dans la foule elle-même, il trouvera certain respect. On lui épargnera les querelles vulgaires sans cesse répétées jusqu'ici, ces éternels reproches de monotonie et de disproportion entre le luxe de ses épisodes et la stérilité de ses sujets : critique superficielle qui se méprend sur l'œuvre qu'elle prétend juger, mêle et confond les temps aussi bien que les lieux, et ne s'aperçoit pas que ce qu'elle reproche à Pindare, c'est en réalité de ne pas ressembler à Horace, de n'être pas lyrique de la même façon, varié dans ses formes, délicat, tempéré, élégamment sceptique et voluptueux. Sans doute il faut aimer Horace, en faire nos délices; mais permettons à Pindare de comprendre autrement son art et sa mission. La monotonie de Pindare, c'est sa grandeur. Autant vaudrait reprocher au psalmiste d'invoquer Dieu sans cesse, de toujours reproduire ces mêmes grandes idées qui marchent et se suivent comme les flots de la mer, toujours semblables et toujours variées par une inépuisable fécondité d'images. C'est là ce qu'on appelle la monotonie de Pindare. Lui aussi, il invoque ses dieux, il leur parle sans cesse, non pas, comme le poëte de Tibur, quand la cadence le commande, pour bien commencer sa strophe ou pour la bien finir, mais quand la foi l'ordonne. Oublie-t-on qu'il n'est pas poëte dans le sens moderne de ce mot, mais poëte et prêtre tout ensemble, prêtre de Delphes et d'Apollon? Les vers pour lui sont des prédications, un ministère, un sacerdoce. Et quant aux épisodes qui semblent dominer et même étouffer ses sujets, quoi d'étonnant? Ses vrais sujets, ce sont ses épisodes. Ce jeune athlète dont il célèbre la victoire, dont il dira brièvement l'agilité, la vigueur, le courage, qu'est-il pour lui? Un prétexte à chanter de plus nobles et de plus grandes choses. Il n'eut jamais dessein de raconter sa vie, de faire un poëme en son honneur. Ce que vous prenez pour son sujet n'est autre chose qu'un prélude. Pendant qu'il accorde sa lyre, assis à ce foyer, dans cette fête domestique, en trois ou quatre vers il salue le vainqueur, il réjouit son vieux père, ses amis, et la cité qui le vit naître. Cela dit, il s'arrête : s'il prend son vol, ce n'est pas qu'il s'égare, c'est qu'il marche à son but. Ce but est d'honorer la sagesse des dieux, de célébrer le respect des ancêtres, de fortifier les cœurs, de graver dans les âmes l'enthousiasme de la vertu, de faire des citoyens, de préparer pour la patrie d'héroïques défenseurs.

Culte des dieux, culte de la patrie, voilà la poésie de Pindare. L'homme, la personne humaine, n'en est point le sujet, et n'y joue que le moindre rôle. Pindare ne serait pas dorien s'il voyait autre chose dans ses concitoyens qu'un peuple, un corps de nation. Il ne comprend, il ne peint les hommes et les choses que de haut et d'ensemble. Il plane sur la terre et ne l'habite pas. Point de peintures individuelles, encore moins de peintures fictives. Sa muse, c'est avant tout la vérité, l'austère et pure vérité. On sent qu'il est impropre, comme toute sa race, aux fictions du théâtre, et que sa gravité religieuse ne saurait se plier même au genre de mensonge le plus innocent de tous. Aussi M. Villemain s'attache avec raison à réfuter l'étrange erreur du compilateur Suidas, qui, pour donner sans doute plus grande idée du poëte thébain, s'avise de lui attribuer je ne sais combien de tragédies. Personne, depuis deux mille ans, n'en a vu un seul vers, ni même entendu parler; mais ce qui, mieux encore que ce silence de toute l'antiquité, donne à Suidas un démenti, c'est l'œuvre même de Pindare, ce qui nous est connu, ce qui nous reste de son génie.

Or, il faut bien le dire, ce n'est pas un médiocre obstacle pour réussir chez nous que ce génie dorique, cette inflexible austérité. Nous sommes Ioniens et le serons toujours. Nous voulons bien suivre un poëte dans ses élans les plus audacieux, aussi haut qu'il lui plaît de monter, mais à la condition de trouver dans ses vers, sinon l'intérêt du drame, du moins quelque chose d'humain. L'archaïque sublimité de Pindare, sa soi-disant monotonie, l'ampleur de ses épisodes, ses digressions philosophiques, patriotiques et religieuses, rien de tout cela ne m'effrayerait, si çà et là je le voyais descendre jusqu'à l'émotion dramatique. J'entends par là non pas la scène, le théâtre; j'entends certains combats de l'âme que, même en dehors du drame, le poëte peut toujours exprimer. Mais Pindare ne transige pas, il n'est pas lyrique à demi. Le vrai, le grand lyrisme est presque impersonnel, c'est-à-dire antidramatique. Pindare, même à Athènes, même à la cour d'un roi, n'introduira pas dans ses chants cette émotion cachée et communicative que se permet Eschyle, son vieil émule, comme lui religieux, mais non pas Dorien. Ce n'est point, à coup sûr, par le jeu de la scène, par l'artifice du théâtre, qu'Eschyle nous ébranle : son art, à lui, est aussi du lyrisme, mais un lyrisme qui daigne parler des hommes, qui s'intéresse à leurs misères, et qui tout à la fois les touche et les exalte. Aussi, pour sentir Eschyle, pour en pénétrer les beautés, les mystères, il ne fallait que nous débarrasser de nos modernes préjugés, prendre une idée plus large, un sentiment plus vrai de l'antiquité grecque, tandis que pour Pindare peut-être faudrait-il quelque chose de plus. Il faudrait devenir presque Doriens nous-mêmes, c'est-à-dire concevoir le rôle de l'homme en ce monde, la discipline humaine, comme on les comprenait à Thèbes et à Lacédémone.

Si du moins nous pouvions restituer à Pindare un élément de ses anciens triomphes, un auxiliaire inséparable dont aujourd'hui on oublie trop l'absence, qui lui rendit pourtant plus d'un service à Olympie, et qui, pour électriser les âmes, n'était pas de moindre puissance que l'émotion dramatique, la musique, compagne et soutien nécessaires de ces vers qu'aujourd'hui nous ne pouvons que lire! Par malheur, il est plus que douteux que jamais on découvre, sous quelque ville en cendres, le secret de cet art perdu, de cet art pour nous incompréhensible, la musique des Grecs! En attendant, qui oserait nous dire jusqu'à quel point cette mutilation n'a point atteint et affaibli la poésie elle-même? Jugez-en par l'étrange faiblesse où sont réduits chez nous les vers écrits pour la musique quand par hasard il leur arrive d'être lus et non pas chantés. Quel doit donc être le tort fait à Pindare par ce désastre musical? Il est vrai qu'on peut ne pas admettre une complète identité entre les grands lyriques de la Grèce et nos poëtes d'opéras. La perte néanmoins doit être immense, incalculable. C'est un naufrage qui ne nous a laissé d'autre débris, d'autre consolation qu'une agréable métaphore. Nos poëtes, en parlant, croient encore *chanter*, ils le disent du moins. La lyre ne sonne plus, mais son nom vit encore.

A défaut du prestige de l'accompagnement musical, M. Villemain donne à son grand poëte un autre auxiliaire, l'éblouissant secours de sa critique. Comme traducteur, il nous le montrera tel que le temps nous l'a légué, tel que les manuscrits nous le livrent, dans sa seule parole écrite; comme critique, il lui rend autre chose, la vie, l'accent pour ainsi dire; il ranime, il ressuscite sa puissance : c'est un équivalent de la musique. Et ne parlons pas de Pindare seulement : dans ce vaste tableau, dans cette histoire de la poésie lyrique, Pindare est bien la figure dominante, mais combien d'autres à qui l'âme et la parole sont également rendues! Nous avons cité deux chapitres, les deux chapitres sur Eschyle, il les faudrait citer tous. Alcée, Sapho, Tyrtée, Stésichore, Empédocle, Simonide, quels précurseurs du sublime trouvère, quelle galerie de bardes inspirés! comme chacun d'eux s'avance à nous, franchement dessiné dans son allure et dans ses traits! comme toutes ces figures se mêlent sans se confondre! comme elles se détachent sur ce fond d'or de la mer lesbienne et des côtes d'Ionie! que de détails et quel ensemble! quel trésor de science et de mémoire! quel art de rapprochements et de contrastes! quel don de tout comprendre et de tout faire voir! Puis, quand la décadence se laisse pressentir, quand son règne est venu, quand elle étale à flots ses douteuses richesses, ses subtiles parures, quel tact à démêler le peu d'or qui lui reste, et à mettre à nu son faux goût! Sortons-nous de la Grèce : quelle charmante peinture du lyrisme latin, quels francs éloges et quelles justes réserves! Au début du livre aussi, que d'étendue, que de franchise dans ce coup d'œil sur le lyrisme de la Bible! quel magnifique aveu de sa toute puissance! Dans l'épilogue enfin, que de vérités sur la muse moderne, quelles prophéties sur le sort qui l'attend !

Écrivain, professeur ou critique, jamais M. Villemain n'a senti de plus près la haute inspiration que dans cette étude savante et oratoire sur la poésie lyrique. Élevée jusqu'à cette puissance, la critique devient une œuvre d'art. C'est de la poésie que de tels jugements, une poésie qui rend aux choses leur aspect, leurs formes, leur relief et leur couleur. Rien ne peut mieux donner le spectacle de la Grèce antique que cette façon hardie d'en évoquer l'esprit et la pensée, rien, pas même la vue de l'*Elgin Saloon* ou de la *Vénus de Milo*. Si, par impossible, ces marbres révélateurs venaient jamais à disparaître, en nous parlant de poésie et d'antiquité grecque, M. Villemain nous les ferait revivre.

II

LES MARBRES D'ÉLEUSIS

Nous disions tout à l'heure, à propos de Pindare, que cet ancien art grec, si longtemps négligé, et comme retrouvé, de notre temps, dans sa patrie devenue libre, n'était pas jusqu'ici complétement connu ; nous promettions que cette noble terre aurait encore des secrets à nous dire, des trésors à nous révéler : or voici qu'un exemple, et des plus éclatants, vient justifier nos prévisions.

Pendant son dernier séjour à Athènes, peu de temps avant cette fatale maladie qui devait l'emporter, M. Charles Lenormant apprit qu'à Éleusis, en creusant les fondations d'une maison d'école, on venait de découvrir un bas-relief d'une rare beauté. Le marbre n'en était pas intact ; il s'était divisé en quatre fragments ; mais les morceaux se rapportaient avec exactitude, rien n'y manquait. Un peu plus loin, toujours à Éleusis, on avait retrouvé dans la maçonnerie d'un vieux mur une tête d'homme colossale, travail hardi et plein de feu. M. Lenormant vit ces sculptures et aussitôt sollicita du gouvernement grec la permission de les faire mouler et d'en envoyer les bons creux à notre École des Beaux-Arts. La demande fut accueillie et le travail exécuté. Ces creux, récemment arrivés à Paris, ont produit des épreuves que quelques personnes ont déjà vues, et qui bientôt, j'espère, seront publiquement exposées.

Je ne crois pas que le sol de la Grèce, depuis son affranchissement, nous ait encore rien révélé de comparable à ces sculptures. Je n'excepte pas même les délicieux fragments du temple de la Victoire aptère, car on sait en quel état de mutilation ils nous sont parvenus. Ce sont des sujets d'étude d'un prix inestimable; ils nous apprennent ce que le ciseau grec, sans trop s'écarter encore des traditions sévères, pouvait donner au marbre de mouvement, d'élégance et de vie; mais tout le monde n'est pas apte à comprendre de tels débris; il faut quelque habitude et un tact exercé pour deviner dans un tronçon de draperie toutes les beautés d'une statue. Ici, au contraire, l'œuvre est entière; tout est complet dans ce bas-relief, les jambes et les bras aussi bien que les têtes. Si quelques légères épaufrures se remarquent sur les parties les plus saillantes des visages, c'est si peu de chose, que l'œil du spectateur n'en est pas dérouté; ces cassures ne l'arrêtent pas. Il suit les lignes interrompues et les rétablit sans effort. En un mot, conservation parfaite, grandeur de style, bonheur d'exécution, voilà ce qui distingue ces sculptures d'Éleusis : l'art est là dans sa fleur et déjà presque mûr, avec les naïvetés de l'archaïsme et les perfections du savoir.

Je ne parle pas encore de la tête colossale; j'y reviendrai plus tard : c'est avant tout devant le bas-relief que je veux m'arrêter.

L'action se passe entre trois personnages, deux femmes et un adolescent de quatorze à quinze ans, tous trois debout, et plus grands que nature. Les femmes sont vêtues, le jeune homme a jeté sa chlamyde en arrière; déjà son corps est entièrement nu. Il occupe le premier plan, au milieu des deux femmes, et se tourne vers la plus âgée qui lui adresse la parole. La tête légèrement relevée, il l'écoute avec profond respect; dans son visage et même dans tout son corps on sent l'étonnement et l'émotion. C'est une leçon qui lui est faite ou un mystère qui lui est révélé. Cette femme qui lui parle a des traits majestueux, un vêtement royal; sa tunique tombe en longs tuyaux symétriques comme les cannelures d'une colonne; de la main gauche elle tient le grand sceptre, symbole du commandement, de la droite elle tend au jeune homme un objet presque imperceptible que celui-ci s'apprête à recevoir. Il ne s'aperçoit pas que derrière lui, la main suspendue sur sa tête, une autre femme semble le protéger et presque le bénir. Figure charmante, jeune, aimable et tristement rêveuse, elle soutient de sa main gauche un de ces longs flambeaux dont usaient les anciens dans leurs cérémonies funèbres. Ses draperies sont aussi délicates, fluides et diaphanes que celles de sa compagne sont solides et arrêtées. Son corps lui-même semble moins matériel : il n'a pas seulement plus de jeunesse et de grâce, il est moins consistant, moins réel : on le croirait dans une demi-teinte vaporeuse; on dirait une apparition.

2.

Quel est donc ce sujet? Pour peu qu'on se rappelle que nous sommes à Éleusis et sur l'emplacement présumé d'un des temples dont parle Pausanias, du temple de Triptolême, on ne peut guère hésiter. M. Lenormant dès l'abord vit dans ce jeune et robuste garçon Triptolême lui-même, instruit par Cérès et assisté par Proserpine. Je ne pense pas que cette explication puisse être contestée. C'est, dans le sens mystique et religieux, une scène d'initiation au culte des deux déesses, aux mystères éleusiniens; dans le sens historique et réel, une leçon d'agriculture, la première instruction donnée par la divinité au premier laboureur de l'Attique. Et qu'on ne refuse pas de reconnaître Cérès parce qu'elle n'a ni faucille à la main, ni blonds épis dans les cheveux. Ces attributs matériels, ces sortes d'armes parlantes, n'appartiennent pas aux temps anciens. Ce sont des commentaires, des suppléments d'explication dont l'usage apparaît vers le premier déclin des croyances populaires. Cérès à Éleusis n'est d'abord qu'une reine, sorte de divinité terrestre, bienfaisante et habile à nourrir les humains. Elle est descendue du ciel avec son divin secret; mais la douleur a troublé sa raison : sa fille lui a été ravie. Elle la cherche en tous lieux sur la terre, ne sachant pas le triste honneur que lui a fait le dieu des morts. Quand elle a bien couru, accablée de fatigue, elle s'arrête en un champ, aux portes d'Éleusis, s'assied sur une pierre nommée depuis la *triste pierre*, au bord d'un puits, ce puits qu'a chanté Callimaque, et qu'on montrait encore au temps de Pausanias. Le roi qui règne à Éleusis prend en pitié cette mère éplorée, la recueille dans son palais, la comble de soins et d'honneurs. Alors commence une série de bienfaits et de bénédictions que Cérès, par reconnaissance, répand sur la famille de ce prince hospitalier. Elle devient pour son jeune fils Triptolême une mère, une institutrice; elle lui enseigne son secret, l'art de cultiver le blé :

> ..... Data semina jussit
> Spargere humo [1].

Tel est, à l'origine, le mythe éleusinien. Un grain de blé fait le fond du mystère.

Eh bien, c'est ce grain de blé que, sur le bas-relief, la déesse présente au jeune néophyte; c'est pour le recevoir qu'il tend la main avec surprise et avec soumission. Le sujet n'est donc pas douteux; il est clairement écrit, on ne peut s'y méprendre. Reste à voir comment il est traité.

Il y aurait toute une étude à faire sur le style de ce bas-relief. J'ai déjà dit qu'il n'est pas homogène; quelques parties de la composition laissent voir un certain sentiment d'archaïsme. La disposition symétrique des deux figures de femmes, le costume de Cérès et surtout sa tunique aux longs plis droits et réguliers, le caractère un peu sévère de son visage et de sa coiffure, quelques détails moins apparents peut-être, tels que les pieds de Proserpine et surtout ceux de Triptolême, c'en est assez pour donner à cette sculpture comme un aspect de vétusté qui étonne au premier coup d'œil; mais, chose étrange, dès le second regard, ce qui prédomine au contraire, ce qui fait oublier tout le reste, c'est la vie, la libre et franche imitation de la forme humaine, la

---

[1] Ovide, *Métamorphoses*, ch. v, xix.

souplesse des mouvements, la délicatesse du modelé, l'art en un mot, l'art le plus pur qui se puisse concevoir. Non-seulement ces figures sont de même famille que celles du Parthénon, aussi nobles et aussi naturelles, aussi architecturales et aussi animées, mais on y trouve, s'il est possible, comme un degré de plus de vérité et d'idéal. Je ne sais rien de plus suavement beau que le bras gauche de Proserpine qui soutient le flambeau, rien de plus exquis que son mouvement de tête et tout l'ensemble de sa pose. Comme étude de nu, les jambes, les cuisses, le torse de Triptolème me semblent au moins égaler ce que l'antiquité nous a jusqu'ici fait voir de plus fin et de plus parfait, et quant aux draperies, elles sont aussi moelleuses et aussi transparentes que celles des *Parques* de Phidias, et d'un dessin peut-être encore plus sobre et plus franchement soutenu.

Ainsi voilà un marbre qu'on est tenté d'abord de croire antérieur au siècle de Périclès, et qui, dès qu'on le regarde, dès qu'on s'arrête à le contempler, devient une des créations les plus certainement authentiques de cette grande époque. D'où vient cette contradiction? Comment la main qui a dessiné d'un trait si sûr, qui a si merveilleusement modelé les cuisses et les jambes de ce charmant jeune homme, lui a-t-elle donné des pieds si longs, si effilés, si grêles, des pieds qui semblent empruntés à certaines statues égyptiennes? Ce ne peut être faute de savoir, encore moins caprice ou distraction. Il faut absolument admettre que cette *naïveté* est volontaire et même intentionnelle. Je ne me charge pas d'en donner la raison. Est-ce une de ces transactions étranges auxquelles l'art grec, déjà libre et dans sa splendeur, paraît s'être soumis en quelques circonstances et en faveur de certains dieux? Est-ce un de ces derniers hommages aux traditions hiératiques, aux souvenirs des idoles de bois, une imitation partielle des œuvres presque immobiles de la statuaire primitive? L'explication peut paraître subtile : quelques exemples cependant, et des plus concluants, semblent l'autoriser. Les statues du fronton d'Égine, aujourd'hui conservées à Munich, n'offrent-elles pas l'inconcevable disparate de têtes qui n'ont pas l'air d'appartenir aux corps qui les soutiennent? On sait avec quel art ces corps sont étudiés; ils ont des mouvements aussi libres et aussi justes, des attitudes aussi vraies et aussi naturelles que s'ils sortaient des mains de Phidias, et sur ces corps nous voyons des visages sans vie et sans intelligence, immobiles, grimaçants, hébétés, physionomies presque bestiales, qui semblent l'œuvre d'un art moitié puéril, moitié barbare. Et ce ne sont pas des figures rapportées; elles sont taillées par le même ciseau et dans le même bloc que les corps. N'est-il pas évident qu'il y a là parti pris? Et quelle peut en être la cause, si n'est quelque concession volontaire ou forcée à d'aveugles et impérieux préjugés? On peut donc hasarder la même conjecture pour notre marbre d'Éleusis, et là du moins la concession, si elle existe, n'a pas de si graves conséquences. Autre chose est un pied quelque peu défectueux, autre chose une tête hideuse. Le pied s'oublie bien vite et se pardonne volontiers; ce n'est pas là qu'est l'âme, la pensée, l'homme même : il est dans le visage. C'est au visage que, malgré soi, on regarde avant tout. Aussi les statues de Munich, si précieuses et en partie si belles, sont entachées d'un vice radical : ces visages glacés ne permettront jamais qu'elles excitent un plaisir sans mélange, une complète admiration.

Le bas-relief d'Éleusis, s'il est, comme les marbres d'Egine, partiellement archaïque, l'est dans des conditions tout autres. Son archaïsme est circonscrit dans des accessoires subalternes; loin d'étouffer sa beauté, il sert presque à la faire valoir. C'est un contraste et un attrait de plus. Ce premier pas franchi, vous marchez de surprise en surprise. Toute question de date et d'origine, tout problème archéologique s'efface de votre esprit; qu'importe pour quelle raison, dans quelques parties de son œuvre, l'artiste a voulu se vieillir? Vous n'êtes occupé que de ce qu'il a fait, vous écoutez ce qu'il vous dit, vous le suivez sur les hauteurs où il s'élance. Bientôt l'émotion vous gagne, vous sentez ce frémissement secret qu'inspire la vraie beauté; vous êtes tout entier au bonheur d'admirer : bonheur si rare, même devant des antiques! Tant de marbres réputés beaux sont sans âme, sans cœur, et vous laissent arides; tant d'autres ne vous touchent qu'à moitié! Des demi-jouissances, on en trouve à foison pour peu qu'on ait le goût des arts et qu'on les aime assez pour en jouir avec indulgence. Dans le sol le plus maigre, il y a toujours quelques parcelles d'or; mais quel pauvre régime que de les ramasser! qu'on a besoin de temps en temps de tomber sur la mine elle-même et de la suivre à plein filon! C'est cette plénitude, cette surabondance qui vous attend à l'École des Beaux-Arts, devant ce nouveau chef-d'œuvre.

Monumentale et expressive, voilà les deux paroles qui résument le mieux les caractères de cette sculpture. Elle est grande, elle est imposante comme le temple le plus majestueux, et sous cette grandeur elle exprime la vie, non pas la vie sensible seulement, cette vie qui anime les corps comme la séve circule dans les plantes, mais une vie profonde, individuelle et caractérisée. — Ce bel adolescent, ce Triptolême aux formes vigoureuses, à la mâle beauté, regardez bien, ce n'est pas un futur athlète, ce n'est pas un futur guerrier ; il n'a ni ardeur ni jactance. Ce n'est pas Achille à quinze ans ; en lui, rien du héros : il est de sang royal, mais simple et endurci, ferme et d'esprit docile ; c'est la franchise du campagnard, c'est l'idéal du laboureur. Et comme on s'intéresse à lui ! L'écueil de la sculpture, surtout du bas-relief, c'est la froideur. Que de fois elle ne parle qu'aux yeux ! Que dire à l'âme rien qu'avec des contours? Eh bien, dans cette scène intime, les contours sont touchants, ils ont une éloquence, une onction pénétrante. Comme ces deux déesses abritent leur protégé ! Comme on sent que Cérès, malgré son air austère, lui parle tendrement ! On croit l'entendre dire : « Laisse là ton manteau, tu dois porter le poids du jour. Ce grain que je te donne, il faudra l'arroser d'abondantes sueurs ! » Et de quel air soumis et résolu il laisse choir ce vêtement inutile ! comme sa main restée libre en ramasse et en soutient les plis ! Quel calme, quel équilibre dans toute sa personne! quel rhythme dans ses mouvements, et quelle différence de nature, quel contraste avec la Proserpine ! Le peu que j'en ai dit fait déjà pressentir le rôle que joue là cette jeune déesse, rôle mystique et aérien. Elle est pendant six mois sur la terre, mais elle ne l'habite qu'en esprit, par tolérance, pour consoler les douleurs maternelles. Présente à Éleusis, elle ne cesse pas de régner sur les morts. Par quel art merveilleux l'artiste a-t-il pu rendre cette vie surnaturelle ? Il y a là des délicatesses dont la peinture seule semblait avoir le privilége, et qui, pour la première fois peut-être, sont exprimées par le ciseau avec un tel bonheur. Et ce n'est point un trompe-d'œil : le travail n'a rien de vague, rien de matériellement vaporeux ; à peine un peu moins d'épaisseur et de solidité dans la saillie du relief, mais seulement à un degré presque microscopique. Tout le secret est dans la suavité des lignes, dans la finesse du modelé ; chaque pli de ces étoffes, chaque mouvement de ce corps vous disent qu'il est transfiguré.

Veut-on savoir au juste à combien se réduit la différence de saillie entre la Proserpine et les deux autres personnages ? Qu'on jette un regard de profil sur tout le bas-relief ; qu'on mesure la saillie totale de la sculpture sur le nu du marbre : je ne pense pas qu'elle soit de plus de deux centimètres. Deux centimètres d'épaisseur sur une surface aussi grande, autant vaut dire que la surface est plane comme la toile d'un tableau. On a peine à en croire ses yeux ; c'est le premier exemple, à coup sûr, d'un travail aussi peu accusé sur une aussi vaste échelle [1]. Et ce qu'il y a de plus extraordinaire, c'est que ce modelé, si faible en réalité, devient en apparence d'une extrême puissance. L'œil est complétement trompé. Les premiers plans s'enlèvent en si forte vigueur, qu'on les croit tout au moins d'une épaisseur égale à la moitié des objets

---

[1] Hors de la Grèce, en Égypte, en Assyrie, les exemples seraient fréquents. En Grèce, ce défaut de saillie est dans les bas-reliefs un signe de haut archaïsme, et ceux qui nous sont connus n'atteignent pas à beaucoup près les dimensions du bas-relief d'Éleusis.

représentés, et ce qui est encore plus étrange, ce qui a l'air d'une vraie magie, plus on s'éloigne de cette sculpture, plus elle prend d'ampleur et d'accent. A dix pas de distance, le relief semble plus fort qu'il ne paraît l'être à deux.

Je crains que ce détail technique n'intéresse que les sculpteurs, et cependant j'en dois noter un autre de même sorte, ou peu s'en faut. Ce genre d'observations n'est pas sans prix pour l'histoire de l'art. Voici ce dont il s'agit : dans tous les bas-reliefs de l'école de Phidias parvenus jusqu'à nous, les figures sont séparées du fond par une certaine épaisseur abrupte formant comme un listel qui cerne tous les contours. Il en résulte une ombre, une sorte de trait noir qui dessine fortement les silhouettes. Rien de pareil dans le bas-relief d'Éleusis. Le modelé y va mourant et comme en pente douce jusqu'aux limites des contours sans qu'aucun trait le circonscrive, et sans qu'il en résulte cependant ni mollesse ni confusion. Cette différence de procédé indique-t-elle une diversité d'école? Avant de nous hâter de conclure en ce sens, n'oublions pas que les bas-reliefs de Phidias, et notamment ceux qui ornaient le mur extérieur de la *cella* du Parthénon, étaient placés à une grande hauteur du sol, et qu'il fallait, par un moyen factice, aider le spectateur à discerner les objets à distance, tandis qu'à Éleusis cet artifice n'était pas nécessaire, les bas-reliefs étant placés, selon toute apparence, à une élévation moyenne.

A propos de ces questions de saillie plus ou moins prononcée, on ne peut s'empêcher de faire une remarque. L'exiguïté du relief, qui apparaît ici, pour la première fois peut-être, dans la grande sculpture grecque, un homme qui n'avait pas vu la Grèce et qui n'avait de la statuaire antique que des notions imparfaites, notre élégant et gracieux Jean Goujon, se trouve en avoir fait usage et lui avoir emprunté une partie de son charme et de son originalité. C'est un caractère distinctif de ses bas-reliefs, généralement supérieurs à ses statues, que ce modelé sans épaisseur. Aucun de ses rivaux ne suit son exemple. Il tire de ce moyen des effets délicieux : cette sculpture en demi-teinte s'harmonise à merveille avec les sveltes proportions et la forme un peu trop allongée de ses figures. Je n'ai pas besoin de dire qu'entre lui et le sculpteur d'Éleusis il y a de profondes différences, aussi bien en fait de style et de dessin qu'en fait de moyens pratiques ; mais l'analogie est frappante quant à l'exiguïté du relief. D'où cette idée vint-elle à Jean Goujon ? En partie, je crois, d'Italie, en partie de lui-même. Il avait dû voir en France des médaillons florentins, des retables vénitiens traités dans ce goût sobre sur des plaques d'albâtre en imitation du bronze ; mais faire application à de grandes figures de ce procédé délicat, tenter par conséquent ce qu'on faisait si bien à Éleusis deux mille ans avant lui, c'est là ce qu'aucun exemple n'avait pu lui apprendre. Rien de plus fréquent que ces retours spontanés et instinctifs à d'anciennes méthodes oubliées et ensevelies. Si je disais que parmi les sculptures de notre moyen âge, celles qu'on peut sans crainte appeler des chefs-d'œuvre, vrais modèles de sentiment moral et d'onction religieuse, sont conçues et exécutées dans l'esprit de l'école de Phidias, j'aurais l'air de faire un paradoxe, et pourtant je n'affirmerais que la chose du monde la plus facile à démontrer. Une madone du treizième siècle, drapée et modelée naïvement par un habile *imagier* qui n'a pas vu d'antiques, mais qui consulte la nature tout en obéissant à la foi, ressemble plus à une statue de Phidias et en reproduit mieux les beautés essentielles qu'un marbre sculpté à Rome au temps des Antonins par un savant et subtil praticien venu de Sicyone ou d'Athènes.

Mais ce n'est pas le lieu d'aborder cette thèse : je ne veux aujourd'hui qu'appeler l'attention sur le trésor qui nous est révélé. Le bas relief d'Éleusis sera bientôt, dans l'Europe entière, connu des vrais amis de l'art ; sa place est marquée d'avance dans les musées, dans les écoles, à côté de la Vénus de Milo ; comme elle, il doit faire époque et ouvrir une phase nouvelle de découvertes et d'investigations dans le sol hellénique. Outre sa valeur propre, quelle ardeur de recherches, que d'espérances, que de promesses ne contient pas un tel chef-d'œuvre !

C'est déjà plus qu'une espérance que cette tête colossale trouvée dans son voisinage. Au dire de Pausanias, non loin du temple de Triptolème, il y en avait un autre consacré à Neptune. Tout permet donc de supposer que c'est la tête de ce dieu qu'on vient de retrouver en démolissant un vieux mur. Le masque seul a pu être moulé, le derrière de la tête étant encore encastré dans la maçonnerie, et par malheur le masque est assez mutilé. Le nez a disparu jusque dans sa racine ; mais tous les autres traits ont à peine souffert, et sont d'une telle puissance que malgré sa blessure la figure conserve un magnifique aspect. Comme façon et comme travail, c'est la contre-partie, l'antipode du bas-relief. La fougue, l'abondance, l'élévation du modelé ne peuvent être poussées plus loin. On dirait que la main d'un autre Michel-Ange a creusé sur ce front cette ride profonde et fait jaillir ces masses de cheveux. C'est l'ardeur et la verve presque démesurée du Phidias florentin. Rien de trop cependant, quand on mesure la hauteur où ce marbre devait être placé. A son vrai point de vue, c'était sans doute une vivante image du dieu de la tempête. Cette facture un peu lâchée n'est pas toujours un signe de décadence. Les têtes qui nous restent des deux frontons du Pharthénon, par malheur en bien petit nombre, sont traitées avec cette largeur. Elles ont un peu moins de fougue, mais aussi elles appartiennent toutes à de paisibles personnages sans colère et sans passion. Si nous retrouvions la tête du Neptune disputant la victoire à Minerve, elle ressemblerait peut-être complétement à celle-ci. L'art grec à son âge d'or est si peu routinier! Les procédés les plus contraires sont adoptés par lui selon les lieux, selon les circonstances, selon ce qu'il a dessein de faire. Il essaye de tout, parce qu'il calcule tout, et change de moyens pour arriver plus sûrement au but.

De quelque siècle qu'elle nous vienne, cette tête est d'un grand prix. Elle n'a ni la beauté ni l'importance du bas-relief, mais elle est comme lui de premier ordre. Le hasard qui a fait retrouver ces trésors donnera-t-il l'idée de pratiquer des fouilles dans ce sol d'Éleusis? On peut dire presque avec certitude qu'il doit y avoir un pendant à ce grand bas-relief; ses dimensions, sa forme, en donnent l'assurance. Vis-à-vis de l'*initiation*, on devait voir l'*apothéose*, c'est-à-dire Triptolème, toujours avec Cérès, mais traversant les airs sur son char attelé de dragons. Cette légende est la première qui vient à la pensée dès qu'il s'agit de Triptolème, et c'est dans cette attitude qu'il apparaît le plus souvent sur les monuments figurés. N'est-il donc pas probable que quelque sujet de ce genre est enfoui sous ce temple? Comprend-on de quel intérêt serait un second bas-relief du même style que celui-ci? Et quant au temple de Neptune, n'y a-t-il rien à lui demander non plus? Ne contenait-il autre chose que la tête du dieu? J'en dis autant de ces trois autres temples, car il y en avait cinq au moins à Éleusis : ne serait-il pas temps de les interroger? Un seul a jusqu'ici donné lieu à quelques recherches trop tôt abandonnées. Je comprends qu'on hésite à se lancer dans des fouilles, même sur le sol de la Grèce, lorsqu'il faut attaquer des débris inconnus, d'origine incertaine, sans renseignements précis, sur la foi de quelque texte obscur ou de notions locales presque toujours trompeuses. Que le zèle et l'argent fassent alors défaut, rien de moins étonnant ; mais fouiller dans des centres de ruines dont la richesse n'est point douteuse, dont la topographie n'a rien de problématique, fouiller à Éleusis, fouiller à Delphes, fouiller à Olympie, c'est une loterie sans mauvais numéros, c'est jouer à coup sûr. Le gouvernement grec n'a, par malheur, qu'un budget trop modeste pour mettre la main à l'œuvre. Il poursuit avec persévérance un beau travail, le déblayement de l'Acropole d'Athènes, il y concentre toutes ses ressources et n'ose rien tenter ailleurs. On ne peut l'en blâmer ; mais s'opposerait-il à laisser faire par d'autres sur certains points de son domaine, sur ceux que je viens d'indiquer, de grands essais d'investigation? Je voudrais que l'Europe entière se cotisât pour en faire les frais. Quelle noble souscription ! quelle admirable quête ! Est-il un seul pays se piquant de quelque culture d'esprit qui osât refuser son offrande? Un congrès de lettrés et d'artistes se chargerait, par délégués, de conduire l'entreprise. Ce congrès-là réussirait peut-être au moins à s'assembler. On lui interdirait de dépouiller la Grèce : les droits du musée d'Athènes ne seraient pas violés. Ce serait à découvrir et non plus à ravir des chefs-d'œuvre qu'il s'agirait de travailler. En récompense de sa généreuse entreprise, l'Europe recevrait des moulages. Les trésors exhumés feraient le tour du monde; tout en restant sous le soleil natal.

Si, comme j'en ai peur, ce projet de croisade esthétique rencontrait quelque difficulté, j'en pourrais proposer un autre, non moins chevaleresque, mais plus facile à pratiquer. On vient de nous tracer le *programme de la paix*; les beaux-arts y figurent, on parle de les protéger; on leur promet, chose nouvelle, une part de cette pluie d'or qui doit inonder la France. Combien de gouttes en faudrait-il pour retourner de fond en comble tout le sol d'Éleusis? Et quel meilleur moyen de protéger les arts en France que de trouver en Grèce des modèles nouveaux qui rallumeraient peut-être notre ardeur endormie?

Je désire, sans beaucoup l'espérer, que ce projet rencontre un accueil favorable. Une mesure récente semblerait le promettre. Un jeune archéologue est chargé, nous dit-on, de continuer pendant six mois en Grèce les savantes recherches naguère commencées par lui sous l'aile de son père, et tristement interrompues par le plus cruel des devoirs. L'idée de cette mission aura l'approbation de tous. Il est bien de dire à ce jeune homme : « Allez, cherchez, vous trouverez; » mais, pour trouver ce qui est enfoui sous terre, suffit-il de bons yeux et d'une juvénile ardeur? Il faut aussi des bras, et quelque chose encore pour les faire travailler. Ne serait-ce pas l'occasion, sur un point seulement et dans des proportions modestes, d'essayer ces grands travaux de découverte dont je voudrais que la France revendiquât l'honneur? Le lieu est clairement indiqué. C'est à Éleusis, ce me semble, que tout d'abord devra se rendre M. François Lenormant. Pour lui, le premier devoir est de découvrir ou du moins de chercher le complément de ce chef d'œuvre auquel le nom de son père restera désormais attaché. Ses efforts seront heureux, j'espère. Il s'aidera lui-même, j'en ai la certitude; mais encore faut-il l'aider aussi. Le moyen d'assurer son succès, c'est avant tout de le rendre possible.

III

NOUVELLES FOUILLES A ÉLEUSIS

Nos souhaits sont accomplis. Cette mission, donnée l'année dernière [1] à M. François Lenormant pour continuer en Grèce l'œuvre commencée par son père, s'est terminée heureusement. Le jeune archéologue a exploré une partie notable des ruines d'Éleusis, et il rapporte en France une collection de plâtres reproduisant les principaux détails des monuments qu'il a mis au jour, et même aussi d'autres sculptures découvertes antérieurement, mais jusqu'ici inconnues à Paris.

Encore une preuve nouvelle des trésors que nous promet la Grèce. On peut le dire sans hyperbole, depuis qu'elle est affranchie, depuis que, sans trop d'obstacles, il est permis d'en visiter et d'en fouiller le sol, chaque année nous apporte quelques

[1] 1860.

lumières de plus sur l'art grec et sur son histoire. Aussi, c'est une étude à reprendre en sous-œuvre, un édifice à reconstruire. Les questions qui semblaient les plus simples, et qu'on tranchait d'un trait de plume, il y a cinquante ou soixante ans, se compliquent et se multiplient à mesure qu'on voit sortir de terre des documents inattendus. C'est surtout la sculpture et la partie décorative de l'architecture qui sont intéressées à ce travail de découvertes; pour la peinture, elle est à peine en cause, il faut en faire son deuil, à peu près comme de la musique. La chance n'existe pas de découvrir un Pompéi ou un Herculanum véritablement grecs et de la grande époque; nous n'aurons donc probablement jamais beaucoup plus de lumières qu'on n'en a jusqu'ici sur l'art et sur les chefs-d'œuvre de Polygnote et d'Apelles; tandis que la statuaire et la sculpture d'ornements, grâce à la solidité de la matière, peuvent résister à l'action du temps et survivre, au moins par fragments mutilés, sous la terre et sous les décombres. Il y a donc là des secours à attendre. Sans prétendre à rien d'aussi grand et d'aussi mémorable que les marbres d'Elgin, d'aussi complet que le fronton d'Égine, sans se flatter de rencontrer souvent des Vénus de Milo, des Guerriers de Marathon, des bas-reliefs d'Éleusis, on peut trouver encore des données imprévues et des clartés vraiment nouvelles, soit sur les origines et sur les premiers temps du grand art hellénique, soit sur la diversité de ses caractères, soit sur sa vraie chronologie. Et ce n'est pas seulement dans la Grèce elle-même, dans l'archipel et sur les côtes de l'Asie Mineure, c'est au cœur même du continent asiatique que ce genre d'enseignement se produit. En exhumant l'art assyrien et l'art persépolitain, ces bizarres mélanges

5.

d'habileté technique et d'aveugle routine, d'imitation savante et de barbare imagination, on s'aperçoit qu'ils sont liés à l'art grec par des rapports que personne n'avait jusque-là soupçonnés. Si, en 1818, Quatremère de Quincy, jetant son premier coup d'œil sur les restes authentiques des sculptures du Parthénon, écrivait de Londres à Canova, avec une bonne foi touchante, que tout était à refaire et dans l'histoire et dans la théorie de l'art grec, que ne dirait-il pas aujourd'hui? que de points obscurs à éclaircir! que de lacunes à combler! Il faut peut-être cinquante ans, et cinquante ans d'heureuses découvertes, avant qu'on soit en mesure d'écrire pertinemment sur ce vieux et admirable texte. Le rôle de notre époque, en attendant, est de chercher avec ardeur, d'enregistrer avec patience les faits et les témoignages, sans généraliser trop tôt et sans se hâter de conclure.

Nous ne parlerons ici que sommairement des nouvelles fouilles d'Éleusis, laissant au jeune explorateur le soin de déterminer lui-même, avec la précision et le développement qu'un tel sujet comporte, le caractère et l'étendue des substruction découvertes par lui. Ce qui nous appartient, parce que nous en avons jugé nous-mêmes, c'est de dire que les plâtres qu'il rapporte, et qui depuis quelque temps sont exposés à l'École des beaux-arts, valent qu'on les examine avec un soin curieux. C'est une collection bien choisie, utile à l'art et à l'histoire de l'art. Vous n'y trouverez pas une perle aussi fine et aussi rare que le Triptolème entre les deux déesses, mais sans atteindre à cette exquise distinction, il y a là plus d'une œuvre qui mérite une étude attentive et dont on peut tirer un enseignement nouveau. Nous allons signaler celles qui nous ont le plus intéressés, puis nous dirons, en terminant, quelques mots d'une autre collection de plâtres dont le public jouira bientôt, nous le pensons, et qui, sans nous venir de Grèce, n'en a pas moins aussi pour but d'étendre et de fortifier chez nous la connaissance et l'amour de l'art grec.

Mais avant tout deux mots sur les fouilles d'Éleusis.

On doit comprendre sans peine que cette ville des mystères soit un des premiers points du sol attique qu'il importe de sonder. Tout le monde sait le rôle que jouait Éleusis dans l'ancienne société grecque, le rang qu'occupaient ses sanctuaires; l'abondance et la célébrité des sculptures votives dont ils étaient encombrés : il y a donc tout à parier que de nombreux trésors plastiques sont enfouis sous ses ruines, et, de plus, on peut s'y promettre une moisson épigraphique d'un prix inestimable. La moindre inscription trouvée dans ces lieux saints éclairerait peut-être de lumières inconnues les dogmes qu'on y enseignait et les cérémonies qui s'y accomplissaient. Sur ce genre de problèmes les anciens sont à peu près muets ; mais ce qu'ils n'ont osé dire dans leurs écrits, les pierres, les parois de ces temples ne peuvent-elles nous l'apprendre? n'y peut-on pas trouver gravés, selon l'usage antique, des préceptes, des règles, des admonitions d'où sortirait le mot de cette grande énigme? La science, aussi bien que l'art, a donc un puissant intérêt à fouiller les débris d'Éleusis.

La première chose à faire est de déterminer d'une manière certaine l'emplacement des cinq temples dont parle Pausanias.

Une partie de cette tâche est accomplie depuis 1859. Dans

ce fatal voyage qui l'a enlevé si brusquement à la science et à ses amis, M. Charles Lenormant, grâce à la découverte du bas-relief colossal dont nous avons parlé plus haut, a fixé indubitablement la place où était bâti le temple de Triptolème; mais le sanctuaire principal, l'édifice qui dominait tous les autres à Éleusis, l'asile où se célébraient les grands mystères, le temple de Cérès et de Proserpine, où était-il situé? Ce temple et ses dépendances couvraient un espace immense : c'était presque une ville. Il était entouré de deux enceintes sacrées, auxquelles donnaient accès deux propylées successifs placés chacun dans un axe différent, afin que, du dehors, un œil curieux ne pût, même de loin, entrevoir les mystères. L'intervalle de la première à la seconde enceinte était rempli de statues et d'édifices religieux. Enfin, le temple était si vaste qu'il pouvait contenir trente mille personnes; c'est Vitruve qui le dit, et il ajoute que l'architecte du Parthénon, Ictinus, en était l'auteur. Voilà bien des raisons pour que depuis longtemps les antiquaires et les artistes aient un ardent désir de déblayer et de sonder les fondations d'un édifice aussi extraordinaire.

C'est ce travail qu'a entrepris M. François Lenormant et qu'il a, en partie, mené à bonne fin, malgré l'exiguïté des moyens mis à sa disposition. Il est vrai que le roi Othon, ne voulant pas rester étranger à l'œuvre du gouvernement français, s'est chargé des expropriations et a fait à ses frais l'acquisition d'environ douze maisons qu'il fallait absolument démolir avant de rien entreprendre.

Jusqu'ici cet obstacle avait tout empêché. Une commission d'architectes anglais, envoyée par la société des *Dilettanti*, avait bien reconnu, vers le commencement du siècle, l'emplacement du grand temple, des deux propylées et d'un sanctuaire de *Diane Propylæa*, bâti en avant des propylées de l'enceinte extérieure; mais ces explorations avaient été rapides et sommaires. Exécutées de distance en distance, au moyen de sondages partiels, elles n'avaient donné que des résultats incomplets et approximatifs. C'est à un déblayement total et continu qu'on a procédé cette fois.

Les fouilles ont mis à découvert:

1° Les substructions du temple de *Diane Propylæa*, et la grande place pavée en marbre, au milieu de laquelle il était bâti, place qui s'étend en avant des propylées de l'enceinte extérieure;

2° Les substructions de ces mêmes propylées, grand édifice entièrement construit en marbre pentélique, d'ordre dorique sur ses deux faces, avec colonnade ionique à l'intérieur, reproduisant, à peu de chose près, le plan, la dimension et l'ornementation des propylées de l'acropole d'Athènes, mais violemment détruit par l'invasion des Goths, et ne conservant en place sur leurs bases que quelques tambours de colonnes seulement;

3° La partie du mur d'enceinte faisant face à la place pavée en marbre;

4° L'espace compris entre les deux enceintes, sur une largeur correspondant à la partie déblayée du mur extérieur, et dans une direction qui rejoint les propylées de la seconde enceinte;

5° Ces propylées eux-mêmes, édifice plus petit que les premiers propylées, mais d'un travail beaucoup plus élégant et construit sur un plan et dans un style de la plus grande originalité.

Là se sont arrêtées les fouilles. Elles sont donc parvenues jusqu'à l'entrée du mystérieux parvis, jusqu'aux abords du du temple : le siége est fait ; il n'y a plus qu'à pénétrer au cœur même de la place.

Le résultat de ce grand travail, qui n'a pas demandé moins de cinq à six mille mètres cubes de déblais, est d'avoir, pour la première fois, fait clairement connaître le plan et les dispositions du vaste ensemble de construction dont se composait le principal temple d'Éleusis, d'avoir, plus particulièrement dans l'espace compris entre les deux propylées, mis au jour un nombre considérable d'inscriptions et de fragments de sculpture ; d'avoir fait découvrir un *puits* antique qui, selon toute apparence, doit être ce fameux puits nommé *callichoron*, autour duquel les initiés exécutaient de si belles danses en l'honneur de Cérès et de sa fille ; d'avoir enfin, ce qui touche essentiellement à l'histoire de l'art, donné des notions précises sur ces deux édifices, servant tous deux de propylées, bien que de caractères si différents.

Le premier, en effet, a cela de remarquable que tout en reproduisant trait pour trait l'architecture des propylées de l'acropole d'Athènes, il n'a pu être construit que sous la domination romaine, et postérieurement au règne d'Adrien, c'est-à-dire lorsque de tous côtés en Grèce on ne bâtissait plus que dans le style *composite* pratiqué et propagé par les légions romaines. Cette fidélité, ou ce retour accidentel à une architecture hors d'usage depuis plusieurs siècles, n'est pas un fait sans exemple : aussi bien en Grèce que chez nous, on a plus d'une fois fait de l'archaïsme volontaire, mais il est bon d'en acquérir une preuve de plus.

Quant aux seconds propylées, ils présentent une anomalie encore plus curieuse. La frise est ornée de métopes et de triglyphes comme dans un entablement dorique et les colonnes sont d'ordre corinthien. Nous ne pensons pas qu'un tel mélange ait été signalé souvent. Et ce n'est pas tout : ces colonnes corinthiennes portent des chapiteaux très-élégants, sans doute, mais très-extraordinaires; ils sont décorés aux quatre angles de figures de lions ailés. Ces lions ont au front des cornes de bélier; ils sont d'un type fier et monumental; leurs ailes déployées planent sur la corbeille et en couronnent les feuilles d'acanthe de la façon la plus hardie. Avec moins de perfection de ciseau on rencontre parfois des effets de ce genre dans quelques chapiteaux de l'époque byzantine, et d'un autre côté certains détails non moins capricieux, le profil insolite des modillon de la corniche, par exemple, les symboles du culte de Cérès sculptés dans les métopes, semblent nous transporter en pleine renaissance italienne. Ce qu'il y a, peut-être, de plus remarquable dans ce monument, c'est qu'il soit antique ; et, cependant, la date n'est pas douteuse : cette sculpture appartient à la plus franche antiquité. Une inscription latine se lit sur l'architrave : elle nous apprend que la construction a été faite aux frais d'Appius Clodius Pulcher, frère aîné du fameux Clodius, l'ennemi de Cicéron, et Cicéron lui-même, dans une lettre à Atticus, fait allusion à l'érection de l'édifice. Rien n'est donc plus authentique; les deux propylées d'Éleusis ont cela de particulier que les uns semblent d'un style plus récent que leur âge, et que les autres sont d'un âge moins ancien que leur style.

Nous ne parlons pas seulement par ouï-dire de ces particularités. Le chapiteau, aux lions ailés et cornus, fait partie des objets exposés à l'École des beaux-arts : on peut en admirer le galbe élégamment étrange. M. F. Lenormant a aussi fait mouler un fragment du chapeau dorique et du chapiteau ionique provenant des propylées extérieurs. Mais là se bornent les emprunts qu'il a faits à ses fouilles d'Éleusis. Les autres sculptures qu'il nous rapporte sont d'une autre origine. C'est d'abord la frise orientale du temple de Thésée à Athènes, grand morceau de haut relief, d'environ douze mètres de long, qu'on ne connaissait encore que par des dessins plus ou moins inexacts ; c'est, en outre, une série de stèles funéraires et d'autres fragments provenant soit du déblayement de l'acropole, soit du petit dépôt de sculptures établi dans le temple de Thésée ; c'est enfin le torse d'une statue colossale et du plus ancien style, trouvée par M. F. Lenormant aux environs de Mégare.

Nous nous arrêterons devant ce monolithe si rudement taillé, si grandement conçu ; devant ce corps humain de forme si étrange, si élancé et si puissant. Aucun autre morceau de cette collection ne cause une impression si vive et ne donne plus à penser. Est-ce de l'art, de l'art mesuré, équilibré, assoupli ; du véritable art grec, en un mot ? Non ; c'est un grand parti pris. Cette poitrine est d'une ampleur et surtout d'une élévation sans exemple ; mais aussi quelle puissance de respiration ! Cette taille est trop mince, les hanches trop effacées ; mais quelle souplesse et quelle agilité ! Ces cuisses, au contraire, sont démesurément grosses, presque aussi grosses que le corps : mais comme cet homme doit courir ! Quelle énergie, quelle ampleur musculaire ! Tout d'abord vous vous révoltez de ces qualités excessives, de cette façon outrée d'exprimer les choses, de cet oubli systématique de la nature; puis, peu à peu, sans vous plaire à ce genre d'idéal, vous vous y façonnez, vous en pénétrez le secret. Qui sait même si ces formes, en apparence imaginaires, n'ont pas leur type quelque part, et par exemple en Orient? Chez les jeunes Indiens, la poitrine, les hanches, les reins ne sont-ils pas construits à peu près de la sorte? et n'est-ce point quelque reste de souvenirs d'Asie que ce Dieu de marbre découvert à Mégare?

Quel effet devait-il produire, lorsqu'il avait des bras, des mains, des jambes, des pieds et une tête? On ne saurait le dire. Notez que les mains étaient collées contre les cuisses, les déchirures du marbre l'indiquent clairement, et que les pieds étaient probablement plats et allongés, la tête inanimée, tout au moins grimaçante, et certainement roide, à en juger par ces fragments de tresses qui retombent en forme de bourse sur la partie supérieure du dos, et qui devaient comme enchaîner la tête sur les épaules dans une sorte de carcan. On peut donc supposer que la statue complète était d'un caractère encore plus primitif, plus rude, plus hiératique que le tronçon qui nous en est resté. En général, les figures archaïques ont plus à gagner qu'à perdre à la destruction de leurs *extrémités*, car c'est presque toujours dans les mains, dans les pieds, dans les traits du visage que se traduit particulièrement soit l'inexpérience, soit la servitude de l'artiste. Quand ces détails n'existent plus, le spectateur les rétablit par l'imagination, il achève la statue, et malgré lui il la complète avec un certain degré de vie et de naturel qui réagit sur ce qui reste et le met en valeur. Tout au contraire, quand il s'agit des œuvres d'un autre âge, d'un siècle de savoir, c'est avant tout dans les *extrémités* que brille l'originalité, la justesse et la vérité du travail, la supériorité du maître, en un mot. Décapiter une œuvre de ce genre, lui couper les jambes ou les bras, c'est plus que la déshonorer, c'est la détruire dans sa partie la plus vitale, dans sa distinction, dans sa noblesse, toutes choses que l'imagination du spectateur est impuissante à restituer. Ici, point de regrets de ce genre; notre colosse de Mégare est trop franchement archaïque pour qu'il perde beaucoup à n'être pas complet. Sa mutilation n'est un sérieux malheur que pour l'archéologie : au point de vue de l'art on peut en prendre son parti.

Quel est au juste l'âge de cette sculpture? Nous n'oserions le dire, mais on ne risque rien à remonter très-haut. C'est de l'archaïsme de bon aloi, sans supercherie possible. Nous n'en dirions pas autant du petit Mercure en bas-relief qui porte le n° 10. Ce vieux style, un peu mesquin et maniéré, a donné lieu, sous l'époque romaine, à bien des contrefaçons, tandis que jamais la mode n'a remis en honneur quelque chose qui ressemble à ce torse. Le prix de la découverte est dans l'extrême rareté et l'évidente vétusté de l'œuvre. On peut se hasarder à dire que c'est peut-être le plus ancien fragment de sculpture grecque jusqu'à présent connu.

M. François Lenormant y voit un Apollon Pythien, et les raisons qu'il en donne sont tout au moins plausibles. Il se fonde sur l'opinion de Letronne et de Panofka en matière d'Apollons archaïques, et sur l'analogie frappante qu'on remarque en effet entre ce colosse et deux antiques célèbres, la statuette du cabinet Pourtalès, dite de Polycrate, et la statue trouvée par M. de Prokesch à Ténée, près de Corinthe, et conservée maintenant au musée de Vienne. Notre dessein n'est pas de disserter à ce sujet. Déterminer à quel personnage appartient un torse absolument nu, sans aucun attribut apparent, c'est toujours quelque chose d'assez conjectural ; et cependant ici cette nudité même est un indice presque certain. Un dieu seul, à l'époque où a été sculpté ce marbre, pouvait être ainsi représenté, car il n'était encore question ni d'athlètes ni même de héros ; et parmi tous les dieux que la pudeur des premiers âges couvrait encore de vêtements si amples et si chastes, lequel pouvait s'en dépouiller, lequel osait-on montrer sans voile, si ce n'est le radieux Apollon, le dieu du jour, le soleil sans nuages, dont les flèches, c'est-à-dire les rayons frappent et dissipent les vapeurs de la terre? Quel que soit le mérite de cette conjecture, un fait ressort de la découverte de ce torse, un de ces faits qu'il faut enregistrer dans l'intérêt de l'histoire de l'art, c'est l'existence d'une statue entièrement nue dans l'âge le plus primitif de la statuaire grecque, à une époque où Vénus elle-même n'était représentée par la sculpture que drapée, au moins jusqu'à mi-corps.

Si de ce torse archaïque nous passons à la frise du temple de Thésée, nous franchissons non-seulement plusieurs siècles, mais tous les tâtonnements de l'art à son enfance. Que d'études, que d'observations, que d'efforts accumulés ne suppose pas l'exécution d'une telle sculpture? Que de chemin parcouru pour en arriver là! Le ciseau peut produire des œuvres plus sublimes, des effets plus éclatants, il ne peut guère créer quelque chose de mieux conçu, de mieux étudié, d'un rhythme à la fois plus sobre et plus véhément. L'art est ici parvenu, ce nous semble, à sa complète maturité, aussi nous ne pouvons nous défendre d'un certain doute, d'une certaine hésitation, au sujet de la date que la tradition assigne à cette frise.

Ce qui n'est pas douteux, c'est que le temple lui-même, le temple de Thésée, dut être bâti sous l'administration de Cimon, fils de Miltiade, c'est-à-dire plus d'un grand quart de siècle avant la construction du Parthénon, lorsque Phidias était encore enfant. Or, s'ensuit-il que toutes les sculptures de ce temple, et notamment celles de la frise orientale, soient de la même époque? Tout d'abord on le suppose, et sur la foi des dessins qui nous retraçaient cette frise, l'idée ne venait pas d'en douter. Mais la vue de ces plâtres change pour nous la question. Si c'est du temps de Cimon que ces figures ont été sculptées, pourquoi Phidias passe-t-il pour avoir affranchi la sculpture athénienne? La besogne était faite avant qu'il vînt au monde. Quoi de plus libre et de plus souple que ce long bas-relief? Tout mutilé qu'il est, on en peut parfaitement juger. Soit qu'on le considère dans son ensemble, au point de vue de la composition et de l'enlacement des figures, soit qu'on étudie, pièce à pièce, les détails de l'exécution, y trouve-t-on la moindre trace de roideur hiératique, le moindre souvenir d'archaïsme, le reflet le plus éloigné des préceptes éginétiques? Pour dire notre impression tout entière, ce qui nous a d'abord frappé, en voyant pour la première fois, à l'École des beaux-arts, les douze fragments juxtaposés dont se compose cette frise, c'est le caractère en quelque sorte académique de la sculpture. Nous n'entendons pas là exprimer aucun blâme sur la valeur de l'œuvre, nous ne voulons qu'indiquer combien l'artiste est exempt d'archaïsme. Toute proportion gardée, il y a chez lui comme le prototype de nos grands prix de Rome. C'est dans ce genre, dans cet esprit qu'on demande à nos élèves de traiter leurs compositions. Le sculpteur inconnu de qui nous vient ce bas-relief n'obéit pas encore aux canons scolastiques, aux procédés savamment usuels qui, pendant plusieurs siècles, ont maintenu la sculpture grecque dans un état de prospérité moyenne et stationnaire, à distance presque égale de la décadence et de l'inspiration primitive, il ne s'est pas encore soumis à ces pratiques d'atelier, mais déjà vous sentez que sa pente est de ce côté bien plutôt que du côté du vieux style.

Or, s'il eût travaillé par ordre de Cimon, en serait-il ainsi? Nous nous bornons à poser la question ; elle est au moins embarrassante. Il faut ne tenir aucun compte de la chronologie de l'art telle que l'ont établie les recherches les plus récentes et les plus fines observations des critiques les plus autorisés, ou il faut consentir à supposer que ces sculptures, n'importe par quel moyen, sont postérieures de cinquante ans peut-être à la construction du temple, et, par conséquent, plus récentes que les métopes et que la frise du Parthénon.

Nous ne voulons pas, en ce moment, justifier par des comparaisons de détail l'opinion que nous émettons ; ce qui nous importe plus que cette question particulière, c'est de constater en général l'extrême utilité des moulages pour l'avancement des études esthétiques et archéologiques. Sans une épreuve exacte, sans un *fac-simile* plastique, certaines appréciations sont impossibles en sculpture ; et par exemple ici, la question que nous venons de poser, ces plâtres seuls, nous l'avons déjà dit, pouvaient la faire naître. Tout autre mode de reproduction, le crayon même le plus habile, l'appareil photographique même le plus parfait, ne donnerait qu'une idée trop approximative, soit de l'élévation des reliefs, soit de la nature du travail, pour qu'on se hasardât à rien conjecturer. Parmi tant de disgrâces dont l'affligent nos modernes sociétés, la sculpture a ce rare privilège de pouvoir faire traduire et multiplier ses œuvres avec une exactitude et une facilité inconnues à tous les autres arts. Dans ce travail de propagande il est juste de lui venir en aide et de favoriser par de nombreux moulages bien faits, bien dirigés, la connaissance et l'étude des chefs-d'œuvre de la sculpture antique.

Ceci nous conduirait à parler, comme nous en avons dessein, de cette autre collection de plâtres qui n'est encore qu'en germe, mais qui, conçue et dirigée par un de nos savants confrères, M. Ravaisson, a droit à l'attention la plus sérieuse ; mieux vaut en faire l'objet d'un chapitre et d'une étude à part, afin de mieux en expliquer le but et la destination.

Aussi bien nous avons encore deux mots à dire de quelques-uns des plâtres exposés à l'École des beaux arts. Peut-être les fragments de stèles funéraires sont-ils un peu nombreux : on y trouve çà et là de naïves figures, mais ce genre de sculpture sent un peu la fabrique : ce sont de curieux échantillons d'un travail de manœuvres dont, il est vrai chez nous, bien des maîtres pourraient s'enorgueillir. Une de ces stèles, cependant, mérite une mention particulière, soit par ses dimensions, soit par son style et par la nature du sujet. C'est celle qui représente l'ombre d'un père apparaissant à son fils qui le pleure. Il y a dans l'attitude et dans la figure du fils je ne sais quoi de rêveur et de tendre que la statuaire antique a rarement exprimé avec un tel bonheur. Ce sont aussi deux morceaux d'un grand prix que ces deux petits fragments trouvés dans le déblaiement de l'Acropole et représentant, l'un, des danseuses du type le plus fin et le plus élancé, l'autre, des athlètes se grattant avec le strygile. Nous signalerons enfin comme curiosité cette statue, à peine dégrossie, qu'une cause inconnue a fait abandonner par l'artiste. Trouvée dans la carrière en cet état d'ébauche, elle a cela de remarquable que le marbre, dans la partie inférieure, n'a pas la dimension nécessaire pour l'achèvement de la figure. Il y a donc lieu de croire que le sculpteur, procédant à la façon de Michel-Ange, avait attaqué le marbre du premier jet, sans modèle préalable et sans metteur au point. Du reste il est douteux que la statue fût devenue un chef-d'œuvre : elle doit appartenir à l'époque de la domination romaine. Ce n'en est pas moins un précieux témoignage pour l'histoire de la sculpture antique que cette statue épanelée, et M. F. Lenormant a bien fait d'en rapporter l'empreinte. Ce qui nous semble digne d'éloges dans les choix qu'il a faits, c'est qu'il s'est préoccupé tout à la fois de l'art et de son histoire. Sans avoir enrichi la collection de l'École des beaux-arts de chefs-d'œuvre hors ligne et inconnus, il a bien rempli sa mission en fournissant d'amples sujets d'étude et aux artistes, et aux archéologues.

IV

PROJET

D'UN

NOUVEAU MUSÉE DE SCULPTURE GRECQUE

Parlons maintenant de l'apparition prochaine de cette autre collection de plâtres que nous avons tout à l'heure annoncée, et qui est destinée à donner aussi un abondant sujet d'études aux amis de l'art grec[1]. Ce n'est encore que le premier essai, le spécimen d'une collection plus vaste, d'un véritable musée dont l'idée appartient à un membre de l'Institut initié non-seulement à la philosophie, mais aux beautés plastiques de l'antiquité grecque. M. Ravaisson parviendra-t-il à faire bientôt adopter son projet? Nous l'espérons, sans oser l'affirmer, et c'est une raison de plus pour que, dès aujourd'hui, nous signalions les avantages que l'art et la science pourraient en recueillir.

[1] Cette collection a été exposée au palais de l'Industrie en 1862, en même temps que la collection Campana.

Il s'agit d'enseigner l'histoire et la chronologie de la sculpture grecque, en réunissant et en classant avec méthode, d'après les données les plus récentes de l'archéologie, les statues, bas-reliefs, figurines et fragments divers, de tout âge et de toute dimension, qui passent à bon droit pour l'œuvre du ciseau grec.

Un tel plan, comme on voit, suppose la création d'un musée tout nouveau, car aucune des collections jusqu'à présent connues ne peut suffire à cette tâche. Les plus riches et les plus variées sont pleines de lacunes. Ici l'archaïsme domine, là au contraire il manque absolument. Pas plus au Vatican qu'au Louvre, pas plus au British museum qu'aux glyptothèques de Munich et de Berlin, on ne peut offrir au spectateur sur chacune des phases principales de la sculpture hellénique, des séries d'exemples concluants. Il faudrait compléter ces musées les uns aux dépens des autres, ou plutôt leur emprunter à tous leurs principaux chefs-d'œuvre pour en former un magnifique ensemble; et encore vous laisseriez dans l'ombre bien des points incertains. Ces classifications ne seraient que provisoires, puisque chaque jour des découvertes imprévues révèlent dans cet art fécond des faces entièrement nouvelles; mais vous auriez du moins, pour l'artiste et pour l'archéologue, composé l'enseignement le plus complet et le plus efficace que l'état actuel de la science permette de rêver.

Ce n'est, en effet, qu'un rêve : quelque fraternité qu'on suppose entre les peuples, jamais on ne les verra, pour créer ce musée des musées, se dépouiller de trésors dont ils sont justement jaloux. Mais ce qui est chimérique, s'il s'agit des marbres eux-mêmes, des chefs-d'œuvre originaux, devient aisément pratiquable pour peu qu'on se contente de réunir et de classer de simples reproductions. L'opération du moulage, quand elle est faite avec soin, endommage si peu les œuvres de sculpture, que posséder un marbre antique sans consentir à le laisser mouler, ce serait aujourd'hui, de nation à nation, un égoïsme presque sauvage. Les collections particulières peuvent seules, sur ce point, faire encore exception; mais de la part des dépôts publics, si peu libéralement qu'ils soient administrés, il n'y a pas de refus à craindre. Rien ne serait donc plus aisé, même sans grands efforts de la diplomatie, que de réunir ainsi tous les morceaux de sculpture grecque possédés par nos divers voisins. Ne voit-on pas chez eux, dans leurs écoles et leurs gymnases, des plâtres de notre Vénus de Milo et des principales statues du Louvre, de même que chez nous, à l'École des beaux-arts, se trouve un nombre déjà considérable de moulages provenant de tous les grands musées d'Europe? Il ne s'agit donc, à vrai dire, que de généraliser et de systématiser ce qui existe déjà.

Dès lors, est-il bien nécessaire de créer tout à neuf? Et, par exemple, n'atteindrait-on pas le but que M. Ravaisson se propose, en se contentant de compléter et de classer cette collection de l'École des beaux-arts? Nous le pensions d'abord, puis, après examen, nous sommes forcés de convenir qu'il n'y aurait pas grand profit à procéder ainsi et que bien des raisons s'y opposent.

D'abord les bâtiments de l'école seraient à coup sûr insuffisants. Les salles maintenant occupées par les plâtres sont littéralement encombrées. L'œil pénètre à grand'peine dans cette forêt de sculptures plutôt emmagasinées qu'exposées, et ce n'est encore là que le tiers tout au plus de celles qu'il faudrait réunir. Quelques salles, il est vrai, deviendront disponibles par suite de la construction du bâtiment nouveau en façade sur le quai, mais cette addition elle-même serait d'un médiocre secours. Il faudrait donc bâtir, ce qui n'est pas une petite affaire, sans compter que les terrains qui restent disponibles dans l'enceinte de l'École des beaux-arts ne présenteraient que des surfaces d'un agencement très-difficile. Enfin, n'oublions pas que ce qui importe à l'École, c'est beaucoup moins l'histoire que les beautés de l'art; qu'il lui faut avant tout des modèles, des œuvres qui exercent non pas l'esprit critique, mais le talent pratique de ses élèves, et que, par conséquent, pour se composer un musée, elle a besoin de consulter bien plus l'artiste que l'antiquaire.

Ainsi point d'amalgame, point de mélange; que l'école des beaux-arts garde ses plâtres et les dispose à sa façon. Ce n'est pas là qu'il faut placer notre futur musée. Le parti le plus simple serait qu'on voulût bien nous faire *ad hoc* un vaste et commode édifice. On en construit tant aujourd'hui et pour de moindres sujets! Telle n'est pourtant pas l'ambition de M. Ravaisson : il ne va pas jusqu'à prétendre que, par amour du grec, on fasse à son projet l'honneur d'une construction spéciale. Le problème est pour lui de trouver un local tout bâti et de grandeur suffisante. Dans l'intérieur de Paris il chercherait en vain; mais, grâce aux chemins de fer, la banlieue est encore Paris. Aussi M. Ravaisson a-t-il jeté les yeux sur le château de Saint-Germain, aujourd'hui presque sans destination, ou occupé par des services qui le dégradent et le déshonorent. On a bien converti Versailles en musée, on en peut faire autant de Saint-Germain. Sans entreprendre une restauration princière de ces immenses constructions, sans trop de peine ni trop d'argent, on mettrait en état ce vieux palais et on l'approprierait à sa destination nouvelle. Il faudrait se garder de rien changer, ni aux anciennes distributions, ni aux fragments malheureusement trop rares de la décoration primitive. Pour un musée d'étude aucun luxe ne serait nécessaire, et cette grande quantité de salles, de dimension moyenne, serait de beaucoup préférable à quelques grandes et longues galeries; le classement par époque et par nature d'objets s'y ferait plus facilement.

Il y a donc les meilleures raisons pour adopter l'idée de M. Ravaisson. C'est un projet qui n'a rien d'effrayant, tout à la fois modeste et grandiose, qui, du même coup, utilise et conserve un de nos monuments historiques les plus intéressants et les plus abandonnés. S'il s'agissait de marbres et non de plâtres, on pourrait faire une objection. Le château, malgré son étendue, serait en ce cas peut-être insuffisant; l'espace manquerait, car le rez-de-chaussée seul pourrait être occupé; mais les plâtres, quel qu'en soit le volume, sont toujours d'un si faible poids qu'on pourrait en remplir tous les étages du château sans qu'un seul des planchers fût tenté de fléchir.

Supposons donc le projet adopté, puisqu'il est si peu contestable. Voilà le local convenu; occupons-nous de le remplir. C'est là surtout qu'est la question et le principal intérêt.

Et d'abord, il faut bien savoir qu'on ne laissera rien entrer dans ce musée qui ne soit authentiquement grec. Cette consigne rigoureuse aura pour conséquence non-seulement de ne donner accès qu'aux sculptures d'origine certainement hellénique, mais, ce qui étonnera peut-être, de mutiler plus ou moins presque toutes les statues antiques le plus justement célèbres. Il faudra qu'elles laissent à la porte, tantôt un pied ou une main, tantôt une jambe ou un bras, quelquefois même jusqu'à la tête, et presque toutes au moins le nez. Ce n'est, en effet, que de nos jours et depuis peu de temps qu'on s'impose la loi, lorsqu'un heureux hasard a fait sortir de terre une sculpture plus ou moins mutilée, de la laisser telle qu'elle est, telle que le temps l'a faite, sans souffrir qu'une profane main, si habile qu'elle soit, ose refaire ce qui est détruit et incruster son propre ouvrage dans l'œuvre du sculpteur antique. Si le marbre est seulement fracturé et que les morceaux existent, s'il ne s'agit que de les fixer et de les rendre adhérents sans soudure étrangère, sans pièces de rapport, les critiques les plus rigides et les plus scrupuleux admettent la restauration; mais dès qu'il faut combler une lacune, remplacer tout ou partie d'un marbre, imaginer une attitude, c'est-à-dire composer, interpréter, créer, refaire à neuf, la restauration dans ce cas, tout le monde en est d'accord, n'est vraiment qu'une barbarie; mieux vaut accuser franchement et laisser clairement paraître le ravage du temps. Parfois, sans doute, l'effet en sera disgracieux, et la plupart des spectateurs maudiront notre rigorisme; mais il sera béni par tous ceux qui font de l'art antique une sérieuse et véritable étude.

Rien n'altère, en effet, le caractère d'une sculpture et ne porte à la mal juger comme une addition parasite; et cette sorte d'altération est d'autant plus profonde que la cause en est mieux cachée. Devant une restauration à peine déguisée, le danger n'est pas grand. Les yeux souffrent, sans doute, et ne sont pas trompés. L'esprit est sur ses gardes et rétablit, en quelque sorte, par une intuition rapide, les lignes harmoniques que le restaurateur a comme interrompues. Si le faire est habile, au contraire, si l'épiderme du travail antique, servilement imité, dissimule au premier coup d'œil les disparates et les écarts du style, vous vous laissez aller en toute confiance à ne voir que par vos yeux, vous acceptez pour vraies ces lignes altérées, énervées et banales, et le caractère de l'œuvre antique se modifie à votre insu. Telle statue perd ainsi tout son nerf et toute sa fierté pour quelques morceaux de chair ou seulement de draperie qu'un adroit praticien s'est permis de lui restituer. Il ne faut pas conclure de là qu'une mauvaise restauration soit préférable à une bonne : nous voulons seulement dire que la meilleure ne vaut rien, et que le seul parti raisonnable est de ne pas restaurer du tout.

D'où vient donc qu'il ait fallu trois siècles pour admettre cette vérité? D'où vient que tant d'habiles gens, tant de fins connaisseurs, qui, certes, nous valaient bien, aient, dès les premiers temps de la Renaissance, accepté et même encouragé ce système d'achèvement et de restauration, ce mélange bâtard d'antique et de moderne? Quelle façon singulière d'honorer des chefs-d'œuvre que de vouloir à tout prix déguiser leurs blessures et cacher leurs mutilations! Le torse du Belvédère lui-même n'a échappé que par miracle à la main des restaurateurs. Sans Michel-Ange, et sans l'amour dont il se prit pour ce débris sublime, on l'eût traité comme les autres; il aurait aujourd'hui une tête, des jambes et des bras. C'est qu'au premier moment, lorsqu'on fouilla de toutes parts le sol de l'Italie pour en tirer ces marbres et ces bronzes enfouis depuis plus de mille ans, l'idée d'en faire le but de recherches savantes, de laborieuses comparaisons, de les déposer dans des musées, d'en doter des écoles, de les consacrer, en un mot, seulement à l'étude, ne fut pas l'idée dominante. Les souverains, les grands seigneurs, les banquiers opulents qui payaient et dirigeaient les fouilles, songeaient à eux avant de s'occuper des artistes et des savants, et leur premier désir était de faire de ces sculptures la parure de leurs palais, la gloire de leurs jardins. C'est comme objets d'ameublement, de décor et presque de mode que les antiques furent d'abord recherchées en Italie et en Europe ; de là cet impérieux besoin de les rendre agréables aux yeux, de les rajeunir, de les achever, d'en compléter l'ensemble, d'en restaurer les détails. Aujourd'hui, nous leur avons donné une plus noble destination : c'est à la science et à l'art qu'elles appartiennent avant tout ; nous leur rendons un culte presque religieux, c'est bien le moins qu'on nous permette de les garder vierges et pures.

Faut-il pousser ce goût de pureté jusqu'à détruire les restaurations existantes, et demander, par exemple, que toutes nos statues du Louvre soient immédiatement réduites à ce qu'elles ont de vraiment antique? Ce serait aller un peu trop loin. D'abord on risquerait, en procédant ainsi, d'en voir un trop grand nombre disparaître presque en totalité. Pour ne citer qu'une des plus charmantes et des plus populaires, que pense-t-on qu'il nous restât de cette gracieuse figure de femme qui semble si bien rêver, le corps penché sur ce rocher, et dont la longue draperie retombe en plis si délicats? De cette élégante muse nous ne conserverions, je crois, que le talon et le bas de la robe : tout le reste est moderne, il faut bien l'avouer. Ce n'est pas là, sans doute, un exemple ordinaire; on ne voit pas souvent les rôles à ce point renversés et l'accessoire devenir principal ; mais parmi nos statues, pour la plupart acquises au seizième ou au dix-septième siècle, et destinées à embellir nos palais et nos jardins royaux, il en est un bien petit nombre qui ne soient pas profondément restaurées. Et ce n'est pas seulement au Louvre qu'il en est ainsi, c'est à Rome, à Florence, dans toutes les galeries qui ne sont pas de formation récente. L'ère des restaurations n'a commencé à prendre fin qu'après l'apparition de la Vénus de Milo ; et encore nous ne voudrions pas répondre que souvent, depuis cette époque, on n'ait même, chez nous, rhabillé bien des marbres.

Ce serait donc une immense affaire que de toucher à tout cela. La plupart de ces restaurations, si regrettables qu'elles soient, sont déjà d'un assez grand âge pour qu'une sorte de prescription les protège. Elles sont, d'ailleurs, si bien ajustées, et font tellement corps avec les parties antiques, qu'en essayant de les faire disparaître on pourrait tout briser; et, pour réparer une sottise, on commettrait une erreur plus grave. Ainsi, point de système d'épuration complète : c'est un essai dont il faut s'abstenir. Mais s'il n'y a pas prudence à le tenter sur les marbres eux-mêmes, rien n'est moins dangereux sur des plâtres. Une fois la statue moulée, vous taillez, vous rognez, vous supprimez tout à votre aise; vous ne conservez que ce qui est à elle, vous lui rendez sa pureté et ses mutilations. On ne saurait croire tout ce qu'elle peut gagner à perdre ainsi quelques membres postiches. Quelle nouveauté d'aspect! quel caractère plus franc et plus individuel! Telle figure dont le style était louche et suspect, semble se transformer et devient vraiment grecque après ce genre d'amputation. Nous en jugeons par les exemples que M. Ravaisson met déjà sous nos yeux. Officiellement autorisé à faire mouler en Italie un certain nombre de sculptures qu'il croit de travail grec, et qui sont presque toutes inconnues à Paris, il a eu soin d'en retrancher les parties restaurées. Ces plâtres, au nombre d'environ soixante, sont déposés en ce moment au Palais de l'Industrie, et doivent bientôt, nous le pensons, être soumis au public. C'est à la fois un premier fonds pour le futur musée, et la démonstration d'une méthode. Il va sans dire qu'on trouve là, en proportion beaucoup plus forte que dans les musées ordinaires, des torses d'hommes et de femmes, de simples fragments, des têtes isolées : c'est le résultat naturel du système. Ces fragments, ces torses, ceux qui les ont connus transformés en statues, au Vatican, au Capitole, aux Offices ou au palais Pitti, auront peine à les reconnaître : ce sont de vraies révélations. Voyez ces deux corps de femmes provenant du jardin *della Pigna*, ce fragment d'une amazone que vous avez remarqué peut-être dans la cour du palais Borghèse, ce torse de Vénus du jardin Boboli, et tant d'autres qu'il faudrait citer ; jamais, convenez-en, vous n'en avez, sur place, soupçonné la beauté ni le style, tant les parties modernes qui leur sont annexées ont distrait vos regards et détourné votre attention.

Tel est donc le trait distinctif, la principale nouveauté du projet de M. Ravaisson : ne pas admettre un morceau de sculpture qui ne soit pur de tout mélange, et qui ne fasse preuve, dans toutes ses parties, d'une noblesse immaculée. Ce musée sera le livre d'or de la statuaire antique. Pour ce travail d'épuration, un grand discernement sera nécessaire. Il faudra de bons yeux, beaucoup de tact, un sens exquis. Même en opérant sur le plâtre, il faut encore ne rien tailler de trop, et distinguer, sans jamais se méprendre, les parties véritablement refaites de celles qui ne sont que rétablies et rajustées.

Voilà le premier problème : ce n'est pas le plus difficile. Constater l'existence d'une restauration d'une pièce de rapport incrustée dans un marbre antique, ce n'est, après tout, qu'une question matérielle, un litige à débattre entre experts, comme une vérification d'écritures. Les cas vraiment douteux ne sont jamais très-fréquents, et n'ont pas grande conséquence; tandis que pour le choix et pour le classement des sculptures elles-mêmes, tout sera matière à discussion, et ce ne sera pas trop de faire appel au dévouement et aux lumières des hommes les plus compétents, des plus habiles appréciateurs, des juges les plus expérimentés.

D'abord il s'agira de déterminer nettement le sens de ces mots : Sculpture grecque. C'est le travail hellénique qu'on prétend seul admettre et avec grande raison : en cela consiste, en partie, l'originalité du projet; mais dès qu'on entrera dans l'époque impériale et même, quelques siècles en deçà, dans la cour des Ptolémées, quel parti prendra-t-on vis-à-vis de sculptures qui sont grecques aussi, puisque des

Grecs ont tenu le ciseau, et dont pourtant l'esprit, le caractère propre, on peut même dire la nationalité, s'effacent peu à peu sous l'influence étrangère qui les altère et les corrompt. La détermination des limites au delà desquelles le vrai style grec se perd et se confond, d'une part dans le goût romain, de l'autre dans l'alexandrin, ce lointain acheminement au byzantin, tel sera le premier devoir du jury d'admission ! Puis, ces règles posées, viendra le classement : nouvelles difficultés, bien autrement ardues, surtout dès qu'il sera question des temps avoisinant Phidias, des huit ou dix olympiades qui lui sont antérieures, des années qui viennent après lui, et même aussi de son propre temps. Lorsqu'à travers cette époque, pour classer chronologiquement chaque ouvrage, il faudra tenir compte de la possibilité d'une influence géographique, c'est-à-dire faire la part de ces écoles contemporaines, d'allures si diverses, les unes progressives, les autres stationnaires et presque rétrogrades, les opinions, il faut d'avance en prendre son parti, seront rarement unanimes.

On aura soin de réunir et d'étaler aux yeux du spectateur tous les termes de comparaison propres à éclairer le débat et à faire découvrir l'inconnu par le connu ; on lui donnera le plus grand nombre possible de monuments à date certaine, et, en premier lieu, de médailles. Une collection complète des types principaux de tous les temps, une collection de camées et de pierres gravées, de petits bronzes, de bijoux, en un mot, d'objets plastiques de tout genre, sera l'accompagnement nécessaire de ce musée chronologique ; et comme, néanmoins il se produira toujours des dissidences sur des questions si délicates, comme le moindre fait nouveau viendra modifier l'avis qui aura prévalu, sauf à être plus tard démenti par un autre fait, il faudra, par prudence, que les classifications de ces époques litigieuses restent toujours comme en suspens. Chaque décision qui sera prise, ne le sera que sous réserve et en attendant mieux ; les affirmations du livret seront suivies de points d'interrogation ; et pour que l'arrangement matériel du musée soit toujours en parfait accord avec l'état de la science, pour qu'il y ait toute facilité à corriger et à remanier, à faire changer de place, et voyager d'une salle dans l'autre, chaque fois que besoin sera, ces sculptures provisoirement classées, les piédestaux de tous les plâtres seront établis sur roulettes.

Nous ne donnons ici qu'un aperçu sommaire d'un projet qui, pour être exposé, demanderait d'amples détails ; mais, dans ce peu de mots, on a dû sentir, ce nous semble, une idée qui peut être féconde? Nous ne promettons pas qu'à Saint-Germain les visiteurs, les étrangers viendraient en foule comme à Versailles : ce n'est pas d'un succès de vogue, d'un spectacle populaire qu'il est ici question ; il s'agit d'un sanctuaire d'études, il s'agit d'un lieu ouvert à de nobles controverses qui jamais ne sommeillent sans que l'art, le grand art ne soit lui-même endormi. Et quelle heureuse et nouvelle façon de ranimer ces problèmes ! placer notre jeunesse devant tous les chefs-d'œuvres connus du plus artiste des peuples ! les lui faire tous embrasser et comparer d'un regard ! Est-il un pays d'Europe qui ne nous enviât cette ingénieuse munificence ? Là, point de faux brillants, point d'étalage industriel et théâtral. Ce ne serait pas un palais de cristal, sorte de grand bazar où cette chronologie de l'art, et ce vaste assemblage de monuments plastiques de tous les siècles n'ont d'autre but que d'amuser les yeux, et de laisser dans les esprits de superficielles images. Ce serait une institution sérieuse, scientifique, et profitable néanmoins aux artistes aussi bien qu'aux savants. On s'enquiert tous les jours des moyens les plus propres à protéger, à faire fleurir les arts : en serait-il un plus sûr, mieux combiné, plus efficace qu'une semblable création?

V

ATHÈNES

AUX XVe, XVIe ET XVIIe SIÈCLES

I

Que restait-il d'Athènes au quinzième siècle? Quels débris, quelles ruines, quels monuments encore debout s'étaient jusque-là conservés? En quelle estime étaient-ils? Qu'en savait-on, qu'en disait-on dans l'Occident? Telles sont les questions qui ont inspiré à M. de Laborde deux volumes pleins d'ingénieuses recherches, de documents inédits, de planches curieuses, de piquantes vignettes, de tous ces accessoires, en un mot, dont il sait, mieux que personne, semer ses publications, et qui leur donnent comme un caractère de raretés bibliographiques.

On s'étonne peut-être du choix de son sujet. Pourquoi, dans l'histoire d'Athènes, ne prendre que le quinzième, le seizième et le dix-septième siècle? Pourquoi s'enfermer dans cette époque sans jeter un regard ni en avant ni en arrière? La raison, la voici : ce n'est point un ouvrage à part, un livre isolé et complet qu'entend nous donner M. de Laborde, c'est un extrait, un fragment, une feuille détachée d'un grand travail inédit qu'il consacre à la ville, ou plutôt au temple de Minerve, au monument qui fut la gloire d'Athènes, au Parthénon. Déjà quelques livraisons, publiées il y a sept ou huit ans, ont donné la mesure de cette importante entreprise ; l'œuvre est interrompue, elle n'est pas abandonnée : l'auteur du moins nous le promet, et, nous n'en doutons pas, il tiendra sa parole. Malgré les catastrophes et les révolutions qui jusqu'ici l'ont arrêté, son Parthénon verra le jour. En attendant, il nous offre un à-compte, et c'est toujours autant de pris.

Ce fragment, après tout, est un livre à lui seul. Détaché de l'ensemble, on s'aperçoit à peine qu'il lui manque une fin et un commencement. C'est une suite, un complément à l'histoire d'Athènes, un appendice utile autant que peu connu. Tout le monde, en effet, sait à peu près, ou croit savoir ce qu'était cette admirable ville aux jours de sa splendeur : tout le monde sait aussi, même sans l'avoir vu, ce qu'elle est de nos jours; mais, entre ces deux époques, en général on ne sait rien. C'est à combler cette lacune que travaille M. de Laborde. La tâche est difficile : il s'agit de dresser d'âge en âge la carte des monuments d'Athènes, d'en suivre siècle par siècle, et, pour ainsi dire, pierre par pierre, les mutilations successives. Pour un pareil travail, quels témoins consulter? où trouver beaucoup de Pausanias ? où sont les voyageurs anciens qui parcouraient ce sol de Grèce avec l'idée de nous laisser des notes et de dresser pour notre usage l'inventaire de ce qu'ils avaient vu ? C'est déjà presque un miracle qu'au deuxième siècle de notre ère un homme, par exception, ait eu cette pensée et se soit donné cette peine pour le plaisir et l'instruction de la postérité. Sans lui, que saurions-nous? à quelles conjectures, à quelles hypothèses en serions nous réduits? Déjà même il venait un peu tard pour trouver tout à sa place. Athènes n'était plus la ville de Périclès; il eût fallu nous la décrire quelques siècles plus tôt, avant Sylla, avant Néron, et même avant Hadrien. Ces trois hommes, chacun à sa façon, ne l'avait guère ménagée. Sylla s'était vengé de l'affront d'un long siège en châtiant jusqu'aux monuments ; Néron, sans prendre comme lui la ville par escalade, n'en avait pas moins mis ses chefs-d'œuvre au pillage, arrachant les marbres et les bronzes, les statues et les tableaux, les chapiteaux et les corniches, pour en décorer ses palais et ses jardins d'Italie ; Hadrien, au contraire, n'avait eu pour Athènes que trop d'amour, s'il est possible; jamais il n'y porta ni le fer ni la flamme ; il n'y déroba rien, mais il y construisit et y restaura beaucoup. Pour construire, on détruit ; en restaurant, on altère. Athènes, avant Pausanias, avait donc déjà subi trois grands fléaux qui défigurent une cité, la guerre, la rapine et les restaurations. Ce qui n'empêche pas qu'il n'y paraissait guère : elle restait encore, même sous les Antonins, le plus merveilleux musée que jamais les hommes auront vu.

C'est à deux cents ans de là, après qu'Alaric et ses Goths

se furent jetés comme un torrent sur l'Attique, que tout dut prendre un autre aspect. Là commence, à vrai dire, la destruction d'Athènes. Le mal fut-il aussi profond que le disent et Claudien et la tradition, écho de son poëme? Zosime soutient que non; il ne veut pas qu'il y ait eu grand ravage, et la raison qu'il en donne c'est que Minerve elle-même avait arrêté les coups. Sa grande ombre, nous dit-il, se dressa devant Alaric, couvrant la ville et les remparts de sa redoutable égide. Un argument moins poétique, moins agréable aux païens du sixième siècle, un simple récit contemporain ferait mieux notre affaire; on le chercherait vainement. En ce temps-là, les esprits droits, s'il en restait encore, n'écrivaient plus; les beaux esprits subtilisaient. Meursius, dans tout son recueil, ne cite pas, que nous sachions, un seul fragment, une seule scholie qui soit du moindre secours pour éclaircir ce simple fait : quel était l'état d'Athènes après le passage des Goths? M. de Laborde, plus heureux que Meursius, a-t-il trouvé sur ce sujet quelque source inconnue? Son Parthénon nous l'apprendra ; mais franchement, nous en doutons.

La même obscurité, la même impossibilité d'obtenir des témoignages tant soit peu sérieux s'étend aux siècles suivants. Le silence est complet. Claudien peut avoir outré les dégâts matériels causés par les barbares, nous sommes porté à le croire; mais ce qu'il n'a point dit, et ce qui est certain, c'est la ruine morale qui suivit de près ce terrible ouragan. Dès la fin du cinquième siècle la ville intellectuelle était morte. Ces écoles, sa dernière splendeur, cette vie philosophique et littéraire qui, depuis si longtemps, lui tenait lieu de vie publique et presque de liberté, il n'en était plus question. Les maîtres, les disciples, tout avait disparu, et lorsque Justinien prononça par décret la fermeture et la suppression des écoles d'Athènes, ce n'était point de sa part acte de tyrannie, fantaisie de despote, c'était la consécration légale d'un fait déjà consommé. Longtemps avant Justinien, Synesius écrivait : « S'il reste à cette pauvre Athènes une ombre de célébrité, ce n'est plus à ses philosophes qu'elle le doit, c'est à ses marchands de miel [1]. »

Presque réduite à l'état de bourgade sous les empereurs byzantins, elle tomba dans un tel oubli que son nom même sembla se perdre. Les navigateurs de l'Archipel l'appelaient Sétine au neuvième siècle, ne se doutant même pas qu'Athènes avait été son nom, et pourtant ses ruines étaient là! Mais qui les visitait? Quel pèlerin, parti de Gênes ou de Marseille, se serait arrêté pour contempler le Parthénon? Ils cinglaient tous vers les lieux saints, les yeux baissés, n'hésitant qu'entre deux ou trois itinéraires plus directs les uns que les autres. Athènes n'était pas sur leur route; et ce n'était pas pour de telles reliques qu'ils se seraient détournés d'un jour. Les pieux voyageurs ne devaient donc pas tirer la malheureuse ville de son obscurité; ils en savaient sur son compte encore moins que les nautoniers de Rhodes ou de Naxos. Mais quand les pèlerinages se changèrent en croisades, quand il fallut occuper militairement les côtes de la Grèce, s'y assurer des postes, des abris, des refuges, alors la position d'Athènes, et surtout celle de l'Acropole, ne manqua pas d'être remarquée; on lui trouva, comme à la butte de Montlhéry, par exemple, ou à

[1] Epist. clvi.

telle autre motte féodale, les conditions requises pour asseoir un donjon. Alors le noble nom de la ville antique reparaît dans le monde, associé à un mot tout moderne : c'est à titre de duché qu'Athènes ressuscite.

Une longue série de ducs francs, bourguignons, champenois, napolitains, toscans, la possèdent pendant trois siècles. Que font-ils de ces monuments? de quel œil les regardent-ils? ont-ils pour ces chefs-d'œuvre indifférence ou respect? Ici encore complet silence. On trouve bien, et depuis quelque temps on explore dans les bibliothèques de l'Europe d'utiles documents sur les établissements des croisés dans la Grèce, mais un seul mot concluant et de quelque intérêt sur les monuments d'Athènes, nous ne pensons pas qu'on l'ait encore trouvé. Ce qu'on sait, ce qui est manifeste à ceux qui visitent les lieux, c'est que les ouvrages de défense, les remparts, les bastions construits vers cette époque, sont entièrement composés de pierres ou de marbres taillés à l'antique, et couverts, pour la plupart, de sculptures et d'inscriptions. La tour carrée, par exemple, le donjon qui domine les Propylées, n'est pas autrement bâtie. S'était-on procuré ces matériaux par des démolitions récentes? était-ce, au contraire, d'anciens débris abattus depuis longues années? Nul ne le saurait dire. On n'a que le corps du délit, on n'en sait pas la date; et telle est l'insouciance universelle en ces temps-là pour ce genre de trésors, que c'est pure chimère de vouloir deviner par la faute de qui nous les avons perdus. Aussi bien sous les ducs que sous la domination byzantine, toute enquête est impossible, faute de témoignages. Aussi comprenons-nous que M. de Laborde ait écarté de ses deux volumes cette partie énigmatique de son sujet ; il nous en parlera dans le corps de l'ouvrage ; pour aujourd'hui il fait son choix, il se donne un cadre restreint, et ne remonte qu'à l'époque où quelques documents écrits jettent un certain jour sur les questions qu'il veut résoudre. C'est au milieu du quinzième siècle que ce changement s'opère, au moment, chose étrange ! où de nouveaux barbares fondent sur l'Archipel et en chassent les fils des croisés.

Athènes fut occupée par les Turcs trois ans après la chute de Constantinople, en 1456 ; elle fut prise sans coup férir, sans que son dernier duc, Acciajuoli, tentât la moindre résistance. Ce triste personnage n'en fut pas moins étranglé ; sa lâcheté ne lui profita pas ; elle ne rendit service qu'aux monuments d'Athènes qui, pour cette fois du moins, ne coururent aucun danger. M. de Laborde prétend même que la conquête fut un bonheur pour eux ; qu'ils gagnèrent à changer de maîtres ; qu'Omar et ses soldats ne brisèrent pas une pierre, tandis que, jusque-là, les chrétiens avaient tout mutilé. Cette extrême indulgence paraît peut-être un peu paradoxale ; c'est oublier bien vite que ces bons musulmans venaient de mettre à sac les chefs-d'œuvre de Byzance ; tout au moins voudrait-on savoir sur quelle autorité l'auteur se fonde. Il nous dit bien qu'il a des preuves, mais où sont-elles ? Dans son Parthénon ? et, par malheur, son Parthénon, lui seul le connaît jusqu'ici. C'est là l'inévitable inconvénient des publications fractionnées, des fragments pris au cœur d'un ouvrage ; quand on procède ainsi on doit se résigner à des répétitions ou à des omissions regrettables. Du reste, n'insistons pas ; nous avons accepté la réserve de l'auteur, il faut prendre son livre tel qu'il est et au moment où il le commence.

Nous sommes donc en 1456, et les Turcs sont maîtres d'Athènes. Or c'est à ce moment, c'est trois ou quatre ans après cette prise de possession que doit avoir été écrit un document, le premier qui apparaisse enfin après ce long sommeil, indice curieux d'un certain retour de respect et de curiosité pour les antiquités d'Athènes. Ce document consiste en quelques feuillets, d'une écriture grecque du quinzième siècle, intercalés et comme enfouis, jusqu'à ses derniers temps, au milieu de pièces théologiques de la même époque, dans un manuscrit de la Bibliothèque impériale de Vienne. Otfried Muller, le premier, reconnut en 1840 que ces six ou sept pages inachevées et entremêlées de lacunes étaient une description topographique d'Athènes, un carnet de voyage, un *memento* en forme d'itinéraire, et que çà et là quelques mots permettaient, sinon d'en connaître l'auteur, du moins d'en fixer approximativement la date.

On comprend tout le prix d'un pareil document. La description de l'anonyme, c'est ainsi qu'on est réduit à l'appeler, est une sorte d'état des lieux coïncidant fort à propos avec l'installation des nouveaux conquérants, c'est-à-dire avec l'instant où M. de Laborde entre en matière; aussi n'oublie-t-il rien pour la mettre en relief; il nous en donne une copie textuelle, un *fac simile* complet, calqué sur le manuscrit, puis une transcription et une traduction suivie de notes et de commentaires.

Le Grec qui a écrit ces pages, treize cents ans après Pausanias, avait-il lu les *Attiques*? On le suppose, tant il semble emprunter à l'ancien voyageur ce qu'on peut appeler sa méthode. C'est le même procédé en face des monuments; il les passe en revue, il les décrit sans jamais se mettre en scène; c'est aussi la même concision poussée jusqu'à l'obscurité. Mais là se bornent les analogies. Entre Pausanias et l'anonyme de 1460 il y a la même distance qu'entre les siècles où ils ont vécu et les choses qu'ils ont vues. Le grand mérite de Pausanias, ce qui rachète tous ses défauts, c'est d'écrire dans un temps bien informé; de traiter un sujet qui n'a rien de problématique; le nom des monuments, leur origine, leur destination, les artistes qui les ont construits, il sait tout cela, parce que tout le monde autour de lui le savait plus ou moins; il n'a eu besoin, pour être exact, que de faire des questions; les réponses ne lui ont pas manqué; et, si parfois il raconte des fables, ce sont celles que tout le monde adoptait; des fables consacrées, des hypothèses mythologiques sur l'origine de certaines constructions. Son imitateur, au contraire, parle de choses qu'il ignore, et que ceux qu'il consulte ne connaissent pas mieux que lui. Dans cette ville, où il nous promène, il sait qu'il y eut jadis de grands noms, des monuments célèbres; mais ces monuments, où sont-ils? Personne n'est là pour le dire : il faut qu'il s'oriente lui-même. Les édifices qu'il rencontre, il les baptise comme il peut, prenant les noms presque au hasard et choisissant de préférence les plus illustres, les plus pompeux. C'est ainsi qu'il nous conduit devant les palais de Miltiade, de Thémistocle, de Léonidas, dans les écoles de Socrate, de Platon, de Démosthène, d'Aristote, de Sophocle, d'Aristophane, aux habitations de Solon et de Thucydide ; autant d'attributions fantastiques et de pure invention. Est-ce donc un rêveur que ce Grec? Son témoignage est-il puéril, sans valeur et sans utilité? Nullement. A côté de ces dénominations erronées, échos lointains de contes populaires et d'absurdes traditions, viennent d'utiles renseignements. Ainsi, nous apprenons, par quelques mots qui lui échappent à son entrée dans l'acropole, que les propylées, à cette époque, avaient encore leurs plafonds, leurs couvertures et leurs dallages de marbre; que le temple d'Érechthée, qu'il prend pour un portique et même pour le portique par excellence, pour le portique des stoïciens, était encore couvert au dedans et au dehors de ses ornements dorés et décorés de pierres précieuses. Il a beau faire des quiproquo et se tromper à chaque pas, ses bévues elles-mêmes ont leur prix; souvent ce qu'il a cru voir nous sert d'indice pour deviner ce qu'il a vu. Peu importe, par exemple, qu'il appelle *théâtres* toutes les constructions à gradins qu'il trouve sur sa route, et qu'il transforme en *écoles* tous les autres édifices, de quelque forme qu'ils soient: le point essentiel, c'est qu'il a vu beaucoup de monuments, la plupart encore debout; c'est qu'il a vu le stade et d'autres lieux de réunions publiques, conservant encore leurs gradins et leurs dispositions principales. Peut-être même ce mot *école*, dont il fait si étrange abus, n'est-il pas toujours employé aussi à faux qu'il en a l'air. N'oublions pas que pendant plusieurs siècles, les étudiants romains s'étaient comme emparés d'Athènes et l'avaient convertie en une sorte d'université. On devait y compter alors, comme à Oxford et Cambridge, presque autant d'*écoles* que de maisons, et bien des monuments, construits à toute autre fin, avaient dû être appropriés aux besoins de l'enseignement; de là des dénominations qui contredisent notre savoir, qui nous semblent risibles, et dont Ictinus et Callicrate auraient souri comme nous, mais qui peut-être, à notre insu, ont été vraies un certain jour, puis se sont conservées durant le Bas-Empire, et jusqu'au temps de notre voyageur. On voit donc que, par bien des côtés, il y a, dans ce court document, d'amples sujets d'induction et d'études.

Il prouve, à notre avis, deux choses principales : d'abord que, malgré dix siècles d'abandon, malgré les Goths et les iconoclastes, malgré les spoliations impériales, malgré les travaux militaires des ducs et des polémarques, Athènes, au quinzième siècle, possédait des restes considérables de son antique architecture. Ses monuments, en général, devaient être moins altérés, moins dégradés, que ceux de Rome à la même époque. Un climat plus doux et plus égal, des matériaux plus résistants et plus massifs, un mode de construction et d'appareil plus difficile à entamer, tout avait dû protéger les monuments d'Athènes, tout jusqu'à la décadence de la ville elle-même. Obscure, solitaire, éloignée de la scène du monde, elle en était plus à l'abri de la destruction. Ce n'est pas impunément qu'une grande cité ressuscite de ses cendres et reste, même après sa chute, la métropole de l'univers. Elle ne se perpétue qu'à condition de se détruire ; c'est aux dépens de la ville ancienne que la nouvelle se construit. Et pourtant, voyez dans les récits de Poggio Bracciolini combien de temples, de tombeaux, de thermes, d'amphithéâtres, de colonnes et d'arcades ne compte-t-il pas à Rome, lui qui se plaint d'en avoir vu tant détruire[1] ? Voyez ce que Pétrarque,

[1] *De Varietate fortunæ*, p. 21, édit. de Paris, 1723, in-4°.

un peu avant Poggio, nous dit du septizonium de Sévère. Cent ans à peine écoulés, que restait-il de tout cela ? La Rome du quinzième siècle était donc incomparablement plus riche en débris de l'antiquité que la Rome qui nous reste aujourd'hui, à plus forte raison Athènes, vers la même époque, offrait-elle au voyageur un spectacle dont ce qui subsiste ne peut donner aucune idée. Ce n'est ni le temps ni la main de l'homme, c'est la poudre à canon seule, nous le verrons tout à l'heure, qui pouvait ravager et presque anéantir ces admirables masses. Une longue série de monuments, non pas intacts mais encore à moitié debout et de forme encore accusée, voilà ce qu'en 1460 l'anonyme avait vu à Athènes ; voilà ce qu'avant tout nous apprend son récit.

Ce qu'il nous enseigne en second lieu, c'est que ces débris visibles, ces traces matérielles étaient tout ce qui restait de la ville antique : les souvenirs avaient disparu ; on ne savait plus rien de son histoire. Les premiers siècles de Byzance, les premiers temps du christianisme étaient l'extrême limite où les regards pouvaient encore atteindre ; au delà commençait une profonde nuit. Aussi voyez notre anonyme en face du Parthénon : à qui en attribue-t-il l'honneur? prononce-t-il les noms de Phidias ou d'Ictinus? il ne sait même pas que ces deux hommes ont existé. Pour lui les architectes du Parthénon sont Apollos et Eulogios, c'est-à-dire, selon toute apparence, les deux premiers auteurs de sa ruine, les deux maçons byzantins qui firent une église du temple de Minerve. L'échancrure, la brèche énorme qui coupe en deux le fronton oriental, le pronaos détruit, ses six colonnes renversées, voilà l'œuvre dont il restait souvenir ; voilà ce qu'en 1460 on appelait avoir onstruit le Parthénon. Le *sic vos non vobis* a-t-il jamais reçu plus belle application, et quel exemple pourrait mieux nous apprendre le degré d'ignorance et d'oubli de leur gloire où les Grecs étaient alors tombés ?

Quand on faisait de telles méprises sur le sol même de la Grèce, il était tout simple qu'en France, en Italie, en Allemagne, en Flandre, on ne se piquât pas de plus d'exactitude. Voulait-on représenter Athènes dans une de ces chroniques à figures qui racontaient l'histoire du monde depuis Noé jusqu'au quinzième siècle, l'artiste traçait de fantaisie la vue à vol d'oiseau de sa ville ou de sa bourgade, flamande s'il était Flamand, allemande s'il était né au delà de la Meuse ou du Rhin, puis il écrivait au bas : « Ceci est le portrait de l'antique cité d'Athènes. » M. de Laborde met sous nos yeux deux portraits de ce genre, tirés, l'un de la chronique de Jean de Courcy, en date de 1473, l'autre de la grande Chronique de Nuremberg. Ici des toits pointus, de hauts beffrois, des flèches élancées, on se croirait à Bruges; là des coupoles, des dômes arrondis, comme à Cologne ou à Mayence. Ces sortes d'anachronismes et de travestissements n'avaient alors rien de rare. Était-il plus étonnant de faire d'Athènes une forêt de clochetons et de mâchicoulis, que de coiffer Pilate du chaperon florentin, ou d'affubler César d'un pourpoint à l'espagnole? Quel artiste en ce temps-là s'inquiétait de la couleur locale, de la vérité du costume? On ne peignait au vrai que les visages : ce qui était bien quelque chose ; mais personne, avant Mantegna et son école, ne s'était avisé de consulter la colonne Trajane pour savoir qu'un soldat romain n'était ni armé ni vêtu comme un hallebardier de l'empereur Maximilien.

Laissons donc ces représentations fantastiques d'Athènes, c'est une irrévérence qui ne s'adresse pas spécialement à la Grèce et à ses chefs-d'œuvre : nos dessinateurs et nos peintres avaient alors pour toutes choses ce même sans-façon. Ce qui me semble plus étrange, c'est qu'à la même époque, vers 1465, un docte architecte, un des *San-Gallo*, l'oncle d'Antoine, s'occupant lui aussi des monuments de la Grèce, n'en ait fait que des croquis en quelque sorte imaginaires. Dans un précieux portefeuille conservé à la bibliothèque Barberini, au milieu d'une centaine de feuilles de parchemin sur lesquelles ce maître habile a reproduit les principaux édifices de l'Italie, exactement mesurés par lui, on trouve de sa main quelques dessins des monuments d'Athènes. Ces dessins, cités par Winckelmann, et avant lui par plusieurs voyageurs, ne valaient pas tant de célébrité. M. de Laborde nous donne en *fac-simile* la feuille qui représente le Parthénon. C'est presque une caricature, ou, du moins, un mélange confus à peine intelligible des formes architecturales du Panthéon de Rome et de quelques réminiscences des métopes et du fronton occidental de Phidias. Évidemment San-Gallo n'avait pas vu la Grèce ; ce n'était pas, d'après nature, que sa plume avait tracé ces croquis. Comment donc avait-il mêlé de pareilles fantaisies à des études sérieuses ? Une note marginale nous l'explique. San-Gallo tenait d'un Grec, venant d'Athènes, les modèles de ces dessins ; il les avait copiés de confiance, sans s'assurer de leur fidélité, et, comme le trait en était maladroit et indécis, en les copiant il les avait interprétés. De là ces indications, ces motifs de sculpture grecque encadrés dans des souvenirs d'architecture romaine.

Ainsi le quinzième siècle tout entier, en Occident comme en Orient, ne fournit pas une notion véritablement exacte sur l'état des monuments d'Athènes. On n'en tire que des fables ou des demi-vérités qui ne valent guère mieux. En sera-t-il autrement du seizième? Cet âge d'or de la philosophie et de l'érudition, ce siècle nourri de grec, élevé dans l'amour, dans la prédilection des lettres grecques, peuplé de beaux esprits parlant grec dès le berceau, n'aura-t-il pour Athènes et pour ses ruines ni sympathie, ni curiosité? Ne voudra-t-il pas visiter, connaître, étudier cette mère patrie de l'art grec? Ses savants, ses artistes n'en feront-ils pas le but d'un nouveau genre de pèlerinages? Non, le seizième siècle s'écoule comme le quinzième siècle, sans la moindre préoccupation, sans le moindre souci de la Grèce, sans chercher à savoir s'il existe ou s'il n'existe pas sur son sol des traces de son passé. Cet oubli, cette indifférence venaient sans doute en partie de la peur qu'on avait des Turcs. Ces gardiens incommodes guérissaient de l'envie d'aller voir leurs trésors. Pour naviguer dans ces parages, même après la paix conclue entre la Porte et Venise, il fallait être trafiquant; les savants ne s'y hasardaient pas. Dans tout le seizième siècle, M. de Laborde a pris la peine de le constater, il ne s'est pas fait un livre, on n'a pas imprimé un récit de voyage d'où se puisse tirer, au sujet de la Grèce, le moindre renseignement. Les uns, André Thevet, par exemple, dans sa cosmographie du Levant, parlent d'Athènes comme s'ils l'avaient vue, mais de manière à ne tromper personne; c'est de la pure supercherie à peine déguisée; d'autres, tels que Pierre Belon ou Guillaume Postel, ont vraiment voyagé; ils ont vu la Judée, l'Égypte, l'Arabie; mais la Grèce, ils n'en disent mot, ils l'ont traversée sans la voir. Jean Carlier de Pinon, et, quinze ans avant lui, Jean Chesneau, secrétaire de M. d'Aramont, ambassadeur de France, n'en disent pas davantage; ils ont couru l'Archipel, entrevu Corinthe et Mégare, passé devant Egine, mouillé en vue de Sunium, en vue du cap des Colonnes, comme ils l'appellent, et l'idée ne leur est venue ni à l'un ni à l'autre de faire deux pas de plus pour visiter Athènes. Ce qui vaut encore mieux, c'est un baron de Saint-Blancard, envoyé, en 1537, dans les mers du Levant, à la tête d'une flotte française. Battu par la tempête, il relâche au Pirée, il y entre, il s'y met à l'ancre; l'Acropole et le Parthénon sont là qui brillent au soleil; il reste à bord de son navire, sans songer à les aller voir, et, quand le temps redevient beau, il part sans regretter de ne les avoir pas vus.

Ces gens-là n'avaient-ils ni lettres ni culture? Voici Martin Krauss, professeur à Tubingue, helléniste célèbre et lettré s'il en fut, qui, en 1573, pendant la paix qui suit la bataille de Lépante, entre en commerce épistolaire avec un savant grec établi à Constantinople, Théodore Zygomalas; la première question qu'il lui fait est celle-ci : « Athènes est-elle complétement détruite, comme le disent nos historiens allemands? Est-il vrai qu'elle soit remplacée par quelques cabanes de pêcheurs? » A quoi son correspondant se hâte de répondre qu'il existe une Athènes et des Athéniens, que la ville est remplie de monuments magnifiques et qu'elle compte encore, bien que déserte en partie près de douze mille habitants. Sur tous ces points Zygomalas parle en homme compétent, c'est de la pure statistique; il ne s'en tient pas là, il se lance à faire de l'histoire, à désigner les monuments, à leur donner des noms, à parler des artistes, et alors il faut voir quelle série de balourdises ! Il ne dit plus un mot qui ait le sens commun, tout juste comme l'anonyme de 1460.

Les deux siècles se valent donc dès qu'il s'agit d'apprécier, de juger, ou seulement de connaître Athènes et ses monuments. Sur ce point la critique est aussi retardée sous Henri III que sous Louis XI. Et pourtant, pendant ces cent années, quels progrès n'avait-on pas faits dans l'étude et dans la découverte des monuments classiques ! La passion des antiquités s'était répandue partout ; mais pour la satisfaire, il n'était qu'un seul lieu, l'Italie. Chercher des bas-reliefs, des inscriptions, des médailles, des fragments de peinture, des statues, ailleurs qu'à Rome, ailleurs qu'en Italie, l'idée n'en venait à personne. Que n'eût-on pas trouvé en Afrique, en Espagne, et surtout dans le midi de la France ! On n'y songeait pas plus qu'à la Grèce. L'Italie était un champ si vaste, comme le remarque M. de Laborde, qu'un siècle ou deux n'étaient pas trop pour l'exploiter à fond. Ajoutons qu'il fallait ce long apprentissage, avant d'en venir à comprendre, à sentir, à goûter les perfections de l'art grec. Ce qu'il y a d'admirable et d'exquis dans cet art, sa grandeur, sa sobriété, sa justesse, jamais des yeux façonnés aux derniers raffinements du gothique fleuri n'en auraient eu l'intelligence. C'est une loi de notre esprit de ne marcher que par degrés, soit qu'il aille en avant, soit qu'il retourne en arrière. Si, par hasard, au lieu de s'attacher d'abord à l'Italie, au lieu de se nourrir, de s'abreuver d'art romain, l'Europe savante était tombée du premier coup sur Athènes, sait-on ce qu'elle aurait admiré, protégé, conservé de préférence ? ce qu'il y avait de moins grec dans la Grèce, les œuvres du temps d'Hadrien. Ce luxe épanoui, cet éclat théâtral, l'auraient nécessairement séduite, tandis qu'elle eût trouvé rude, austère et presque un peu barbare, le style de Phidias.

Ce n'était donc pas seulement le hasard, la proximité, l'occasion, qui, dès le début de la renaissance, avaient porté vers l'Italie, vers les antiquités romaines, nos études et nos hommages ; c'était un attrait naturel, une harmonie préétablie ; notre éducation devait commencer par là ; nos yeux, au moment du réveil, n'étaient pas prêts à contempler un autre ordre de beautés ; nous étions condamnés à cet oubli momentané des chefs-d'œuvre d'Athènes. Si, du moins, en restant dans l'ombre, ils s'étaient conservés à notre admiration ! Mais, par une triste coïncidence, c'est au moment où l'attention commence à se tourner vers eux que leur ruine se consomme. Il était réservé au dix-septième siècle d'assister à leur résurrection, ou, du moins, aux premières tentatives de les mettre en lumière, et d'être à la fois témoin du coup le plus irréparable qui, depuis deux mille ans, les eût encore atteints.

II

L'alliance entre la Porte et la France, en se perpétuant pendant le seizième siècle, avait rendu de plus en plus fréquentes nos relations commerciales et nos missions diplomatiques dans les mers du Levant. Tous nos ambassadeurs, grâce à Dieu, n'étaient pas comme M. d'Aramont et son secrétaire, Jean Chesneau, absolument exempts de curiosité; il y en eut qui, soit à l'aller, soit au retour, prirent l'idée de faire escale en Grèce, et vers le milieu du dix-septième siècle, ce devint une sorte d'usage et comme une tradition de chancellerie que de rendre hommage en passant à cette patrie des lettres et des arts. Le premier qui lui paya tribut fut un conseiller du roi Louis XIII, Louis Deshayes, baron de Courmenin. En l'année 1630, allant à Constantinople, il s'arrêta quelque temps à Athènes, et, dans la relation de son voyage, imprimée en 1632 [1], il dit, en parlant du Parthénon : « Ce temple est aussi entier et aussi peu offensé de l'injure du temps, comme s'il venait d'être fait; l'ordre et la structure en est admirable. »

Ce peu de mots n'est pas sans éloquence; mais, ce qui vaut encore mieux, c'est le service que, quarante ans plus tard, un autre ambassadeur allait nous rendre, à propos du même monument. M. de Nointel ne se contenta pas de le décrire, il fit les choses en grand seigneur, et nous légua des dessins qui, tout imparfaits qu'ils sont, servent, depuis un demi-siècle, de texte inépuisable à la critique et à l'érudition.

Avant de dire un mot de ces dessins, n'oublions pas que pendant les quarante ans écoulés entre l'ambassade du baron de Courmenin et celle du marquis de Nointel, nos rapports

---

[1] *Voiage de Levant, fait par le commandement du roy.* A Paris, chez Adrien Taupicart; in-4°, 1632.

avec la Grèce s'étaient encore multipliés et avaient pris un nouveau caractère. Ce n'étaient plus seulement quelques visites passagères de hauts et puissants personnages; des Français de plus modeste condition, des consuls et des religieux, s'étaient, dans l'intervalle, établis à Athènes. La création des consuls du Levant remonte aux premières années du siècle; le consulat d'Athènes fut fondé de 1630 à 1640, et à partir de ce moment, grâce à la France, l'Europe savante fut mise en possession d'un moyen d'information aussi sûr que commode, qui, depuis deux cents ans, ne lui a jamais fait défaut. La mission de nos consuls n'était assurément pas d'étudier et de décrire les antiquités grecques, mais ils s'en occupaient malgré eux. De tous les produits du pays, c'était le plus intéressant, et leur correspondance était pleine de récits de ces ruines qu'ils avaient constamment sous les yeux. Le premier qui exerça les fonctions de consul à Athènes était un sieur Giraud; digne précurseur de l'excellent M. Fauvel, il s'était fait, comme lui, l'obligeant *cicerone* des voyageurs de toutes les nations.

Quant aux religieux venus de France, leur dévouement ne fut guère moins actif. Sans être de grands archéologues, il n'en servirent pas moins la cause de l'archéologie. Ils avaient fait de leur couvent une sorte de lieu d'asile, où le respect de l'art et de l'antiquité était religieusement professé. C'est à eux qu'Athènes, ou plutôt la France, doit la conservation de ce charmant petit monument de Lysicrate, longtemps connu sous le nom de lanterne de Démosthènes. Le P. Simon, l'un d'eux, l'avait acquis de ses deniers, en avait fait une propriété française, et, à ce titre, un ministre de France en

Grèce[1], a pu, en 1845, demander et obtenir que ce chef-d'œuvre, près de tomber en ruines, fût restauré aux dépens du crédit alloué aux monuments historiques de la France. Nos capucins d'Athènes[2], en même temps qu'ils sauvaient de précieux débris, cherchaient à les comprendre et à les expliquer. Pour l'instruction des voyageurs, ils avaient entrepris une topographie, ou plutôt une vue à vol d'oiseau, une sorte de panorama d'Athènes pris des bords de l'Illisus. Ce plan, M. de Laborde nous le donne en *fac-simile*; le travail en est naïf; ce n'est plus l'œuvre de la fantaisie, comme les vues d'Athènes du quinzième siècle; les monuments sont à peu près à leur place, seulement ils sont indiqués d'une façon sommaire et toute conventionnelle.

Pour trouver des documents vraiment sérieux et d'une valeur scientifique, il faut arriver à l'ambassade de M. de Nointel, ou plutôt à son voyage à Athènes, en 1674[3]. M. de Nointel était un homme instruit, nullement un savant; il avait fait adjoindre au personnel de l'ambassade deux peintres de profession, non pas en vue des monuments d'Athènes, mais pour faire dessiner les sites pittoresques, les meubles, les maisons, les costumes des pays qu'il allait parcourir; par bonheur, il comprit la beauté du Parthénon, et conçut la bonne pensée d'en faire copier toutes les sculptures. Il était

---

[1] M. Piscatory.
[2] Les premiers missionnaires français établis à Athènes n'étaient pas des capucins, mais des jésuites. Ceux-ci, au bout de quelques années, en 1658, transportèrent leur mission à Négrepont, et furent remplacés à Athènes par les capucins dont nous parlons ici.
[3] M. de Nointel avait quitté la France en 1670.

temps : douze ans plus tard, la moitié de ces sculptures n'étaient plus que d'informes débris.

Des deux peintres qui l'accompagnaient, l'un, Rombaut Faidherbde, était né à Malines, en Flandre; élève d'Abraham Diepenbeck et de Jordaëns, on le disait habile à saisir les ressemblances; il avait la main prompte et la mémoire fidèle. La mort le surprit dans l'île de Naxos, avant d'arriver à Athènes. L'autre, élève de Lebrun et champenois de naissance, se nommait Jacques Carrey; c'est lui qui fit tout l'ouvrage. En moins d'un mois il dessina aux deux crayons non-seulement les vingt-sept statues qui occupaient alors les deux frontons, mais les quatre-vingt-douze métopes [1], et toute la frise extérieure des murs de la *Cella*, longue de plus de trois cents pieds. Installé dans l'Acropole, entre deux janissaires de l'ambassade chargés de le protéger, Carrey travailla, sans relâche, jusqu'à risquer d'en perdre la vue. Il fallait aller vite; la permission de dessiner pouvait, d'un moment à l'autre, lui être retirée; c'était presque un miracle que de l'avoir obtenue. Jamais jusque-là les Turcs n'avaient souffert qu'on dessinât un de leurs monuments. Les capucins eux-mêmes n'avaient fait qu'en cachette leurs essais de panorama. Sans M. de Nointel, sans les présents qu'il prodigua, sans son titre d'ambassadeur d'un monarque alors tout-puissant, ces dessins n'auraient pas été faits.

Quelle en est la valeur? Comme œuvres d'art, on peut les critiquer. Ils sont faits de pratique; ils traduisent imparfai-

---

[1] Il n'y en a que trente-deux, celles du sud, dont les dessins se soient conservés.

tement, sans rigoureuse exactitude, sans véritable intelligence, les lignes et l'esprit de ces incomparables modèles; mais les reproches qu'on peut faire aux dessins, doit-on les faire à l'artiste? Un maître plus habile eût-il mieux réussi? Lebrun lui-même, à la place de son élève, aurait-il interprété cette sculpture beaucoup plus naïvement, en aurait-il serré de plus près les contours et mieux accusé l'accent? Nous en doutons; personne, en 1674, pas plus en Italie qu'en France, pas plus les maîtres que les disciples, n'était en mesure de faire ce travail comme on entendrait aujourd'hui qu'il fût fait. Ce n'était pas faute de talent, mais faute de comprendre et de tenir en suffisante estime un certain ordre de beautés. Un simple artiste du moyen âge, du treizième siècle surtout, se serait mieux tiré de cette épreuve, aurait fait ces dessins avec plus de conscience et de fidélité que le plus habile homme de la fin du dix-septième siècle. La différence est pourtant grande entre le style de Phidias et notre ancienne sculpture nationale, même des meilleurs temps; ce sont deux arts qui ont l'air de s'exclure, mais, au fond, que d'intimes rapports, que de points de contact, disons mieux, que d'analogies! N'est-ce pas même simplicité, même sobriété de lignes, même jet de draperies, même système en un mot, bien que diversement appliqué? Or, ce système est et sera toujours absolument inintelligible à ceux dont les yeux et la main sont façonnés aux conventions, aux habitudes, aux savoir-faire académiques. Voilà pourquoi, du temps de Lebrun, la chose la plus rare et la plus impossible était de trouver un homme de talent qui sût faire autre chose qu'une copie banale, dès qu'il fallait sortir des patrons de l'école;

un homme qui, devant les portails de Chartres ou de Reims, aussi bien qu'en présence des frontons du Parthénon, fût en état de reproduire ce qu'il voyait, simplement, sincèrement, sans corrections, sans additions, sans adoucir certains angles, sans faire onduler certaines lignes, sans rapprocher et confondre certains plans:

Ce qu'on peut reprocher à Carrey, ce sont des fautes de ce genre; son tort est donc d'avoir été de son temps; son mérite, d'avoir travaillé courageusement et lestement. Ses dessins, il est vrai, ne sont que des croquis, mais, pour la postérité et l'usage qu'elle devait en faire, mieux valaient de simples croquis comprenant près de trois cents figures, qu'un petit nombre de figures plus soigneusement dessinées. Il importe avant tout qu'un renseignement soit complet, et c'est à titre de renseignement, ce n'est pas comme œuvre d'art, que ces dessins doivent être appréciés; leur valeur est tout archéologique. Si les sculptures du Parthénon avaient totalement péri sans qu'il en restât vestige, si, pour nous faire une idée de cet admirable style, nous en étions réduits aux croquis de Carrey, mieux vaudrait n'y pas jeter les yeux. Ce n'est pas cette lettre morte qui nous dirait comment sculptait Phidias. Le peu de mots qu'en ont écrits Cicéron, Pline et quelques anciens nous l'enseigneraient plutôt. Mais, dès qu'il s'agit, non pas de nous révéler le génie du sculpteur et le merveilleux mélange d'idéal et de vie répandu dans ses créations, dès qu'il est seulement question de nous aider à reconnaître les sujets qu'il a traités, la manière dont il les a conçus, le programme qu'il a voulu suivre, les dessins de Carrey sont des guides excellents. Ils seraient meilleurs encore, si les détails en étaient plus précis, plus nets, mieux indiqués; tels qu'ils sont, quels services n'ont-ils pas déjà rendus à ceux qui, comme Visconti, Bronstedt, Quatremère de Quincy, les ont pu consulter ! quelles erreurs n'eussent-ils pas évitées à ceux qui, comme Stuart, ne les ont pas connus !

M. de Laborde ne pouvait pas manquer d'attacher aux dessins de Carrey une sérieuse importance. C'est la pièce capitale, la pierre angulaire de son œuvre; aussi, dans son Parthénon, les a-t-ils tous reproduits sans exception, avec une exactitude scrupuleuse; on croit voir les originaux, ce sont les mêmes dimensions, le même trait à la sanguine, rehaussé d'un peu de crayon noir. Sa publication demeurât-elle interrompue, il n'aurait pas perdu sa peine, et mériterait bien de la science pour avoir ainsi répandu en Europe ces précieux documents, pour les avoir garantis de toute chance de destruction. Nous lui savons aussi beaucoup de gré d'avoir, dans les deux volumes dont nous parlons ici, raconté en grand détail l'histoire, nous dirions presque les aventures de l'album de Carrey.

Il ne faut pas croire, en effet, que ces croquis nous soient arrivés sans encombre ; que, prisés dès l'abord à leur valeur et soigneusement conservés, ils aient passé du cabinet de M. de Nointel, ou des mains de ses héritiers, dans un de nos dépôts publics, sous la garde et à la portée des artistes et des savants ; non, ils devaient subir d'autres vicissitudes, et c'est un grand hasard que nous les possédions. Pendant plus de cent ans on en perdit la trace [1]. La brillante ambassade de

[1] Il faut pourtant que Montfaucon en ait eu connaissance vers

M. de Nointel ne s'était pas heureusement terminée ; après neuf ans d'éclat et d'opulence, il fallut solder les comptes de ce luxe oriental que Colbert avait approuvé et même conseillé, mais sous bénéfice d'inventaire, sans promettre d'en payer les frais. Le pauvre ambassadeur, trop fidèle à ses instructions, dut, à son retour en France, vendre ses terres et son marquisat, pour faire honneur aux engagements contractés à Constantinople pour le service du roi. Par-dessus le marché, le roi lui fit froide mine ; ruiné et disgracié, le chagrin le saisit, et il mourut bientôt, en 1685. Qu'étaient devenus ses dessins ? les avait-il vendus dans sa détresse comme tant d'autres objets de prix ? On ne sait, mais personne n'en entendit parler. Le comte de Caylus écrivait, en 1764, quatre-vingts ans après la mort de M. de Nointel, que, malgré toutes ses recherches, il ne lui avait pas été possible de retrouver ni les marbres, ni les mémoires, ni les dessins que ce ministre passait pour avoir rapportés. Ce ne fut qu'en 1797, quand on ne les cherchait plus, que ces dessins furent découverts dans le cabinet des estampes de la Bibliothèque

---

1706, époque où il amassait les matériaux de son *Antiquité expliquée*, puisqu'il publie, dans son tome III, pl. 1, n°ˢ 3 et 4, deux des métopes du Parthénon (n°ˢ 19 et 21 des métopes du sud), en disant qu'elles font partie du temple de Minerve, qui fut dessiné sur les lieux par M. le marquis de Nointel. Ces deux figures sont fort anciennes, ajoute Montfaucon, faites, à ce qu'on croit, du temps de Périclès, qui fit bâtir le Parthénon, ou temple de Minerve, d'où on les a tirées. M. de Laborde suppose que M. Bégon, qui devint, comme on va le voir, propriétaire des dessins de Carrey, avait communiqué ces deux métopes à Montfaucon. Il est extraordinaire que le savant archéologue n'ait pas puisé plus largement à cette source, du moment qu'elle lui était révélée.

du roi, derrière un rayon de volumes qu'on visitait rarement. Comment étaient-ils venus là ? Une belle collection d'estampes, formée vers la fin du dix-septième siècle par un amateur distingué, Michel Bégon, intendant de la marine à Rochefort, fut acquise par Louis XV le 23 avril 1770, et réunie au cabinet de la Bibliothèque du roi. C'est dans cette collection que se trouvaient, sans qu'on le sût, les dessins de Carrey ; on avait tout acquis en bloc. Au temps où M. de Nointel était en Orient, Bégon remplissait à Toulon les fonctions de trésorier de la marine ; il dut s'établir des rapports entre l'ambassadeur et le trésorier, d'autant plus aisément que tous deux ils avaient le goût des collections. Au retour du marquis, Bégon dut voir son portefeuille ; il dut remarquer les vues d'Athènes et les dessins du temple de Minerve ; dès lors on comprend que, soit avant, soit après la mort de M. de Nointel, il n'ait pas manqué l'occasion d'en devenir possesseur.

Mais une fois retrouvé, en 1797, cet important recueil fut-il apprécié sur-le-champ ? Non ; la découverte ne fit presque aucun bruit, et près de quinze années s'écoulèrent sans qu'on vît dans ces dessins une autorité authentique et le point de départ nécessaire de toutes les conjectures, et toutes les controverses scientifiques au sujet du Parthénon. C'est à M. Quatremère de Quincy qu'était réservé l'honneur de leur donner crédit ; c'est lui qui, en 1811, les produisit dans le monde savant, en les appelant, pour ainsi dire, en témoignage contre une opinion alors universelle, qui fixait à l'occident l'entrée antique du Parthénon. Détruit depuis cent vingt-cinq ans, le fronton occidental était inconnu de tout le monde.

6.

Le savant antiquaire l'exhuma des dessins de Carrey, et prouva, sans contradiction possible, que la scène figurée dans ce fronton n'était pas la naissance de Minerve, mais bien la querelle de cette déesse et de Neptune se disputant l'Attique. Or, comme Pausanias dit positivement qu'on entrait au Parthénon en passant sous le fronton représentant la naissance de Minerve, tandis que, dans l'autre fronton, était figurée la querelle de Minerve et de Neptune, il s'ensuit que l'entrée n'était pas à l'occident ; rien de plus clair et de plus incontestable. On s'était mépris jusque-là, faute d'avoir songé que pour approprier le temple à leur usage, les chrétiens en avaient changé l'orientation ; qu'ils avaient fait du pronaos une abside, et de l'opisthodome le vestibule de la nef. Cette observation si simple, qui, depuis deux cents ans, échappait, sur les lieux mêmes, à tous les voyageurs, la vue des dessins de Carrey l'avait d'emblée, et sans quitter Paris, suggérée à M. Quatremère. Aujourd'hui c'est une vérité aussi bien établie et universellement admise qu'elle était autrefois méconnue. Un tel succès n'est pas chose ordinaire en archéologie, et ces dessins n'auront pas la vertu de trancher tous les problèmes aussi victorieusement, mais ils ont déjà procuré à plus d'un autre savant plus d'une heureuse inspiration, et, comme en ces matières le dernier mot n'est jamais dit, ils seront longtemps consultés, et ne cesseront de rendre des services tant qu'on dissertera sur le Parthénon, c'est-à-dire tant qu'il y aura dans ce monde un reste de respect et de culte du beau[1].

Ce recueil, destiné à rectifier tant d'erreurs, en contient une qui

Il est temps d'en finir avec l'album de Carrey, aussi bien nous ferions supposer que M. de Laborde ne parle pas d'autre chose. La place qu'il lui accorde est grande et avec raison, mais son sujet exige qu'il raconte aussi les travaux de bien d'autres voyageurs qui, à la même époque que M. de Nointel,

vaut la peine d'être signalée, ne fût-ce que comme indice des préjugés archéologiques encore régnants il y a soixante ans. Sur la première page, sur la feuille de garde, on lit ce titre : *Temple de Minerve, a Athènes*, bâti par Adrien. Les trois derniers mots, il est vrai, ont été biffés d'un trait d'encre plus récent; mais ils restent parfaitement lisibles. Est-ce en 1811, lorsqu'on avait donné à ce volume in-folio sa reliure actuelle de maroquin rouge? est-ce antérieurement, avant que la collection Bégon fût réunie à la Bibliothèque du roi, que ce titre a été écrit? Nous ne saurions le dire; l'écriture paraît un peu moins ancienne que celle de la note explicative des dessins qui vient après, et qui doit être postérieure à la vente de 1770. A quelques années près, c'est dans le dernier tiers du dernier siècle que ces trois mots ont été tracés. Nous ne voulons pas dire que les antiquaires et les savants fussent alors assez peu avisés pour attribuer le Parthénon à l'empereur Hadrien; mais cette erreur répondait au sentiment général du public qui se mêlait de ces questions. Tout monument un peu considérable ne pouvait alors avoir été bâti par d'autres que les Romains.

Montfaucon se hasardait pourtant, nous l'avons vu plus haut, à faire remonter au temps de Périclès les sculptures du Parthénon, dessinées par Carrey, mais il n'affirmait rien; c'était une conjecture contraire aux opinions reçues. Les voyageurs qui avaient vu les statues des deux frontons avant 1687, quand elles existaient encore, s'obstinaient tous à les attribuer à l'école d'Adrien. Il y avait même deux figures dans lesquelles ils voulaient reconnaître cet empereur et Sabine, son épouse.

Cette opinion s'était si bien enracinée que, lorsque lord Elgin transporta à Londres les débris des statues du fronton oriental, on eut toutes les peines du monde à les faire reconnaître pour ce qu'elles étaient, c'est-à-dire pour des œuvres du temps de Phidias; il fallut qu'une longue et sérieuse controverse démontrât ce fait évident et mît fin à la vieille manie de voir du romain partout.

ont visité et décrit les monuments d'Athènes. Aucun d'eux malheureusement ne savait dessiner; c'est seulement dans leur récit qu'il faut chercher ce qu'ils ont vu, et, en pareille matière, le plus gros volume en dit moins qu'un bon coup de crayon bien donné! Il y a pourtant beaucoup d'observations utiles et parfois beaucoup de sagacité dans les voyages de Spon et de Wheler, dans la relation du P. Bobin et même dans la description du pseudonyme la Guilletière. M. de Laborde fait à chacun sa part avec une patience, un soin, un amour du détail, un besoin de tout savoir et de tout dire qu'on ne peut nous demander ici. Nous serions pourtant bien tenté de le suivre dans les pages qu'il consacre à Spon et à son voyage. Il se plaît à venger, de dédains évidemment injustes, ce médecin de Lyon qui s'était pris d'amour pour Athènes en lisant, annotant et publiant la piquante relation du P. Bobin[1], et qui, pour avoir débuté un peu tard dans la philologie, l'épigraphie, l'archéologie, n'en reste pas moins un homme fort distingué et l'auteur du premier voyage à Athènes vraiment digne de ce nom. C'est bien lui et non son

---

[1] Le P. Bobin, de la confrérie de Jésus, a écrit cette relation à Smyrne en 1672; elle est adressée à l'abbé Pécoil, qui voyageait alors en Orient avec M. de Nointel. A son retour en France, l'abbé Pécoil vint s'établir à Lyon, et communiqua au médecin Spon, déjà grand amateur d'antiquités, la description d'Athènes, écrite par le P. Bobin. Ce récit naïf et animé enthousiasma le docteur lyonnais; il l'annota, et le publia, en 1674, sous ce titre : *Relation de l'état présent de la ville d'Athènes.* Un vol. in-12. Ce petit livre est devenu si rare, que M. de Laborde a eu des peines infinies à se le procurer; il l'a réimprimé dernièrement à part, en petit format; il le réimprime de nouveau dans les notes de l'ouvrage dont nous parlons.

compagnon Wheler, qui est le voyageur original. M. de Laborde le prouve pertinemment en démêlant tout ce qui lui appartient, en signalant tous les jalons qu'il a plantés pour l'instruction des futurs voyageurs dans ces ruines que la routine et l'ignorance avaient seules visitées jusque-là. Sans dissimuler ses erreurs, il lui tient compte de la sûreté et de la fermeté, alors toutes nouvelles, de sa critique, et de la justesse avec laquelle il a déterminé la position de certains monuments, sans s'inquiéter des fausses traditions et des sornettes populaires dont il était environné. Toute cette appréciation de l'ouvrage de Spon est aussi riche en preuves que juste et bien déduite; mais c'est surtout à propos des écrits du prétendu la Guilletière et de ses querelles avec Spon, que M. de Laborde a donné libre carrière à son infatigable esprit de recherche.

Nous ne saurions nous lancer dans l'histoire de ce la Guilletière, elle nous mènerait trop loin; mais nous en dirons deux mots, en considération d'autres écrits de la même plume qui ont vu récemment le jour et que nous trouvons dignes d'un sérieux intérêt[1]. Celui dont il s'agit est un volume in-12, imprimé à Paris en l'année 1675, sous ce titre : *Athènes ancienne et moderne*, par le sieur de la Guilletière. L'auteur raconte jour par jour, et pour ainsi dire d'heure en

---

[1] Nous voulons parler des *Mémoires inédits sur la vie et les ouvrages des membres de l'Académie royale de peinture et de sculpture*, publiés d'après les manuscrits conservés à l'École impériale des beaux-arts, par MM. Dussieux, Soulié, de Chenevière, Paul Mantz et de Montaiglon. Deux volumes ont déjà paru chez Dumoulin, quai des Augustins, 13.

heure, les particularités de ses pérégrinations. Il aborde au Pirée le 25 avril (1669), *qu'il n'étoit pas encore une heure après midy*, il décrit le Pirée, puis s'achemine vers Athènes, en côtoyant les longs murs, et, une fois dans la ville, il continue ses descriptions, donnant toujours la date de ses journées, et entrant, sur tout ce qu'il voit, dans de minutieux détails. Le livre était facilement écrit; il fut lu, trouvé agréable, les savants comme le public le prirent au sérieux. A ce moment, Spon était à Venise, prêt à mettre à la voile pour l'Orient. L'*Athènes ancienne et moderne* lui fut envoyée par la poste, et il en fit, pendant la traversée, sa lecture assidue. Il n'avait pas le moindre doute sur la sincérité de l'auteur, et le prenait pour un confrère, pour un voyageur comme lui; mais, quand il fut sur les lieux, son langage changea, la fraude était trop transparente; il déclara tout net que le sieur de la Guilletière n'avait pas vu les choses dont il parlait. Il disait vrai : non-seulement la Guilletière n'avait pas voyagé, mais il n'existait pas. Le livre était l'ouvrage d'un nommé Georges Guillet, lequel, pour ennoblir un peu son nom, se faisait appeler Guillet de Saint-Georges. Sans sortir de Paris et sans quitter sa chambre, il avait mis en œuvre quelques notes des capucins d'Athènes qu'on lui avait communiquées. Guillet, démasqué par Spon, n'en soutint pas moins la gageure, et s'entêta dans son roman; ne pouvant se défendre, il attaqua son adversaire, son *antiquaire médecin*, comme il affectait de l'appeler, et, à force de railleries, d'équivoques et de mauvaises raisons, il aggrava sa supercherie en cherchant à la déguiser.

Ce qui donne à cette polémique, dont M. de Laborde

n'omet aucun détail, un intérêt particulier et presque de circonstance, c'est qu'elle était à peine éteinte, lorsque, en 1682, on vit ce même Guillet, présenté par Lebrun, et nommé par Colbert, entrer comme historiographe à l'Académie de peinture et de sculpture. En cette qualité il recueillit pendant vingt-trois années de curieux documents, et composa de nombreuses notices sur les principaux peintres et sculpteurs du dix-septième siècle; notices inédites depuis cent cinquante ans, enfouies dans les archives de l'École des beaux-arts presque à l'insu de l'École elle-même, et dont de jeunes et intelligents écrivains viennent heureusement d'entreprendre la publication.

Pendant le temps qu'il se consacra au service de l'Académie, Guillet fut toujours entouré de l'estime et de la sympathie de ses confrères. Sa petite mésaventure n'avait déconsidéré que son livre, lequel, comme on doit croire, perdit toute autorité. Par bonheur, il n'y a rien de commun entre ses notices et ses prétendus voyages. Le contrôle des académiciens devant lesquels il les lisait nous en garantirait, au besoin, l'exactitude et la véracité. Ce serait, tout au plus, à propos des artistes dont la mort n'était pas toute récente, et dont la vie contenait des points douteux, qu'il pourrait être prudent de ne pas toujours prendre à la lettre et sans y regarder les assertions de l'historiographe; il est des habitudes littéraires qui ne se perdent qu'avec la vie.

Revenons à Athènes. Cette passion de voir la Grèce et d'en parler, ces voyages, ces descriptions, aussi bien les fausses que les vraies, ces polémiques, ces controverses, ce mouvement littéraire et scientifique à propos d'Athènes et de l'artiquité, tout cela n'était né presque subitement, comme le remarque M. de Laborde, qu'à la faveur de la profonde paix qui, par extraordinaire, depuis douze ou quinze ans, depuis la capitulation de Candie, régnait dans l'Archipel. Mais le Grand Turc et la république de Venise ne pouvaient faire longtemps bon ménage. Le moment approchait où la guerre allait se rallumer et chasser momentanément les musulmans de leur conquête; c'est-à-dire que nous touchons à l'épilogue, au dénoûment du livre de M. de Laborde, à l'explosion de la bombe vénitienne qui devait couper en deux ce chef-d'œuvre d'Ictinus. Cette fatale bombe, cette bombe justement maudite, l'auteur nous l'a fait attendre avec un art infini pendant tout son second volume. Grâce au Parthénon qui domine tout l'ouvrage, qui nous touche, nous émeut, dont nous voyons la chute en perspective, il nous fait accepter le récit, disons mieux, il écrit toute l'histoire de la guerre de Morée, des trois campagnes dirigées de 1684 à 1687, par Morosini et Kœnigsmarck. Ce préambule, loin de nuire à l'effet, y ajoute plutôt. Et pourtant les détails abondent : l'érudition curieuse, anecdotique, ne tarissant jamais, qui se répandait tout à l'heure dans les récits moins sérieux de guerre de plume et de rivalités de voyage, on la retrouve ici. Rien n'échappe aux investigations de l'auteur; l'organisation de l'armée vénitienne, de cette armée qui parle toutes les langues, le Vénitien seul excepté; les conventions passées avec les princes allemands; les munitions, les vivres, l'équipement, la solde des soldats; il nous raconte tout : on le suit, il se fait lire; on lui sait gré de ce luxe de recherches; on s'attache aux moindres phases de cette curieuse expédition, vrai jeu d'enfants auprès de nos modernes entreprises, mais conduite dans les mêmes climats, soumise à bien des conditions semblables, et, par là même, éveillant en nous le plus sympathique intérêt. Puis, lorsque, après ce long déour, nous arrivons devant Athènes, lorsque, en face de l'Acropole, sur la colline du Musée, nous voyons dresser les batteries et braquer les mortiers, l'effet est saisissant. Quelques journées se passent, les bombes et les boulets se croisent au hasard, les monuments semblent invulnérables. Les Turcs seront peut-être vainqueurs, mais un grand acte de barbarie ne sera pas commis! Hélas! non. Dans la nuit du 25 au 26 septembre, un transfuge s'est glissé dans le camp des assiégeants, il leur apprend que l'ennemi tient ses poudres amoncelées sous les voûtes de marbre, derrière les splendides colonnes de ce temple, *aussi peu offensé de l'injure du temps que s'il venait que d'être fait.* C'est donc là, là seulement, qu'il faut jeter des bombes. Un lieutenant luneburgeois s'offre, dès qu'il fait jour, à pointer lui-même les mortiers, et, bientôt, une détonation terrible, une secousse épouvantable apprend aux assiégeants que le pointeur a bien visé, et que le transfuge a dit vrai.

L'explosion fut si forte que des débris du temple furent lancés jusque dans le camp de Kœnigsmarck. Les Turcs, sans munitions, capitulèrent; mais l'armée triomphante, à son entrée dans l'Acropole, ne trouva qu'un monceau de ruines encore fumantes. Les deux extrémités du monument, les deux frontons, et quelques colonnes avaient pourtant résisté; dans le fronton de l'occident, les statues bien qu'ébranlées s'étaient maintenues debout; par malheur, le vainqueur eut la fatale idée de s'en faire un trophée, de les envoyer à Venise. Ses soldats les voulurent détacher sans précautions, sans échafauds; elles tombèrent en éclats sur le roc. Quand on pratique ces sortes de pillages, il faut au moins savoir s'y prendre; la maladresse est dans ce cas le comble de la barbarie. Et pourtant peu s'en fallut qu'un acte encore plus sauvage ne couronnât celui-là. Les Vénitiens, vainqueurs, furent bientôt décimés par la peste; en face d'une armée dont les rangs grossissaient chaque jour, ils ne pouvaient conserver leur conquête, l'abandon en fut résolu. Mais fallait-il laisser la ville à l'ennemi? N'était-il pas militairement plus sage de la détruire, de raser ses murailles et même ses monuments, ces masses de pierres et de marbres, qui deviendraient bientôt autant de casemates? La destruction d'Athènes fut discutée, mise aux voix, et adoptée dans un conseil de guerre tenu le 12 février 1688. Le temps et les bras manquèrent seuls pour qu'elle fût consommée.

C'est dans les archives vénitiennes que l'auteur a découvert la preuve de ce fait. Il cite les textes originaux, les lettres, les rapports, les procès-verbaux qui le constatent. On ne saurait donc s'étonner qu'en nous communiquant ces pièces et quelques autres qui ne valent guère moins, telle qu'une lettre de Morosini, par exemple, racontant au sénat, le plus froidement du monde, que ses soldats viennent de mettre en pièces les marbres de Phidias, on ne saurait s'étonner, disons nous, que M. de Laborde ne puisse contenir une vive indignation. Il s'est fait bien du vandalisme en ce monde, il s'en fera longtemps encore, mais le Parthénon, détruit en pleine civilisation, un tel chef-d'œuvre, mutilé dans un tel siècle et par de telles mains, ce n'est pas un méfait ordinaire; comment en parler de sang-froid? Si nous pouvions en accuser quelque sérasker fanatique, un barbare de nom comme de fait, le mal serait le même, on s'y résignerait mieux. Il n'y a pas jusqu'aux vingt et un siècles passés sur ce monument sans l'altérer ni le disjoindre, qui ne rendent plus impardonnable sa chute datant d'hier. Avoir franchi tant de périls, échappé à tant de naufrages, et sombrer dans le port! Aussi, nous garderons-nous d'adresser à M. de Laborde les reproches que nous lisions naguère dans une critique d'ailleurs bienveillante de son livre; non, il n'est pas trop exigeant, trop peu pénétré des nécessités de la guerre, trop amoureux de la conservation des monuments, trop sévère pour leurs destructeurs; nous adoptons, quant au fond, ses jugements et même ses colères; nos réserves, si nous en faisions, ne porteraient que sur la forme. Elle est parfois, ce nous semble, un peu trop véhémente pour la moyenne des lecteurs.

Heureusement, l'auteur peut, sans grands sacrifices, faire droit à nos observations. Quelques sourdines à quelques phrases ou même à quelques mots seulement, c'est tout ce qu'il nous faut. Reste une autre exigence qui nous tient plus au cœur; nous demandons un troisième volume, complément nécessaire de ceux-ci. Le cadre où l'auteur se renferme est un prétexte qu'il s'est donné pour nous laisser à mi-chemin; nous ne l'acceptons pas. Ce n'est pas à l'année 1687, au succès éphémère de l'expédition vénitienne que finit l'histoire d'Athènes; bientôt les Turcs vont rentrer dans la ville, et plus d'un siècle s'écoulera avant qu'ils en soient chassés cette fois pour toujours, du moins nous l'espérons. Dans ce long intervalle que de choses à nous dire! que de voyages, que d'études, que de travaux, que de spoliations! M. de Laborde ne peut laisser à d'autres le soin d'en faire le récit; non qu'il n'y ait aujourd'hui tout un essaim de jeunes gens, doctes, prompts et hardis, tout prêts à nous parler du Parthénon et de l'Acropole. Une institution récente, née d'hier et déjà féconde, nous vaut cette abondance: il s'en est plus dit en ce genre depuis quelques années, que dans tout un siècle d'autrefois. M. E. Burnouf, M. Beulé surtout, MM. Paccard et Dubuisson, dont les dessins valent des livres, ont chacun à leur façon, porté la lumière, la vie, la controverse, dans ces questions athéniennes; mais tous à un point de vue qui n'est nullement celui de M. de Laborde. Lui seul a donc mission de terminer sa tâche, et nous avons la confiance qu'il n'y manquera pas.

VI

LA COLLECTION CAMPANA

On se souvient peut-être que l'annexion de la galerie Campana au musée du Louvre ne s'est pas opérée sans peine. Presque tous les organes de la publicité, avec un concert sans exemple, et une véhémence qu'on avait peine à s'expliquer, demandaient que la collection, telle qu'elle était, fût intégralement conservée et administrée séparément. Au plus fort de cette polémique, et en dépit de cette unanimité, un décret fut rendu qui tranchait la question dans un sens tout contraire. C'est à ce moment que furent écrites et publiées les pages que l'on va lire, et qui sont ici reproduites sans rien changer même au début qui n'a plus d'à-propos.

I

Depuis que nous savons, par quelques mots du *Moniteur*, que la collection Campana ne sera pas érigée, comme on le pensait d'abord, en musée spécial et indépendant, qu'on ne lui bâtira pas un palais, et qu'elle ira tout simplement se fondre dans les galeries du Louvre, remarquez-vous comme on en parle moins? Jusque-là c'était un enthousiasme qui ne pouvait se contenir, et dont pendant trois mois tous les journaux, *le Moniteur* en tête, nous envoyaient l'écho chaque matin. D'où vient le calme d'aujourd'hui? Pourquoi cette froideur subite? Tout ce concert d'admiration n'était-il donc qu'un plaidoyer, et parce que la sentence est rendue, les avocats n'ont-ils plus rien à dire? ou bien serait-il vrai, comme ils l'annonçaient tous, que le principal intérêt de cette collection était dans son *autonomie*, que diviser cet harmonieux ensemble, rompre ce précieux faisceau, c'était nécessairement diminuer la valeur, non-seulement de la collection même, mais de chacun des objets dont elle est composée? Si tel est en effet le résultat probable du parti qu'on a pris, nous nous joignons à ceux qui le déplorent, et nous comprenons leur silence; mais ces craintes sont-elles vraiment fondées? Nous avons sur ce point quelques doutes. Essayons de les éclaircir pendant qu'il en est temps encore, pendant que nous avons devant nous la pièce du procès, la collection dans son intégrité et son indépendance, telle qu'on voudrait la maintenir. Soit simple curiosité, soit, si l'on veut, esprit de contradiction, c'est depuis qu'on ne dit plus rien du musée Campana que l'envie nous vient d'en parler.

Il est vrai que nous ne commençons pas à nous en occuper seulement d'aujourd'hui. Voilà déjà longtemps que l'acquisition par la France de ce magnifique amas de trésors archéologiques était notre ambition, notre rêve. Dès 1838, il y a vingt-quatre ans, la galerie Campana avait acquis dans l'Europe savante une immense célébrité. Elle passait à bon droit, même à Rome, pour la collection particulière la plus riche et la plus variée, bien qu'il n'y fût encore entré que moitié tout au plus des objets qui plus tard la devaient enrichir. L'accès alors n'en était pas facile, et l'examen rapide que tolérait son ombrageux propriétaire ajoutait un certain mystère à sa célébrité. Pour nous, c'est seulement il y a cinq ans, quelques semaines avant la catastrophe encore incompréhensible de cet opulent antiquaire, que nous avions obtenu de bien voir sa galerie et de l'étudier à loisir.

Si quelque chose semblait exclure le caractère soi-disant méthodique que, par une sorte de mot d'ordre, on est convenu chez nous d'attribuer à cette collection, pour la recommander au public parisien, c'était la façon dont à Rome elle était logée, classée, distribuée. Ces détails matériels prouvaient du premier coup, même aux moins clairvoyants, que jamais le marquis Campana n'avait eu le dessein qu'on lui prête de faire de sa galerie une sorte d'enseignement pratique et comme un cours complet d'histoire de l'art. Imaginez qu'à l'exception de deux ou trois séries favorites, les bijoux, une partie des vases et presque tous les bronzes, qu'il avait étalées avec assez de soin et de coquetterie dans son palais de la rue *del Babuino*, sauf aussi quelques marbres qui ornaient sa villa, toute cette vaste collection était exposée çà et là et presque pêle-mêle dans les salles ou, pour mieux dire, dans les greniers du grand établissement public dont le marquis avait la direction, le mont-de-piété de Rome. Évidemment il ignorait lui-même la plupart des objets que, depuis tant d'années, il entassait dans cette sorte de garde-meuble. Ce n'était, il est vrai, qu'un dépôt provisoire ; mais le provisoire aurait duré toujours, si notre infatigable amateur, en même temps qu'il usait du local, n'eût usé du crédit de l'établissement, et si le sans-façon de sa comptabilité n'eût fini par être découvert. Cette manière d'opérer avait le grand défaut de lui fournir tout à la fois une excuse et une excitation. Ce n'était pas, croyait-il, détourner les deniers confiés à sa garde que de s'en servir ainsi, puisqu'à mesure qu'il les employait à se passer ses fantaisies, il laissait comme en gage aux mains de son prêteur les objets qu'il avait acquis.

Ce qui lui manquait, à vrai dire, encore plus que la bonne volonté, pour voir clair dans ses affaires, c'était le temps. La chasse aux œuvres d'art l'absorbait tout entier. C'était sa passion, sa manie : il en avait l'instinct, le flair pour ainsi dire, et se laissait emporter à l'attrait du gibier. Achetait-il un terrain pour y pratiquer une fouille, presque toujours il trouvait quelque chose, mais pour un objet nouveau, important et intact, que de banalités ne ramassait-il pas, que de redites, que de fragments, que de mutilations! Et, le mauvais comme le bon, tout allait au mont-de-piété. Il en était de même de ses acquisitions : que de fois pour s'assurer d'une œuvre qui l'avait alléché, n'était-il pas forcé de l'acheter en bloc avec vingt autres dont il ne voulait pas ! Or rarement il triait et élaguait, si ce n'était par voie de troc et d'échange, car il avait la maladie de l'antiquaire italien, il était plus ou moins brocanteur en antiquités. De là son goût pour les restaurations. Il fallait bien tirer parti des fragments, des débris dont ses magasins étaient pleins. Aussi avait-il à ses gages toute une armée d'habiles rhabilleurs, jeunes gens de talent, qui ne travaillaient que pour lui.

Faut-il donc s'étonner qu'on n'ait trouvé au jour de son désastre ni catalogues raisonnés, ni inventaires bien dressés, ni rien de ce qui constitue une collection formée avec maturité, méthode et sobriété. On pourra dire de cette galerie tout le bien qu'on voudra, on la pourra vanter, admirer sans mesure : s'il ne s'agit que de la valeur individuelle d'un grand nombre d'objets qu'elle renferme, ou même d'un certain ensemble, d'une certaine abondance dans quelques catégories d'objets, nous adhérons à cette admiration, et tout à l'heure la preuve en sera donnée ; mais prétendre y avoir découvert, comme on l'a pompeusement déclaré, une grande unité, « un but entièrement neuf, et qui n'a d'analogue nulle part, les éléments complets d'une nouvelle histoire de l'art dans toutes ses transformations, » c'est pure chimère, à notre avis, et, qui plus est, grande imprudence.

D'où vient en effet la défaveur presque subite, ou du moins l'extrême indifférence qu'a rencontrée chez nous l'exposition de cette galerie ? D'où vient que les vastes salles du Palais de l'Industrie sont devenues si promptement désertes ; qu'après le premier flot passé le nombre des visiteurs n'a plus égalé qu'à grand'peine celui des gardiens, et qu'on s'est trouvé plus à l'aise les jours publics que le jour réservé ? D'où vient surtout qu'à l'étranger, à Londres et à Berlin, les hommes du métier ont mis si peu de charité, nous dirions presque tant d'aigreur, à divulguer les côtés vulnérables de notre acquisition, l'importance de certaines lacunes, l'extrême élévation du prix? La faute en est sans doute à nous-mêmes, à ce public parisien qui n'aime guère les arts, puis à l'esprit de jalousie dont les meilleurs voisins ne sauraient être exempts ; mais avant tout il faut s'en prendre au zèle des prôneurs officiels, au ton provocateur de leurs panégyriques. Si dès l'abord ils avaient dit tout franchement, comme on en convient aujourd'hui, que l'État venait de faire une excellente emplette pour compléter nos collections, et si, après un choix sévère et un triage rigoureux, deux ou trois salles du nouveau Louvre s'étaient un jour trouvées garnies d'objets d'une exquise finesse, d'une évidente rareté et d'une valeur incontestable, la critique aurait mis bas les armes : on n'aurait soufflé mot ni à Londres ni à Berlin, et notre public lui-même aurait pris goût à cette acquisition ; mais on a voulu faire un grand coup de théâtre, inaugurer un grand musée, le plus grand qu'on eût encore vu, le décorer du nom du souverain, et démontrer par chiffres aux contribuables qu'ils en avaient pour leur argent ; de là cette profusion, ces interminables suites d'objets toujours les mêmes, et cette multitude de pièces équivoques qui jettent sur les morceaux de choix un reflet triste et incertain.

Cette façon de procéder, il faut être juste, a cependant eu un heureux résultat : elle a mis en lumière chez trois hommes d'un talent modeste une aptitude toute spéciale, qui, sans cette occasion peut-être, serait restée inaperçue. Si les conservateurs des galeries du Louvre avaient été dès le principe, comme on devait s'y attendre, chargés d'acquérir, de transporter en France, de classer et de mettre en ordre cette annexe de leurs collections, nous n'aurions à donner aujourd'hui ni éloges ni remercîments soit à M. Sébastien Cornu, soit à ses deux adjoints, MM. Clément et Saglio. C'est le projet de musée séparé qui les avait créés conservateurs : ils le seront désormais, non plus de fait, presque de droit. M. Clément est trop connu par de judicieux écrits sur les arts, pour qu'il soit besoin de dire qu'il avait tous les titres à ce genre de mission. Tout en surveillant l'emballage, le déballage, le classement de ces milliers d'objets, il a trouvé moyen de dresser avec clarté, méthode et diligence un très-bon catalogue des bijoux de la collection. Pas plus que ses deux collègues, il n'avait encore mis la main à l'arrangement d'un musée ; mais ils ont tous les trois débuté par un coup de maître, avec un zèle de néophytes et une habileté qu'on aurait prise pour de l'expérience. Tout ce que l'exactitude, l'esprit d'ordre, le goût, la bonne entente pouvaient tenter pour sauver le vice radical de cette exposition, ils l'ont bravement mis en œuvre. Ce n'est certes pas leur faute si le succès n'a pas été plus grand, si ce malheureux système de tout produire et de tout étaler sans choix et sans mesure a rebuté le public qu'on pensait éblouir. Maintenant que le mal est fait et qu'on entre un peu tard dans une voie nouvelle, nous ne craignons qu'une chose, c'est qu'on s'y lance trop avant. Telle est l'histoire des réactions. Nous ne voudrions pas qu'au Louvre on prît trop vivement le contre-pied du palais de l'Industrie, que de peur de trop réunir on crût devoir trop disperser. Conserver, sans en rien distraire, dans sa soi-disant unité, comme une sorte d'arche sainte, la collection tout entière, c'était peu raisonnable; mais l'égrener pièce à pièce, la dissoudre, la fondre, ne pas lui laisser un corps et n'en conserver que des membres épars, ne serait-ce pas un excès opposé? Sans être un tout indivisible, cette galerie, dans quelques-unes de ses parties, a son genre d'individualité, unité moins fastueuse que celle qu'on rêvait pour elle, unité de caractère et de provenance seulement, mais bonne à respecter en certaine mesure. Comprend-on bien notre pensée? Nous ne cherchons au fond qu'à défendre et même à réhabiliter cette collection Campana que nous aimons, que nous tenons encore pour opulente et belle, tout ébréchée qu'elle soit, mais nous prétendons la servir par d'autres arguments que ses avocats d'office : nous voulons commencer par dire les vérités, toutes les vérités dont ils ont fait mystère ou qu'ils affectent de dédaigner. Quand nous aurons tout dit, tout confessé, nous serons moins suspect, et peut-être nous croira-t-on si en définitive nous affirmons que, plus heureux que sages, il nous reste encore un trésor vraiment digne d'envie.

II

Voyons donc ce qu'on dit hors de France de notre acquisition, ce qu'on en dit à Londres, à Berlin, surtout à Saint-Pétersbourg.

Tout se borne à deux points :

1° La collection n'est pas complète : les pièces capitales en ont été distraites. Nous n'avons pas le premier choix, la véritable fleur de certaines séries ;

2° Fût-elle en son entier, le prix que nous l'avons payée dépasserait encore et de beaucoup sa vraie valeur.

Voilà deux assertions, dont une seule, la première, peut être utilement discutée.

En effet, nous connaissons, nous avons vu ces pièces qui nous manquent, et ces objets prélevés par un marché antérieur au nôtre ; nous en savons le nombre, la qualité, l'importance, nous pouvons donc en dire franchement notre avis.

Quant au prix, c'est une autre question, d'un genre plus délicat. Rien d'aussi malaisé que d'établir exactement la valeur des anciens objets d'art. Tout dépend du moment, de l'occasion, du plus ou moins de concurrence, des variations de la mode et du goût. Il en peut résulter de telles différences, que sur plusieurs milliers d'objets se tromper d'un ou deux millions n'aurait rien de très-extraordinaire. Il y a donc tout au moins grande témérité à prétendre si bien savoir que la valeur marchande est ici dépassée, et qu'à vendre en détail ce qu'on nous a livré, jamais nous ne retrouverions nos quatre millions trois cent soixante mille francs, plus la somme assez ronde que l'emballage et le transport ont dû coûter. De quoi s'agit-il après tout ? D'évaluations, d'appréciations, de conjectures purement personnelles, dont le contrôle est impossible. Les uns vous disent : on a manqué l'occasion ; en étant plus alerte, en s'y prenant trois mois plus tôt, on acquérait toute la collection, intacte, sans lacune, et qui plus est à meilleur prix ; d'autres, sans récriminer, sans parler d'occasion perdue, se récrient seulement sur la grosseur du chiffre. A quoi pensent-ils donc? Se croient-ils de quinze ans en arrière, dans ces temps d'habitudes mesquines et bourgeoises? Aujourd'hui que tout s'est agrandi, et surtout les dépenses publiques, voudrait-on persister, seulement pour les arts, dans la vieille parcimonie? Aussi bien ce n'est qu'à ces pauvres arts qu'on fait ces sortes de querelles. Songez que ce même argent pouvait passer à d'autres dépenses sur lesquelles vous n'auriez mot à dire! Un essai d'uniforme dans quelques régiments, un essai de cuirasse à quelques bâtiments, c'est plus qu'il n'en faudrait pour acquérir encore deux musées Campana. Et qu'en resterait-il? Du vieux fer et de vieux galons! Antiquailles pour antiquailles, ne vaut-il pas mieux de vieux chefs-d'œuvre? Ne vous plaignez donc pas qu'une fois par hasard on nous ait fait largesse. Un musée de plus, même un peu grassement payé, c'est un beau luxe pour un peuple, et ce n'est pas là ce qui le ruine. Ainsi glissons sur ce chapitre, et ne parlons que de l'autre question, qui seule nous doit sérieusement arrêter.

Il s'agit de se rendre compte du tort réel qu'a fait à notre collection le prélèvement opéré au profit du gouvernement russe, car c'est là cette brèche sur laquelle il faut nous expliquer. Or, pourquoi le dissimuler? le tort est considérable. Et peut-il en être autrement? Dites à un homme de choisir parmi certains objets ceux qu'il croira les plus précieux: pour peu qu'il ne soit pas myope et qu'il ait la moindre culture, vous n'avez pas lieu d'espérer qu'il choisira les pièces de rebut. Or, le commissaire russe, qui trois mois, jour pour jour, avant que la France conclût l'achat de la collection tout entière, avait acquis le droit de glaner avant la moisson, dans trois séries principales, les vases, les bronzes et les marbres, M. E. Guédéonow, nous paraît avoir eu non-seulement de bons yeux, mais un goût sûr et exercé. Nous en jugeons par ses choix. C'est un bonheur qu'on ne lui ait pas permis de montrer ce même savoir-faire dans les autres séries, notamment dans les bijoux, les verres et les terres cuites; car s'il avait fallu, là aussi, ne venir qu'après lui, quelque précieux que pussent être ses restes, et si bonne à saisir que l'occasion dût être encore, nous n'aurions jamais eu le courage de souhaiter qu'on traitât pour nous. Au moins faut-il sur quelques branches avoir les feuilles et les fruits. Tout à l'heure nous verrons dans un coup d'œil d'ensemble si ces rameaux restés vierges nous doivent consoler, s'ils compensent pour nous ceux qui ne le sont plus. Ils ont au moins cet avantage d'être les plus nombreux : sont-ils aussi les plus précieux? Pour nous en rendre compte, il faut qu'on nous permette de parcourir toute la collection. Nous allons étudier chaque série l'une après l'autre, en commençant par celles où la France est le moins bien traitée.

Nous n'avons garde, cela s'entend, d'accepter et de prendre à la lettre tout ce que M. Guédéonow a dit et imprimé sur son compte, ou plutôt sur le compte de sa mission [1], car, sans se mettre en scène et sans paraître se faire valoir, il ne tend à rien moins qu'à prouver à son gouvernement et au public européen que tout est de premier ordre dans les choix qu'il a faits, et que partout où il a passé ce qui reste ne vaut pas grand'chose.

[1] *Notice sur les objets d'art de la galerie Campana à Rome acquis pour le musée impérial de l'Ermitage.* Paris. 1861.

Cela nous semble fort exagéré. D'abord il a bien pu se tromper quelquefois, et souvent, tout en choisissant bien, laisser au moins l'équivalent de ce qu'il avait choisi. Ainsi, dans la série des marbres, nos souvenirs ne nous rappellent pas qu'il y eût beaucoup d'œuvres non pas même supérieures, mais seulement égales à ce torse vraiment admirable qu'on nous donne pour le torse d'un Actéon, nous ne savons trop pourquoi (peu importe l'attribution), et qui est placé dans le grand salon carré, sous le numéro 102, en pendant d'un Bacchus très-mutilé, mais charmant de travail, et dans le voisinage d'une grande Vénus déshonorée par la plus pauvre restauration, mais conservant pourtant dans certaines parties des caractères de vraie beauté. Ces trois statues, et le torse surtout, qui a tous les droits du monde à passer pour une œuvre grecque, et qui, par la largeur du style et le feu de l'exécution, ne peut manquer d'appartenir à une époque encore florissante, ces trois statues sont à coup sûr de même ordre et de même valeur que les meilleures de celles dont le musée de l'Ermitage paraît le plus s'enorgueillir. Nous ne les plaçons au-dessous ni de cette Junon d'Antium à moitié rapiécée, ni de ces deux Minerve et de ces trois ou quatre Mercure tout replâtrés en stuc, ni surtout de cette suite des neuf Muses, y compris même la Calliope et l'Euterpe, que M. Guédéonow nous donne pour des merveilles. Dans les quarante-trois statues qui lui ont été livrées, nous n'en voyons qu'un petit nombre, telles que la Naïade à la Coquille découverte à Palestrine, ou la petite Lychnophore trouvée à Cumes, qui puissent être sérieusement regrettées. Ajoutez-y quelques excellents bustes, un beau bas-relief des Niobides, un sarcophage remarquable, et vous aurez, dans la série des marbres, à peu près fait la part des pièces du premier ordre qui nous manquent. Or, de notre côté nous avons en regard autre chose que les trois statues placées dans le salon carré. Et d'abord un bon nombre de bustes qui ne le cèdent guère à ceux que nous n'avons pas, quelques bonnes statues impériales, et un Amour bandant son arc, de petite dimension, bien mutilé, assez mal rajusté, mais, dans quelques parties, du faire le plus délicat. On pourrait donc, vous le voyez, presque hésiter entre les deux lots.

Ce qu'il faut dire, c'est qu'en fait de statues, de bustes, de bas-reliefs, de marbres sculptés en un mot, il n'y avait, dans tout le musée Campana, rien d'assez beau, d'assez frappant, d'assez vraiment hors ligne pour couper court à toute hésitation et faire qu'au premier regard chacun désignât la même œuvre, en s'écriant : Voilà la perle de la collection ! Au contraire, le doute et le tâtonnement étaient inévitables. De là cette sorte d'équilibre qui semble exister encore, même après un prélèvement de soixante-dix-huit pièces, entre la part du choix et la part du hasard. Le grand malheur de celle-ci, qui est la nôtre, est de n'avoir pas subi une salutaire épuration. A ces œuvres d'élite qui décorent le salon carré et ses abords, s'ajoute un complément d'une médiocrité lamentable. Vous avez là deux ou trois grandes salles entièrement garnies d'œuvres des plus bas temps et du plus lourd travail. Ce ne sont pas même des fragments de franche décadence, des jalons archéologiques utiles à consulter ; c'est pis que de la barbarie, c'est le produit inerte d'une civilisation endormie, hébétée, le dernier mot de la Rome impériale. Il fallait à tout prix ne pas exposer ce rebut, ou tout au moins permettre au spectateur d'en éviter la rencontre et lui accorder la liberté de ne pas entrer dans ces salles. Or, on a fait tout le contraire : par mesure de police, ces salles sont devenues la sortie nécessaire de tous les visiteurs. On redoutait la foule, et pour régler sa libre circulation, on a forcé les gens, même en pleine solitude, à passer cette triste revue, comme impression dernière du musée Campana. Rien de pareil à l'Ermitage, rien qui descende aussi bas dans le lot de M. Guédéonow ; le choix l'en a garanti ; et néanmoins, comme il ne faut que vouloir pour être chez nous délivré de ce fastueux superflu, nous maintenons notre dire et croyons fermement que dans la série des marbres la part qui nous revient et celle qui nous échappe sont, tout bien compensé, de valeur à peu près égale. M. le commissaire russe se récriera peut-être, car sur ce chapitre des marbres ses illusions nous semblent grandes. Qu'il se rassure ; nous allons, malgré nous, lui donner sa revanche : nous voici devant deux séries où il n'a eu la main que trop heureuse : nous parlons des vases et des bronzes.

Évidemment les bronzes étaient une des prédilections du créateur de cette galerie. Si peu connaisseur qu'on fût, il était impossible de visiter le palais de la rue *del Babuino* sans être émerveillé et du grand nombre, et de la variété, et de l'exquise élégance des œuvres de bronze antiques qui s'y trouvaient accumulées. Ni la collection de Florence, si précieuse qu'elle soit, ni même celle du Vatican, ne laissaient une telle impression ; il fallait aller jusqu'à Naples pour en sentir une plus vive et plus complète encore, grace aux trésors que Stabies, Pompéi et Herculanum ont versés dans le musée

Bourbon, et nous ne savons même si, notamment pour les armures, le cabinet Campana ne pouvait pas prétendre à surpasser tous les autres. Aussi, lorsqu'il y a quatre mois nous visitâmes pour la première fois ce grand salon carré où sont disposés en si bon ordre et avec tant d'art les bijoux, les verreries et les bronzes de la galerie, l'idée nous vint d'abord qu'une autre salle et d'autres vitrines devaient donner le complément de la série des bronze. Nos souvenirs étaient comme en défaut. Cette série nous semblait encore belle, et même encore nombreuse, mais elle avait dans son ensemble plus de maigreur et moins de distinction qu'il y a cinq ans, à Rome, dans les salles, moins vastes il est vrai, du palais Campana. C'est qu'en effet il y manquait la plupart des figures et statuettes qui nous avaient le plus émerveillé, entre autres cette statue de grandeur demi-nature trouvée près de Pérouse, ce Lucumon portant collier, bracelet et diadème, figure couchée sur un cippe funéraire, si franchement étrusque et d'un travail si fin et si serré, puis ce groupe archaïque d'une femme et d'un guerrier étrusque armé de toutes pièces et le carquois à la main, et cet Hercule imberbe si pur et si puissant, et toutes ces figurines de dieux et de déesses qui semblaient se grouper autour du demi-dieu; il y manquait le casque de *Bolsena*, si justement célèbre, casque étrusque en argent dont le cimier, en forme de trident, a pour support deux chevaux marins ailés d'une si franche allure, et puis cet autre casque portant en relief une tête de Méduse, cet autre surmonté d'une figure de cygne, et deux encore coiffés d'une tête de lion, sans compter les baudriers et les cuirasses, les glaives et les fers de lance tous décorés en saillie de figures d'animaux, de têtes d'aigle, de chimères, de harpies; il y manquait encore six candélabres incomparables comme forme et comme style, les uns supportés à la base, les autres couronnées au sommet par une élégante figure; une vingtaine de miroirs gravés et à manches sculptés de la plus rare perfection, des vases en égal nombre et de formes exquises, enfin quelques ustensiles conçus et décorés artistement, bien que d'usage domestique, tels qu'on en voit à Naples une suite si prodigieuse dans le musée Bourbon. Tout cela réuni ne fait pas moins de cent trente-sept pièces de sculpture en métal, bien choisies, il faut le reconnaître, et vraiment de grand prix. Ne nous étonnons pas s'il en résulte un certain vide. Dans la collection la plus riche, on ne supprime pas ainsi cent trente-sept morceaux de choix sans que les rangs s'éclaircissent, surtout les premiers rangs, ce qui est le plus grave. S'il ne fallait que compter les pièces, le mal ne serait pas grand. Il nous en reste encore six fois plus qu'il ne nous en manque.

Mais là n'est pas notre consolation ; la voici : malgré tout nous possédons encore une assez large part d'œuvres de premier choix. Point de statues, peu de statuettes vraiment belles, point de candélabres à figures, ces catégories-là ont été presque épuisées; mais en revanche nous avons un magnifique fragment de bas-relief repoussé, quelques belles armures, surtout des casques de forme et de travail peu vulgaires, plus de cent miroirs gravés dont quelques-uns très rares et d'une vraie beauté, une collection d'ustensiles domestiques et d'objets de toilette qui à elle seule vaut un petit musée, et enfin plusieurs beaux exemplaires de ces coffres de bronze connus sous le nom de cistes, monuments d'un très-grand intérêt, dont la destination véritable n'est pas encore parfaitement connue, mais sur lesquels évidemment les artistes de l'antiquité exerçaient avec prédilection et leur savoir et leur talent. D'une main délicate et sûre ils dessinaient sur les parois de ces cylindres, soit d'après leurs propres idées, soit d'après les souvenirs des maîtres, des scènes gravées en creux, tandis qu'ils décoraient les pieds, les anses et surtout le couvercle de figures sculptées en relief. Le mélange de ce dessin à fleur de bronze et de ce robuste modelé est d'un effet délicieux.

Il faut en convenir, c'est un heureux hasard que ces cistes nous soient restées, et si M. Guédéonow était libre de s'en emparer, il a droit à notre gratitude. Aussi nous vient-il un doute. Cinq de ces cistes, nous dit la notice officielle, proviennent des fouilles faites par le prince Barberini sur le sol de l'antique Préneste. Étaient-elles donc passées du palais Barberini au palais Campana? ou bien les aurions-nous acquises, comme une partie des bijoux exposés dans cette-même salle, par un marché supplémentaire, auquel cas l'abnégation de la Russie deviendrait toute naturelle? A consulter nos propres souvenirs, nous penchons vers cette explication sans craindre qu'on nous accuse d'avoir mal deviné; mais, quelle qu'en soit l'origine, ces cistes sont les bienvenues. Nous n'allons pas jusqu'à prétendre, comme le veut la notice, que la plus grande, le numéro 86, soit pour le moins égale à cette autre célèbre ciste que possède le *Collegio romano*, qu'a illustrée le P. Marchi et qu'il se chargeait d'expliquer avec tant d'obligeance et de feu à quiconque lui semblait prendre goût aux richesses de son musée Kircher. Élever à ce rang-là une de nos cistes, même la plus belle, c'est peut-être aller un peu loin ; mais elle n'en est pas moins un monument de premier ordre, d'autant plus précieux qu'il n'est pas isolé : cette ciste et ses compagnes forment un ensemble qui décore et relève singulièrement notre part dans la série des bronzes de la galerie Campana.

Vous le voyez, nous ne négligeons rien pour adoucir nos regrets et faire valoir ce qui nous reste; mais qu'y faire? Nous ne pouvons ressusciter les morts! la lacune est réelle. Ceux qui l'ont vue dans son entier, cette noble série, comment ne gémiraient-ils pas de la retrouver mutilée, presque décapitée, et tout au moins privée de sa suprême distinction? Eh bien, ce que nous disons là des bronzes est, à tout prendre, peu de chose auprès de cette autre lacune qu'il nous faut signaler dans les vases. C'est ici que commencent nos plus grandes douleurs.

Expliquons-nous pourtant. S'il n'est question que d'archéologie, les consolations surabondent. Nous en avons pour garant le docte céramographe qui s'est engagé, dit-on, à dresser le catalogue général de cette immense collection de vases, et qui, par provision, pour satisfaire aux impatients, l'a déjà décrite et jugée dans un travail sommaire plein de science et d'intérêt. M. J. de Witte n'a pas l'enthousiasme bruyant et absolu des rédacteurs de notices officielles ; il sait trop bien tout ce qu'il y a d'endommagé, de frelaté, d'insignifiant, d'hétérodoxe, d'indigne de voir le jour dans ces quatre mille cinq cents vases qui nous sont dévolus, déduction faite des cinq cent quarante-deux qu'a prélevés la Russie ; mais quand il dit, quand il affirme, d'un accent convaincu, que dans cette colnue il y a pour la science d'inestimables trésors, et par exemple qu'aucun musée ne possède un nombre aussi considérable de vases à inscriptions corinthiennes, qu'on ne saurait trouver ailleurs autant de pièces de style asiatique, soit des temps les plus reculés, du type primitif, soit d'époques plus récentes et de travail plus compliqué, que nulle part on ne peut étudier, d'après d'aussi nombreux modèles et sur des classements aussi certains, l'histoire des diverses fabriques de la poterie italo-grecque, et que jamais, entre autres particularités, on n'avait réuni autant de coupes, autant de petites amphores à anses plates fabriquées par ce Nicosthène, artiste ou maître potier qui s'est donné, par exception, la peine de signer ses œuvres, ce qui leur assure l'honneur d'être payées au poids de l'or par la postérité ; quand ces faits sont dits et attestés d'un ton calme, réfléchi, sans emphase, par quelqu'un qui sait de quoi il parle, comment n'y pas ajouter foi ? Nous sommes donc rassurés sur ce point. Il y a dans ces milliers de vases autre chose qu'un splendide étalage ; il y a pour les savants matière, ample matière d'étude et de méditation. Mais cela suffit-il ? La céramique antique n'est-elle qu'un texte abstrait de problèmes archéologiques ? Cette délicate industrie qui, dans le champ des créations plastiques est peut-être, après l'art monétaire, la part la plus entière, et la moins altérée, nous dirions presque la plus vivante, de notre héritage des anciens, n'est-elle donc justiciable que de l'érudition ? Elle dépend aussi et tout autant d'un autre juge.

Entrez dans ces galeries où sont rangés en longues files ces quatre mille cinq cents vases ; n'ayez aucune notion d'archéologie céramique, aucun souci des provenances et des classifications; ne vous intéressez à ces vases ni parce qu'ils sont de façon corinthienne, à zones d'animaux superposés, ni parce qu'ils sont de style asiatique de telle ou telle antiquité, ni parce que la cuisson, la pâte ou la couverte vous révèlent qu'ils sortent de *Nola*, d'*Arrezzo*, de la *Basilicate* ou de tel autre lieu; ne les distinguez que par la pureté, l'élégance, la noblesse des formes, l'harmonie des couleurs, la finesse du trait, le caractère du style, l'esprit et la beauté des figures et de la composition. Vous en avez le droit. L'art est ici dans son domaine, l'art livré à lui-même, sans autre auxiliaire qu'un goût plus ou moins sûr, plus ou moins exercé. Il y a donc deux manières également légitimes de juger la céramique antique, la manière des savants, la manière des artistes, et comme le public, qui n'est pas plus artiste que savant, a cependant l'esprit plus accessible aux émotions de l'art qu'aux mystères de la science, il s'ensuit qu'une collection de vases doit faire d'autant plus d'effet et devenir d'autant plus populaire que l'art, abstraction faite de la science, y brille d'un plus grand éclat. Maintenant continuez votre course à travers cette forêt de vases. Vous en verrez sans doute, et presque par centaines, qui vous sembleront beaux, qui charmeront vos yeux par la noblesse ou par la grâce du style et des contours; vous vous arrêterez, vous les admirerez, mais sans extase et sans ravissement. Ce sont des œuvres d'un grand mérite et d'un grand prix, seulement vous en avez vu à peu près de semblables dans tous les cabinets tant soit peu haut placés; votre mémoire vous les rappelle. Il y en a d'aussi beaux, d'aussi parfaits au Louvre, il y en a parmi les antiques de la Bibliothèque impériale. Rien de hors ligne, rien qui défie toute comparaison. En un mot, cette supériorité que tout à l'heure M. de Witte nous révélait au nom de la science et que nous acceptions sur parole, nous ne la trouvons plus, nous la cherchons et n'osons pas la reconnaître, quand c'est au nom de l'art que nous devons parler.

Telle n'était pas, il y a cinq ans, l'impression que vous laissait la collection des vases au palais Campana. Vous traversiez d'abord certaines longues salles où votre admiration cherchait à s'échauffer sans parfaitement y réussir. C'étaient ces mêmes vases qui sont là devant nous, c'étaient au moins leurs frères, des vases froidement beaux, parfaits, irréprochables, qu'on ne croyait pas voir pour la première fois. Peu à peu, après cette préface, vous montiez un étage, et on vous ouvrait une salle où, mêlés à une partie des bronzes, notamment aux armures, s'élevaient certains vases de dimensions extraordinaires. Rien que par leur grandeur ils attiraient vos regards ceux-là du moins, vous ne pensiez pas les avoir déjà vus. Tout au plus vos souvenirs de Naples vous en rappelaient-ils quelques-uns de semblables : il y en a dix dans le musée Bourbon, et au Vatican trois ou quatre ; vous en comptiez jusqu'à trente-cinq dans cette salle du palais Campana, presque tous d'aussi haute stature, de vrais géants, devant qui les plus grands du musée Charles X semblent tomber aux proportions moyennes. Quels étaient donc ces vases? Un merveilleux produit des fouilles de Ruvo, petit pays voisin de la Basilicate, singulière trouvaille, vases de luxe et d'apparat, destinés, selon toute apparence, à décorer les temples et les grands édifices. Mais, dira-t-on, la taille n'est pas tout, et en effet, s'ils n'avaient eu pour eux que leur insolite grandeur, les vases de Ruvo auraient bientôt lassé votre attention; mais vous n'aviez pas le temps d'épuiser cette première surprise, que déjà vous étiez frappés de la noble élégance, de la beauté sévère des peintures qui couvraient ces vases. Ce n'était pas ce trait rapide et comme improvisé, ce mélange piquant de fantaisie et de tradition qu'on rencontre dans les peintures de tant de vases moins fastueux : c'était un art plus solennel, cherchant évidemment non pas à obéir aux modestes inspirations d'un pauvre peintre de fabrique, mais bien plutôt à reproduire les souvenirs classiques, les œuvres en renom des peintres des grands siècles. La plupart des compositions développées sur les flancs de ces larges vases semblaient, par leur grandeur même et par leurs mâles beautés, trahir cette noble origine. Or, quand on pense qu'il ne nous reste rien de tous les trésors de style, de forme, de pensée, qu'on appelait la peinture grecque, cette seule hypothèse que nous indiquons là ne donnait-elle pas aux vases de Ruvo une valeur inestimable?

Eh bien, tous ces grands vases, les trente-cinq, pas un de moins, et même encore quinze de plus, d'égale dimension, bien que d'autre origine, tous maintenant ils sont à l'Ermitage. On n'en a pas laissé même un échantillon. Ce n'est plus un simple prélèvement, comme tout à l'heure pour les bronzes; le coup de filet est complet : au lieu de choisir, on a tout pris.

Et par malheur c'est ce même système, ce procédé radical, cet accaparement sans partage qui a été mis en pratique dans une autre section de la série des vases, tout autrement précieuse, à notre avis, même que les vases de Ruvo. Ceux-ci n'ont en effet, à l'exception de leur grande taille et d'une certaine perfection relative, rien au fond qui les caractérise, rien qui les classe à part de tous les autres vases; ils sont de même genre, décorés de même style, peints des mêmes couleurs, tandis que nous allons parler d'une catégorie absolument nouvelle, où le système décoratif est fondé sur un autre principe que dans tous les vases peints jusqu'à présent connus. Aussi ne saurions-nous dire quelle fut notre émotion en entrant dans la salle où ces trésors étaient gardés. Nous étions prévenu pourtant; nous savions ce qui nous attendait. A son retour de Rome, en janvier 1854, M. Raoul Rochette avait écrit au savant professeur de Berlin, M. Gerhard, une lettre rendue publique, dans laquelle nous avions lu ces mots : « J'ai vu à Rome, chez M. Campana, les principaux résultats des fouilles de Cumes, acquis de Son Altesse Royale le comte de Syracuse et d'autres particuliers. Dans le nombre de ces objets, il y a un vase qui est unique au monde par la beauté de la fabrique et par une circonstance, jusqu'ici encore sans exemple, qui le rend le monument le plus célèbre peut-être de la céramique grecque venu jusqu'à nous. C'est un vase de très-grande proportion, à trois manches, à vernis noir, le plus fin, et le plus brillant qui se puisse voir : il est orné à plusieurs hauteurs de frises sculptées en terre cuite et dorées; mais ce qui lui donne une valeur inestimable, c'est une frise de figures de quatre à cinq pouces de hauteur, sculptées en bas-relief, avec les têtes, les pieds et les mains dorées, et les habits peints de couleurs vives, bleues, vertes, du plus beau style qui se puisse imaginer.

Plusieurs têtes, dont la dorure s'est détachée, laissent voir le modelé, qui est aussi fin, aussi achevé que celui du plus beau camée antique. En résumé, c'est une merveille à laquelle je ne connais rien de comparable. » Un tel témoignage, à coup sûr, nous préparait à ouvrir de grands yeux. Même en faisant la part de cette exagération naturelle que tout voyageur se permet en racontant ses découvertes, nous ne pouvions douter qu'il n'y eût là quelque chose de tout à fait considérable, une véritable nouveauté. Eh bien, nous n'aurions eu aucun avis, nous serions venu sans rien savoir, comme au hasard, que notre étonnement n'eût pas été plus grand. D'abord la lettre ne parlait que d'un seul vase, et en effet on commençait par n'en voir qu'un, tant celui-là éclipsait tous les autres; mais en réalité ils étaient plus de vingt, tous à frises dorées, tous revêtus de ce beau vernis noir, si brillant et si fin, et ne se distinguant les uns des autres que par la diversité des formes. C'était déjà un saisissant spectacle que cet ensemble inattendu et cette unité de décors; puis chaque vase pris à part semblait un modèle d'élégance. Rien d'aussi pur et d'aussi distingué que l'ornementation de ces frises, simple branche de feuillage sculptée en relief et vivement dorée, se détachant sur ce fond noir comme une ceinture autour du vase. Où aviez-vous vu rien de semblable? Quel cabinet, quel musée vous en offrait le moindre exemple? Et ce n'était pas une pièce isolée, c'était un groupe, une famille, vingt-trois vases en mot, faisant cortége, pour ainsi dire, à celui qui les dominait tous, comme un monarque dans sa cour. Pour le décrire, ce roi des vases, les paroles que nous avons citées, quelques vives et presque hyperboliques qu'elles puissent paraître, n'en sont pas moins encore tout à fait impuissantes. Ici les feuilles d'or n'étaient plus l'ornement principal; bien que plus importantes et plus multipliées, elles servaient seulement d'accompagnement, de cadre à la véritable frise, à ce bas-relief circulaire formant autour du vase comme un cordon de figurines, délicieux spécimen de statuaire polychrome. L'esprit, la pose, l'attitude de ces douze divinités (c'est bien là leur nombre, ce nous semble), la finesse du modelé, la douce harmonie des teintes, et avant tout la franchise du style, également exempt d'archaïsme et de convention, accusant nettement les beaux temps de l'art grec, nous ne savons pas de mots pour peindre tout cela, pour en donner seulement une idée.

Comprend-on maintenant nos regrets? Quel effet eût produit dans nos salles du Louvre l'apparition de ces vases de Cumes en compagnie des vases de Ruvo? A la bonne heure, c'était là quelque chose qu'on pouvait annoncer, prôner autant qu'on eût voulu, sans crainte d'en trop dire, sans préparer de mécompte à personne. Les ignorants comme les doctes, tout le monde eût été pris. Le grand vase de Cumes surtout est un de ces chefs-d'œuvre d'un effet infaillible. Nous ne craignons pas de dire que depuis la Vénus de Milo aucune œuvre de l'antiquité n'aurait excité chez nous, dans un genre différent, une admiration plus vive, plus populaire, et exercé sur le goût un plus salutaire effet. Ne pas l'avoir, c'est donc un crève-cœur. Autant nous nous félicitons que, dans un accès de libéralité grandiose, le pays se soit fait cadeau de cette immense galerie, autant pour nous c'est chose triste qu'il faille y constater une telle lacune. Était-ce une raison pour ne rien acquérir, et parce qu'on arrivait trop tard fallait-il renoncer à tout? Non, assurément non; mais c'était un motif, quelques compensations qu'on offrît aux artistes et surtout aux savants, de ne manifester qu'une joie plus modeste, un enthousiasme plus tempéré, et de ne pas provoquer, chez l'étranger surtout, de trop faciles représailles. Il fallait dire tout franchement ce que nous n'avions pas, ne se vanter que de ce que nous avions, et par exemple ne pas admettre qu'une des notices qui se vendent à la porte de l'exposition désignât sous ces mots : la *fameuse coupe de Cumes*, une pièce de dimension moyenne, trouvée à Cumes en effet et jusqu'à un certain point décorée dans le même goût que le grand vase dont nous venons de parler, mais sans qu'il en résulte entre les deux objets une sérieuse ressemblance. D'abord la couverte noire n'a jamais existé sur la coupe : le fond, les parties lisses portent des traces de peinture bleue, laquelle, ainsi que la dorure des ornements et des figures, est presque totalement rongée; et quant à la décoration en relief, elle est sans doute, dans cet échantillon de la poterie de Cumes, encore plus riche que dans les autres, mais aussi plus chargée, d'un goût moins pur, les figurines sont d'un style moins sévère, d'une exécution plus lâchée; en un mot, cette coupe, bien que d'un très-grand prix et d'une vraie magnificence, n'a pas droit à l'excès d'honneur qu'on lui veut décerner. Le seul morceau de céramique provenant des fouilles de Cumes qui soit vraiment *fameux* par excellence, et qu'on puisse désigner ainsi, c'est le grand vase qui n'est pas à Paris. N'insistons pas sur cette appellation fautive : ce n'est qu'un détail, un simple indice du diapason qu'on a choisi.

Au reste, notre coupe de Cumes, fameuse ou non, couronne une vitrine qui renferme de vrais trésors aussi bien pour l'artiste que pour l'archéologue. C'est la partie fantastique et grotesque de la céramique antique. Cet art italo-grec, si attentif, en fabriquant ses vases, presque toujours si simples, à subordonner le caprice au bon goût et à la raison, se permettait parfois de charmantes débauches. C'était le vase à boire et le vase à parfums qui lui inspiraient ces licences. Pour plaire aux voluptueux et aux buveurs, il feignait d'oublier la raison, mais sans jamais trahir le bon goût et la grâce. De là ces variétés de formes singulières, inattendues, bizarres, ces rhytons à têtes d'animaux, à têtes d'hommes, à doubles têtes, ces quadrupèdes, ces griffons, ces reptiles, ces fleurs, ces fruits transformés en motifs de vases. Quelle étrange manie ! Se moquent-ils de nous, ces céramistes ? se moquent-ils d'eux-mêmes ? Non, sous ces extravagances, partout vous retrouverez l'élégance et le style, parfois même les plus sérieux chefs-d'œuvre, témoin ce vase à double tête representant Alphée et Aréthuse, délicieux contraste, adorables figures, profils dont la beauté ne serait pas vaincue par les plus pures médailles d'Athènes ou de Syracuse.

En face de cette vitrine on se sent à son aise, même en pensant à M. Guédéonow. Rien n'aide à supporter la richesse des autres comme d'avoir son coffre bien garni. Ici du moins nous rentrons dans le premier système, dans le simple prélèvement. Plus d'accaparement complet. Parmi ces vases de forme singulière, deux cent trente-trois pièces, des meilleures, on peut le craindre, nous ont été soustraites : c'est beaucoup ; mais on nous a laissé de telles compensations que nous ne songeons pas à nous plaindre. Ajoutons que dans quelques sections, et des plus précieuses scientifiquement parlant, telles que les vases de Cœre et les vases à inscriptions corinthiennes, on nous a tout laissé, rien ne nous manque. Et enfin c'est encore une bonne fortune que d'avoir sauvé du naufrage un des produits les plus extraordinaires de la céramique antique, ce groupe funèbre découvert à Cœre et désigné sous le nom de tombeau lydien, œuvre étrange, à la fois raffinée et barbare, et d'un type oriental tellement prononcé, qu'on croit entendre ces deux époux confirmer de leurs bouches les récits d'Hérodote sur le berceau des peuples d'Étrurie.

La série céramique une fois épuisée, nous n'avons plus à constater de la part de la Russie que des conquêtes de peu de conséquence, et rien qui nous inspire de sérieux regrets. Ainsi le grand camée en calcédoine représentant l'impératrice Livie et l'anneau d'or joint au camée, qui reproduit les mêmes traits, ne sont pas, ce nous semble, des pièces introuvables; et quant aux fresques de la *villa Spada*, sans pouvoir en juger par nous-même, faute de les avoir vues, nous hésitons beaucoup à croire que Raphaël en soit l'auteur. La tradition qu'on invoque semble suspecte à bien des gens. M. Passavant la rejette, et quoique les arrêts du célèbre critique ne soient pas, selon nous, toujours irréfragables, il y a tout lieu de croire qu'en cette circonstance il n'use que d'un droit de juste sévérité. Nous pensons donc qu'on peut se résigner sans peine à voir ces fresques à l'Ermitage.

II

Et maintenant nous touchons au port. *Vix tandem redit animus !* Nous n'apercevons plus devant nous que des séries restées vierges, qui sont à nous, et tout entières. Nous en avons fini avec les Russes. Il y a bien encore les Anglais, qui, eux aussi, prétendent s'être mis à table avant nous et avoir dégusté quelques prémices du festin. C'est le conservateur du musée de *South Kensington* qui a mis récemment en lumière ce trait d'habileté britannique. En publiant le catalogue des richesses confiées à sa garde, il s'est permis à notre adresse une préface tant soit peu railleuse, où il se vante d'avoir acquis du marquis Campana la plupart des sculptures italiennes des quinzième et seizième siècles qui ornent le musée anglais. Il paraît que, vers les derniers temps qui précédèrent son désastre, le marquis travaillait à cette collection. Ce fut probablement alors que le marché se conclut. Parmi ces marbres, œuvres de Ghiberti, de Donatello et d'autres maîtres de cet ordre, se trouve une vraie perle, l'Amour adolescent de Michel-Ange. On nous a, par consolation, permis de le mouler. Le plâtre est déposé dans la salle des moulages, exécutés sous les auspices de M. Ravaisson : figure charmante, originale et fièrement conçue, une des œuvres où ce puissant génie s'est élevé dans l'expression du nu à sa suprême perfection, les accents de son style s'y faisant clairement sentir, tandis que ses défauts n'ont pas encore toute leur plénitude et ne se montrent qu'avec timidité.

Ce rare chef-d'œuvre et les marbres d'élite dont il est entouré ne seraient pas un renfort inutile pour relever, pour ennoblir la part de l'art moderne dans le musée Campana. Évidemment, ce très-habile collectionneur estimait peu la renaissance, et pas du tout le moyen âge, ou s'il en avait l'amour, le hasard l'avait bien mal servi. Cette partie moderne de sa collection est tellement inférieure à la partie antique, qu'on est d'abord tenté de croire qu'elles ont été formées par deux hommes de caractère et de goût différents, l'un cherchant le précieux, le rare, — l'autre, moins exigeant, se contentant de peu. Il semble qu'il n'ait pris la peine de recueillir tous ces débris des arts modernes que pour faire un pendant à sa vraie collection, par pur esprit de symétrie, pour avoir l'air d'un homme universel et impartial dans ses goûts. Là n'était pas sa vocation. Il n'est vraiment lui-même, il n'a tout son instinct, tout son coup d'œil, et même aussi tout son bonheur, qu'en explorant l'antiquité. Nous convenons que les heureuses chances, les occasions de découverte sont tout autrement rares, dès qu'on entre dans les temps chrétiens. Il n'y a plus ces tombeaux, ces nécropoles, ces chambres sépulcrales parées de bijoux, de vases ou d'armures, petits musées enfouis en bon ordre, que la terre nous conserve comme un gardien intègre et sûr, et qu'elle nous livre peu à peu, pour nous aider dans nos énigmes et ruiner tour à tour ou confirmer nos conjectures. Avec le genre de sépulture pratiqué dans l'antiquité, il y a toujours du nouveau possible en archéologie, tandis que le culte des morts tel que l'entend le christianisme nous interdit l'espoir de telles conquêtes, ou ne l'autorise que dans des cas si rares qu'il n'y a pas même à en parler. Toutes les créations de l'art moderne nous sont à peu près connues : elles changent de main, et voilà tout. Rien d'enfoui, rien d'oublié. Une fois par siècle, tout au plus, on assiste à quelque surprise, on retrouve un trésor perdu, une Vierge du palais Tempi, une fresque de saint Onofrio. Pauvre ressource pour les collectionneurs ! Jamais de grands coups de dés comme Pompéi ou Corneto, Stabies ou Velletri, jamais de ces veines soudaines qui rajeunissent la science, de ces mines inespérées qui décuplent nos vieux trésors. On pourrait presque dire que l'art antique a sa Californie : il y a pour lui de l'or sous terre, de l'or en purs filons, tandis que l'art moderne, l'art du moyen âge et des trois derniers siècles, tout son or est déjà monnaie, et cette monnaye qui circule va chaque jour en s'effaçant.

On comprend donc que notre collectionneur, tout avisé qu'il fût, quelque souci d'ailleurs qu'il y prît, quelque argent qu'il y mît, et même en lui supposant ce goût spécial et ce genre d'aptitude dont nous persistons à douter, ne soit pas parvenu, dans le cercle des arts modernes, à se créer une collection plus remarquable et vraiment digne de sa galerie d'antiquités. Il eût fallu s'y prendre vingt ou trente ans plus tôt, et surtout ne pas viser au nombre, n'aspirer qu'à la qualité. Telle qu'elle est cependant, nous sommes loin de professer pour cette collection le dédain absolu qu'affectent quelques personnes. Qu'on y regarde bien, tout n'est pas médiocre, il s'en faut de beaucoup. Il y a d'excellentes choses ; mais rien ne vous séduit, ne vous attire, rien ne brille d'un véritable éclat. Il faut une grande attention, presque un certain travail pour écarter l'ivraie et trouver le bon grain, et ce bon grain lui-même ne va jamais jusqu'au chef-d'œuvre. Nous avons parcouru un à un les six cent quarante-six tableaux de tous les âges, de toutes les écoles, dont se compose la série de peinture ; nous avons regardé avec le même soin les quatre-vingt-quatorze morceaux de la série de sculpture, marbres, stucs, terres cuites naturelles ou émaillées, plus six cent quarante-deux majoliques de formes variées et de diverses fabriques, en tout près de quatorze cents objets ; nous les avons jugés sans prévention, sans tenir compte du catalogue et sans nous révolter d'attributions qu'on ne donne, il est vrai, que sous toutes réserves, mais qui n'en ont pas moins le grand défaut de supposer chez le lecteur un degré de patience et de crédulité trop au-dessus de la moyenne ; notre but était d'apprécier quel est, dans cet ensemble, le véritable nombre d'objets d'un prix réel, d'objets dignes d'entrer sans disparate et sans mésalliance dans une grande et noble galerie ; nous ne voulons pas dire à quel chiffre nous sommes arrivé.

Ainsi de toutes les séries du musée Campana qui n'avaient avant nous souffert aucune atteinte et que nous possédons sans partage, en voilà trois dont la virginité nous touche médiocrement. Que n'ont-elles excité les désirs de ce musée de l'Ermitage ! Si au lieu de marbres antiques, de bronzes, de vases peints, il n'avait convoité que des tableaux italiens d'attribution douteuse, des majoliques estimables, des sculptures florentines de second choix et un peu retouchées, il aurait pu tout à son aise écrémer, prélever, et même accaparer tant qu'il aurait voulu, sans nous causer la moindre peine ! A défaut de cette consolation, il est vrai qu'on en invente une autre. On nous dit que si ces trois séries ne sont pas riches en chefs-d'œuvre à proprement parler, ceux qui s'en aperçoivent ont grand tort de se plaindre ; que c'est ne pas comprendre l'esprit, le caractère, l'intérêt de cette collection ; que son véritable but est d'enseigner l'histoire de l'art, et que dans ces trois séries notamment « on apprendra ce qu'a été en Italie l'art de la *majolique* ou de la *faïence*, depuis les premiers emprunts faits aux Arabes en Sicile jusqu'à la fin du dix-septième siècle, et que de plus on y suivra l'histoire non interrompue des progrès et de la décadence de la peinture italienne depuis les Byzantins jusqu'aux Carraches, sans compter quelques spécimens de la statuaire italienne, depuis Donatello jusqu'à Michel-Ange. »

Si dans ces trois séries on apprend en effet tout cela, elles sont alors le musée des musées, et les chefs-d'œuvre ne servent plus à rien. Étrange prétention que d'enseigner l'histoire de l'art à coups de médiocrités ! de dire aux gens : Vous parcourez ces grandes salles d'un air distrait et ennuyé, c'est vrai, vous n'avez pas à admirer grand'chose, mais vous prenez une bonne leçon ! — Quelle leçon ? Que leur apprenez-vous ? La leçon n'est bonne, selon nous, qu'à leur faire désapprendre le peu qu'ils savent déjà, s'ils ont vu quelques œuvres de maîtres. Ce que vous leur donnez est un grimoire qui les embrouille au lieu de les guider, et où les plus habiles ne trouvent pas leur route. Point de chronologie de l'art sans grands jalons, sans points fixes qui permettent de s'orienter. Avant tout, des chefs-d'œuvre, les chefs-d'œuvre de chaque époque, puis dans les rangs secondaires des œuvres d'une authenticité certaine. Or vous ne nous offrez ni l'un ni l'autre de ces moyens d'étude. Des chefs-d'œuvre, vous n'en avez pas, et quant aux œuvres honnêtes, sans flamme et sans noblesse, que vous étalez par centaines, les unes sont classées au hasard, attribuées, sans qu'on sache pourquoi, à telle ou telle époque, à tel ou tel artiste; or, que conclure, et comment raisonner sur des attributions douteuses? — Les autres ont des dates ou des auteurs certains; mais leur authenticité même devient parfois une chance d'erreur, une cause de trouble et de complication. Expliquons-nous par un exemple.

Voyez cette Madone cataloguée sous le n° 90 : ce n'est pas seulement une vierge archaïque, c'est de la peinture barbare, une œuvre humiliante pour l'époque qui l'a vue naître. Pourquoi donc est-il là, ce tableau? Parce qu'il est daté, parce qu'il porte le millésime 1454, évidemment contemporain de la peinture elle-même; précieuse aubaine pour une collection qui veut être avant tout historique. Mais ceux qui liront cette date, quelle leçon voulez-vous qu'ils en tirent? Était-ce là, au cœur du quinzième siècle, l'état de l'art en Italie, et en particulier l'état de la peinture, après Masaccio, mort depuis quatorze ans, lorsque l'Angelico vivait encore, lorsque de tous côtés s'avançaient de grands peintres, lorsque chaque jour enfantait un chef-d'œuvre? Votre tableau *daté* n'est donc que l'œuvre infime de quelque obscur retardataire. Que vient-il faire ici? Troubler les idées acquises au lieu de les clarifier. Le seul trait de lumière qu'il nous donne, c'est qu'on trouve de mauvais peintres dans tous les siècles, même au quinzième. Est-il besoin d'un musée historique pour découvrir cette nouveauté-là ? Et notez qu'en parcourant ces salles, nous pourrions presque à chaque pas vous signaler des pièges de ce genre dressés contre ce bon public que vous prétendez enseigner.

Encore un coup, nous ne voulons pas dire que dans ces six cents tableaux tout soit à dédaigner. Non, vous avez là quelques panneaux d'un style vraiment naïf, de saintes légendes franchement exprimées, qui, toute réserve faite quant aux attributions, pourront très-bien tenir leur place et combler de fâcheuses lacunes dans notre galerie du Louvre, si pauvre en tableaux archaïques. Élaguez sans ménagement, et vous tirerez quelque chose de votre collection ; mais ne prétendez pas nous en faire admirer l'ensemble, et surtout ne la donnez pas pour une histoire complète de la peinture en Italie. Non-seulement elle enseigne mal et risque plus souvent d'égarer ceux qui savent que d'instruire ceux qui ne savent pas, mais elle commet un péché qui pour nous est plus irrémissible : elle calomnie, dans la personne de leurs principaux chefs, auprès de ceux qui n'ont jamais quitté la France, les écoles primitives d'Italie. Ces adorables maîtres qu'on ignore à Paris, abuser de leurs noms et nous les présenter sous cet aspect terne et morose, sans vie, sans poésie, sans soleil, il y a de quoi guérir à tout jamais du désir de les connaître mieux !

Et maintenant que dire de la série des majoliques et de celle des sculptures émaillées ? Si nous jugions de la valeur des choses par le prix qu'on en peut tirer, ces deux séries auraient sur la première un avantage incontestable. Un grand nombre de ces majoliques, sans être de premier ordre, ne semblent pas inférieures à celles qui, depuis quelque temps, dans les ventes publiques, sont poussées à des prix vraiment étourdissants. En fait de plats de Gubbio, par exemple, ceux de la collection Soltykoff n'étaient guère plus étincelants, plus chatoyants que ceux-ci, et vous savez ce qu'on les a vendus; mais ce genre de mérite, tout précieux qu'il soit, est-il de ceux dont il faut tenir compte dans une collection publique? Est-ce seulement la fantaisie, l'engouement passager des amateurs de bric-à-brac qu'il convient de consulter ici? Ne sont-ce pas des raisons plus durables? Outre la réussite matérielle, outre la pâte et la cuisson, ne faut-il pas songer à la grandeur, à la beauté des formes, à la perfection des peintures, à l'élégance de la décoration? Pour figurer dans un musée, suffit-il qu'un objet ait chance de se bien vendre? Ne faut-il pas qu'il porte un certain caractère de haute distinction? Or que voit-on dans cette salle, outre quelques beaux plats? quelle pièce peut-on citer qui sorte du vulgaire comme forme et comme style? Si vous nous montriez soit les vastes aiguières et les admirables vases du cabinet des majoliques à Florence, soit seulement quelques morceaux de choix comme on en voit à l'hôtel de Cluny, à la bonne heure! on se résignerait en faveur de ces nobles œuvres à votre multitude d'insignifiantes raretés; mais telle n'est pas la collection des majoliques au musée Campana. Aussi, même en l'épurant, jamais vous n'en ferez sortir qu'une mesquine et incomplète image de cette grande branche de l'art italien.

A plus forte raison faut-il désespérer aussi de la série des sculptures, bien qu'il soit juste cependant d'y signaler au moins trois charmantes esquisses, trois petits bas-reliefs, tout à fait dignes d'attention, l'un (n° 81) attribué, avec quelque apparence de raison, à Michel-Ange, les deux autres (n°s 6 et 7) d'une main inconnue, mais suave et délicate. Quant aux pièces plus importantes, les marbres proprement dits, bas-reliefs et statues, nous ne les avons pas, on vient de voir qu'ils sont à Londres. Aussi, pour nous, cette série de sculptures modernes se compose presque exclusivement de terres cuites émaillées à la manière des della Robbia. Pauvres della Robbia! que d'excuses à leur faire! ils ne sont guère mieux traités que les grands peintres leurs contemporains. Quelle façon de les faire connaître dans ce pays, où leurs vrais chefs-d'œuvre n'ont jamais pénétré! Les accuser de ces froids médaillons! les confondre avec leurs derniers élèves et leurs plus faibles imitateurs! N'insistons pas, mais hâtons-nous de quitter cette salle et toute la partie moderne de l'exposition. Rentrons dans le salon carré, c'est-à-dire sur le sol antique. Nous aurons par bonheur de quoi nous dédommager. Trois séries nous attendent, trois séries vraiment belles, d'une richesse incomparable, où personne avant nous n'a glané, et où le premier fonds s'est encore enrichi de quelques additions heureuses. Ces trois séries sont les verres antiques, les terres cuites et les bijoux.

L'art, dans les verres antiques, ne joue pas un grand rôle; aussi c'est à l'archéologue bien plutôt qu'à l'artiste que s'adressent les nombreux trésors enfermés dans ces trois vitrines.

Sauf quelques petites pièces, quelques coupes charmantes, imitant le saphir, le jaspe et d'autres pierres précieuses, sauf une vraie merveille, un verre à boire intact, autour duquel des pampres bleus serpentent en relief, on n'y peut signaler que d'utiles documents, soit sur la vie privée et les usages domestiques, soit sur l'état de l'industrie chez les anciens. La grandeur, la transparence plus ou moins irisée, les formes plus ou moins bizarres, l'état de conservation de chaque pièce, voilà ce qui donne ici matière aux observations. Nous nous abstiendrons donc, en nous contentant d'affirmer qu'à moins d'aller à Naples, nulle part on ne saurait trouver un choix aussi complet et aussi remarquable de cette sorte de monuments.

Mais s'il suffit d'un coup d'œil pour parcourir ces trois vitrines, quel temps nous faudrait-il si nous voulions dire au lecteur tout ce qu'il y a d'élégance, de grâce, d'ingénieuse invention, de perfection presque incompréhensible dans ces soixante-quatre écrins disposés en cercle, sur deux rangs, au centre de ce grand salon! Il n'est pas un de ces bijoux qui ne mérite un regard, un regard attentif, et souvent une étude. Chacun de ces diadèmes, de ces colliers, de ces pendants d'oreilles, la moindre de ces bagues, la plus simple de ces fibules, est une œuvre considérable, qu'on nous passe le mot, une œuvre d'art, une composition savante qui a droit à notre admiration, tantôt par l'infinie variété des détails, l'imperceptible finesse de ces méandres granulés, prodiges de ciselure et de soudure, dont d'ingénieux imitateurs n'ont encore retrouvé qu'en partie le secret, tantôt par la simplicité et la sobriété incomparables des contours et du style.

Et ce ne sont pas seulement des leçons de bon goût que ces bijoux nous donnent, ce sont presque des leçons d'histoire. Autant les grandes salles tapissées de tableaux que nous venons de traverser nous en ont peu appris sur l'art italien du quinzième et du seizième siècle, autant ces petits écrins et ces parures de femmes nous aident à comprendre et à sentir l'antiquité. Voilà des monuments qui disent quelque chose, qui ont vraiment un langage. Toute une civilisation se révèle dans ces splendides futilités. On peut dire qu'elles évoquent et font revivre devant nous l'étrange état de société qui les a fait éclore.

Et maintenant si vous entrez dans la salle voisine, si de l'or vous passez à l'argile, vous retrouvez même élégance, même délicatesse, même richesse d'invention, même luxe de détails, même chasteté de style. La matière n'y fait rien, l'art est partout le même, aussi pur, aussi fin, presque auss raffiné dans la demeure la plus modeste que dans le plus somptueux palais. Il sait s'abaisser sans déchoir, se prêtant à tous les usages, ennoblissant tout ce qu'il touche. Son esprit et ses traditions remplissent cette société, la possèdent et la vivifient. Il en est l'âme ; lui seul, il la soutient, il la relève et la console.

La sculpture de terre cuite, si humble de matière, de travail si modeste, cette sculpture économique, expéditive, presque de pacotille, sorte de carton-pierre des anciens, n'en est pas moins, à notre avis, un des sujets d'étude les plus féconds et les plus attrayants, un des plus sûrs moyens de mesurer la portée, de sonder la puissance de l'art dans l'antiquité. Aussi la salle où nous venons d'entrer, cette longue et immense salle, garnie, d'un bout à l'autre, de fragments de ce genre, est-elle, selon nous, la partie la plus neuve, la plus originale de toute la collection Campana. Des figurines de terre cuite, des lampes, des antéfixes et autres menus objets, on en voit et en assez grand nombre dans la plupart des cabinets d'Europe : nous en avons au Louvre de délicieux échantillons ; mais ici, c'est tout autre chose. D'abord les figurines, les lampes, les antéfixes se multiplient par centaines et comme à profusion, puis il s'y joint une suite innombrable de monuments encore plus rares, ou du moins presque introuvables ailleurs, sorte de grandes tuiles, ou plaques rectangulaires, sculptées sur une seule face, et destinées évidemment à s'incruster comme des bas-reliefs soit dans les parois extérieures, soit même à l'intérieur des portiques et des habitations. C'étaient probablement les bas-reliefs de la petite propriété, de ceux qui, pour décorer leur maison, hésitaient à faire sculpter le marbre. Application charmante de l'art à l'industrie ! Devant ces fermes saillies et ces vives arêtes, comme ce pauvre carton-pierre, avec ses contours baveux, fait misérable figure ! Quels trésors que ces plaques sculptées ! quelle variété de motifs ! quelle symétrie sans froideur ! quelle grâce dans ces rinceaux ! quel mouvement dans ces personnages ! C'est le génie de l'ornementation. La plupart de ces bas-reliefs sont empruntés sans doute à des œuvres connues, à des œuvres de maîtres, mais ajustées, modifiées, réduites avec un bonheur sans égal. Quiconque, entre ces deux haies de sculptures animées, souples et intelligentes, restera froid, et ne sentira pas, comme s'il se promenait dans les rues de Pompéi, renaître devant soi les générations qui vécurent sous les lambris, sous les portiques que ces terres cuites ont décorés, nous le tenons pour rebelle à tout sentiment de l'art. C'est un Pompéi en miniature que cette partie du musée Campana. L'effet, comme à Pompéi, est un effet de masse ; il ne résulte pas de tel ou tel objet plus merveilleux, plus exquis que les autres, il provient de l'ensemble. Il y a des sommités, mais peu saillantes. Ce qui est saisissant, c'est cette ampleur, cette abondance, c'est cette variété sans fin que domine partout une grande unité.

Aussi nous voudrions qu'au Louvre on ne négligeât pas ce légitime moyen d'effet, que, sous prétexte de double emploi et parce que certaines pièces sont plusieurs fois répétées (mais toujours avec variantes), on n'allât pas pousser trop loin en faveur des musées de province le système des libéralités. En un mot, nous souhaitons qu'on maintienne et qu'on expose ensemble, dans un même vaisseau, s'il est possible, ces innombrables terres cuites. Pour cela, rien n'oblige à trouver un local aussi vaste que cette salle où maintenant nous les voyons, car, il faut le dire, malgré la prédilection que cette série nous inspire, elle a besoin, comme ses sœurs, d'une certaine épuration ; mais après qu'elle l'aura subie, quand une fois on l'aura purgée de ses scories, des pièces équivoques, des surmoulages et des restaurations, elle n'en sera pas moins tellement nombreuse encore qu'un peu de bonne volonté deviendra nécessaire pour ne pas trop la disperser. Nous aurions, quant à nous, un sérieux plaisir à la revoir ainsi, sans alliage, dans sa demeure définitive, et ce serait alors le moment d'aborder les nombreuses et difficiles questions d'esthétique et d'histoire que ces sculptures soulèvent, surtout quand on les compare aux bijoux, leurs voisins. Pour aujourd'hui, nous ne devons pas même effleurer ces problèmes : c'est bien assez de ce coup d'œil d'ensemble jeté sur la collection.

Somme toute, parmi les diverses séries dont la primeur nous est restée, il en est trois, deux surtout, qui rehaussent singulièrement et la valeur et l'importance de notre acquisition. A nos yeux, nous le disons encore, ces terres cuites et ces bijoux sont la partie, non pas la plus brillante, entendons-nous, mais la plus neuve et la plus vitale de toute la collection. Eût-il fallu pour en faire la conquête acquérir tout le reste, quand tout le reste n'eût rien valu, le marché, si onéreux qu'il semble, aurait encore son bon côté. Or il s'en faut que tout le reste soit, comme on l'a vu, sans valeur. Quelques bons marbres, des bronzes remarquables, une multitude de vases que la science tient en sa haute estime, enfin, même à l'étage le plus disgracié, des objets d'un grand prix et çà et là d'un vrai mérite, tout cela forme un ensemble qui, joint à ces deux séries qui vont placer notre musée en si bon rang devant l'Europe, nous permettra de braver avec philosophie les sarcasmes et les sourires de nos plus malicieux voisins. Toutefois, comme le vrai moyen d'avoir les rieurs pour soi est de ne pas paraître dupe, sachons-le bien, le but que nous nous proposions n'est pas celui que nous avons atteint. Nous cherchions l'éclatant, c'est le solide que nous avons trouvé. Nous prétendions tirer un grand feu d'artifice : la poudre n'a pas pris feu, mais n'est pas hors d'usage et peut avec profit rentrer à l'arsenal. Quand on n'échoue que pour bien faire, il n'y a pas après tout grand'raison de se plaindre. Le plus ambitieux projet se pardonne aisément quand il n'a d'autre pis-aller qu'une œuvre utile et raisonnable.

VII

MONUMENTS ANTIQUES

DE

LA VILLE D'ORANGE

I

L'ARC DE TRIOMPHE

Un de nos architectes les plus expérimentés et les plus judicieux, M. Caristie, eut le bonheur, dans sa jeunesse, vers 1825, de remplir une de ces missions qui fondent la réputation d'un homme lorsqu'il s'en tire avec honneur, mission jusque-là sans exemple, et d'où devait sortir, pour toute une classe de travaux publics, comme un modèle et un enseignement. Il s'agissait de la consolidation d'un monument antique, l'arc de triomphe d'Orange. Une belle publication dont le texte et les dessins sont dus à M. Caristie a perpétué le souvenir de ces travaux éxécutés par lui, ouvrage considérable et d'une d'examen, qui a non-seulement pour but de révéler les détails d'une habile restauration, mais qui donne occasion de mieux connaître et d'étudier à fond deux de nos plus grands vestiges de l'antique architecture romaine.

C'était, je le répète, vers 1825, une entreprise absolument nouvelle en France, que de prévenir la chute d'un ancien monument, et d'en prolonger l'existence sans en altérer le style et l'aspect extérieur. De 1789 à 1800, on n'avait fait que démolir; de 1800 à 1814, la destruction s'était plutôt ralentie qu'arrêtée, bien que, dans quelques villes, à Nîmes, par exemple, l'autorité municipale eût fait certains efforts, plus méritoires qu'habiles, pour protéger ses monuments. C'est seulement cinq ans après 1814 qu'on aperçoit un temps d'arrêt et comme le premier signe d'un mouvement réparateur. Une circulaire du ministre de l'intérieur, en date du 8 avril 1819, demandait à tous les préfets des renseignements circonstanciés sur les monuments et les antiquités de leurs départements, ainsi que sur les mesures à prendre pour en assurer la conservation. Par suite de cette circulaire, une ordonnance du roi établissait, au sein de l'Académie des inscriptions et belles-lettres, une commission chargée de procéder à l'examen et au classement des documents transmis par les préfets; malheureusement cette bonne volonté demeura presque stérile pendant les onze années écoulées de 1819 à 1830. Quelques rares notices parvinrent à l'Institut, et la commission fut souvent très-embarrassée de savoir à qui donner les médailles dont elle disposait chaque année. Aujourd'hui c'est un autre embarras : on a beau diviser, fractionner ces médailles, chaque année la commission regrette de ne pouvoir les multiplier assez.

Si le zèle manquait en 1819 pour décrire nos monuments, qu'était-ce donc pour les réparer? Personne n'y songeait, ou si, par grand hasard, l'autorité prenait pitié de quelque édifice en péril, c'était presque toujours pour lui porter malheur. Ainsi, à Paris même, on avait vu, vers cette époque, un architecte en renom ne rien trouver de mieux, pour garantir la voûte de la grande salle du palais des Thermes, que de la coiffer de cet immense et affreux chapeau de tuiles copié trait pour trait sur les toits de la halle aux vins, masse informe et disparate, qu'on vient de corriger il y a seulement quelques années. Nous n'avons pas besoin de dire que M. Caristie avait conçu tout autrement son projet de restauration.

Il était temps de se mettre à l'œuvre. La ruine était imminente. Millin, dans son voyage, daté de 1807, décrit l'état de l'édifice en termes très-alarmants et prédit un prochain désastre. Quatre ans après son passage à Orange, en 1811, la nécessité d'une consolidation devenait plus évidente encore. En redressant, aux abords de la ville, la route impériale de Paris à Antibes, on l'avait dirigée en ligne droite dans l'axe de l'arc de triomphe, que jusque-là elle laissait de côté, et, comme à Paris, pour l'arc de l'Étoile, on avait fait contourner la chaussée autour du monument. Or, pour ouvrir ce double embranchement semi-circulaire, il avait fallu déblayer et enlever, au niveau du sol, une masse de pierres et de moellons qui garnissaient le pied de l'édifice jusqu'à cinq ou six mètres de hauteur, et qui, tout en cachant une partie des sculptures, servaient à maintenir et à fortifier la construction. Ces débris provenaient de grandes murailles crénelées, qu'un prince d'Orange, Raymond de Baux, avait élevées, au treizième siècle, par-dessus la maçonnerie romaine. Cette sorte de donjon subsista jusqu'en 1721. Le prince de Conti, alors propriétaire de la principauté d'Orange, tout récemment réunie à la France par le traité d'Utrecht, ordonna de démolir les additions du moyen âge et de ne respecter que la construction antique. L'ordre fut exécuté, mais, une fois par terre, les pierres et les moellons restèrent là pêle-mêle, depuis 1721 jusqu'en 1811.

Privés de cet appui, les parements inférieurs menaçaient de se détacher, et les parties supérieures n'étaient guère moins malades, bien que deux fois déjà on eût essayé de les réparer, d'abord en 1722, peu de temps après la démolition du donjon, puis en 1780. Grossièrement exécutées par des maçons du pays, ces réparations ne consistaient qu'en reprises imparfaites et sans consistance. On avait eu seulement l'utile précaution d'ajuster un toit sur le monument, remède efficace contre la pluie, mais du plus disgracieux effet. On le voit donc, tout était à reprendre, depuis la base jusqu'au sommet.

Rien de plus intéressant que de suivre, dans le texte de M. Caristie et surtout dans les nombreuses planches qui l'accompagnent, les détails de cette délicate et difficile opération. Le premier but de l'architecte était de rendre à l'édifice sa solidité première, de le mettre en état de vivre encore autant qu'il avait vécu, sans cependant le rebâtir à nouveau, et en s'imposant la tâche de conserver en place tout ce qui était suffisamment solide. Quant aux parties qu'il fallait nécessairement démonter et reconstruire, il n'entendait leur rendre que la silhouette antique et leur donner dans le détail un caractère d'ébauche, afin de ne pas tromper le spectateur et de satisfaire à la fois ses yeux et son esprit, en lui permettant de saisir l'effet d'ensemble, l'ancien aspect général du monument, et de ne pas confondre les parties vraiment antiques et les parties seulement imitées. Ce sont là les vrais principes en matière de restauration : ni trompe-l'œil, ni désaccord; solidité parfaite, harmonie générale, distinction consciencieuse du neuf et de l'ancien. Ces principes, que des hommes habiles pratiquent aujourd'hui en perfection, personne ne les avait enseignés à M. Caristie : il les avait trouvés dans la justesse de son esprit, dans son respect intelligent du beau et de l'antiquité.

Les jeunes architectes feront bien d'étudier ce compte-rendu fidèle, ce procès-verbal instructif. Que de précautions minutieuses en apparence et qui, pourtant, ne sauraient être négligées! Depuis l'étayement préalable et la démolition successive des parties ajoutées en 1722 et 1780 jusqu'au choix des matériaux et au mode d'assemblage, tout fut combiné, calculé avec une prévoyante sévérité. M. Caristie eut le bonheur de retrouver la carrière qui avait servi à la construction primitive[1], et en fit extraire les pierres dont il avait besoin ; puis il donna à chaque pierre les mêmes dimensions de hauteur et de longueur qui lui appartenaient dans l'ancien appa-

---

[1] La carrière de Baumes-de-Transit.

reil, afin de pouvoir replacer dans leur première position tous les matériaux antiques portant encore des restes de sculpture. Partout où les corniches étaient brisées, partout où les lignes des profils étaient interrompues, il les fit reproduire, mais en s'abstenant de refendre les moulures, afin que sa restauration demeurât toujours lisible. Par la même raison, il ne se refusa pas à canneler les colonnes nouvellement refaites, mais il eut soin de laisser les chapiteaux seulement épannelés. A l'intérieur, dans cette partie vide et voûtée qui surmonte les trois arcades, il remit en place les murs de refend détruits par le moyen âge, de même qu'à l'extérieur il fit rétablir l'assise supérieure qui couronnait l'édifice et les grands piédestaux destinés à porter, au centre, un quadrige triomphal, et, de chaque côté, un groupe de trophées. Enfin, n'oublions pas que, pour relier entre elles toutes les assises des parties nouvellement bâties, et pour les rattacher aux restes de l'antique construction, il se conforma scrupuleusement au mode suivi par l'architecte romain. Que pouvait-il faire de mieux, puisque, grâce à ce système de liaison, le monument, dans son ensemble, n'avait subi, en dix-huit siècles, aucune espèce de mouvement? De ses quatre façades, trois avaient conservé parfaitement leur aplomb, et quant à la quatrième, la face occidentale, l'état de ruine où elle était tombée ne provenait évidemment pas de la seule action du temps; antérieurement au treizième siècle, la main des hommes avait dû faire brèche dans ces pierres si bien jointes, puisque, pour édifier la forteresse de Raymond de Baux, on avait, dès lors, maçonné une large reprise dans le flanc de l'édifice antique.

Tels sont, en abrégé, les travaux qui ont rendu à l'arc

d'Orange la plus complète solidité et cette fermeté de lignes, cet air vigoureux et bien assis d'un monument encore plein de jeunesse. Si, dans les siècles à venir, le respect archéologique se maintient parmi nous et protége ces nobles pierres contre toute barbarie nouvelle, il est permis d'espérer que nos arrières-neveux jugeront encore par leurs yeux, tout autrement que par des livres, ce qu'était un monument romain. Tel est l'inappréciable effet d'une bonne restauration. Pour les peintres de paysage, mieux eût valu, peut-être, laisser à l'arc d'Orange ses crevasses, ses lézardes, ses pierres éboulées, tous ces piquants désordres d'un édifice en ruine, sans oublier les mousses, les fleurs, les arbrisseaux qui se plaisent aux vieilles murailles; le pittoresque y gagnerait sans doute, mais on pourrait compter les jours du monument, et prédire sa dernière heure à coup sûr. Entre un plaisir de fantaisie et un plaisir sérieux, durable, scientifique, le choix ne peut être douteux. Aujourd'hui, lorsqu'on entre à Orange, en venant de Lyon, on voit de loin se dessiner sur le ciel cette masse imposante et gracieuse, et l'impression qu'on en reçoit a cela de particulier, qu'avant d'apercevoir aucun détail, et malgré ces arêtes si droites et si neuves, on sent que le monument n'est pas moderne; plus on approche, plus l'antique prédomine, et, quand on est au pied, la restauration disparaît. On jouit de ces sculptures et on les étudie tout autrement que dans un musée, car elles sont à leur place, à leur échelle, sous le soleil qui doit les éclairer, et avec leur destination véritable. Ce n'est ni un objet d'art ni une ruine qu'on admire, c'est un monument conservé, spectacle tout différent et dont le charme est plus facile à sentir qu'à exprimer.

Puisque nous sommes en face de cet arc d'Orange, ne devons-nous pas lui demander quelques renseignements sur son histoire? A quelle époque et en l'honneur de qui a-t-il été construit? Il y a longtemps que les savants agitent ce problème, et on ne peut pas dire qu'il soit encore résolu. Le temps, qui, dans cet édifice, a respecté tant de parties essentielles, semble s'être dédommagé en portant ses ravages sur tous les points qui nous auraient aidés à éclaircir nos doutes. De tous les arcs de triomphe encore subsistants, il n'en est certainement aucun qui soit tout à la fois moins mutilé et plus muet. L'inscription votive qui se lisait sur l'entablement a complétement disparu, et, bien que les trous qui servaient à sceller les lettres de bronze se laissent encore apercevoir, on ne peut, soit par leur nombre, soit par leur écartement, obtenir que des conjectures tout à fait incertaines. Pour savoir approximativement à quelle époque cette construction appartient, on en est donc réduit à consulter, soit le caractère des sculptures, soit le style général du monument.

Ce que les sculptures nous apprennent clairement, c'est que l'arc a dû être élevé en l'honneur des victoires remportées par les Romains sur les populations, soit de la Gaule, soit de la Germanie. De grands bas-reliefs, composés d'une multitude de petites figures, se voient dans la partie supérieure de l'attique, au-dessus de la grande arcade; ils représentent deux combats très-animés, l'un d'infanterie, l'autre de cavalerie; les combattants sont Romains et Barbares. Si nous portons les yeux sur les façades latérales, nous trouvons de grandes figures de vaincus enchaînés deux à deux à des trophées d'armes; leurs costumes et leurs airs de tête indiquent évidemment que ces vaincus sont Gaulois ou Germains. Reste à savoir leurs noms : or, dans ces amas de casques et d'épées, d'armures et de cuirasses, sculptés au-dessus des petites arcades latérales, voici des boucliers qui portent des noms. Ces boucliers font partie du butin ; ces noms sont ceux des chefs dont Rome a triomphé, rien de plus clair et de moins contestable. Ajoutons que ces noms, qui, malgré leurs terminaisons latines, ou plutôt latinisées, ne peuvent déguiser leur origine étrangère, sont tous au nominatif, observation grammaticale que n'ont malheureusement pas faite les antiquaires qui accréditèrent, voilà plus de deux siècles, une tradition sans cesse reproduite et à peine abandonnée aujourd'hui, malgré son évidente fausseté. Cette tradition veut que Marius, le vainqueur des Cimbres, soit le héros de notre arc de triomphe, et cela parce que, sur un de ces boucliers, parmi tous ces noms de vaincus, on lit celui-ci : *Mario*. Jamais attribution ne fut plus malheureuse : ce n'est pas en telle compagnie et à telle place que le nom du triomphateur aurait pu être écrit. *Mario* ici n'est point au datif et ne signifie pas *à Marius*, mais tout simplement *Mario* : c'est le nom d'un chef barbare, comme tous les autres noms auxquels il est mêlé. Que pouvait-il y avoir de commun entre Orange et Marius ? Ne sait-on pas que la défaite des Cimbres et des Teutons a eu lieu dans les environs d'Aix, à plus de vingt lieues de là ? N'est-ce pas enfin un fait notoire et un argument sans réplique, qu'au temps de Marius, Orange, l'*Arausio* de Strabon, n'existait pas encore ? Elle est une des colonies juliennes, et date, par conséquent, non pas même de Jules César, mais des premiers temps d'Auguste. Pour songer à construire dans une ville un monument triomphal, il faut au moins qu'elle existe, et ce n'est pas soixante ans avant de la fonder qu'on s'avise d'en bâtir la porte.

Si nous ne pouvons prendre au sérieux cette tradition, à plus forte raison faut-il écarter celle qui, s'éloignant encore d'un quart de siècle en arrière, substitue, à Marius, Quintus Fabius et Domitius Ahenobarbus, vainqueurs des Allobroges et des Arvernes. Toute hypothèse qui prétend faire remonter la construction de l'arc à une époque antérieure aux premiers temps d'Auguste ne peut soutenir l'examen. La seule question est de savoir si elle coïncide avec la fondation de la colonie ou si elle lui est postérieure.

Orange est une ville sortie de terre d'un seul jet, pour ainsi dire, par décret souverain, grâce aux moyens d'action que fournissait la légion romaine. Ses édifices publics ont donc pu ne pas être construits, comme dans la plupart des villes, successivement, les uns après les autres, à mesure que les habitants ont développé leur industrie et leur richesse; ils peuvent très-bien avoir tous vu le jour presque au même moment, puisque, à vrai dire, dans une telle ville, les monuments et même les maisons précèdent les habitants. Mais, si nous comparons les deux seuls édifices qui soient encore debout de tout le grand ensemble qui composait l'antique Arausio, savoir, l'arc de triomphe et le théâtre, est-il possible de supposer qu'ils soient contemporains ? Qu'on fasse la part aussi grande qu'on voudra à la différence des styles provenant de la différence de destination; qu'on dise que, lorsqu'ils travaillaient à perpétuer le souvenir d'une victoire, les architectes donnaient à leurs pensées plus d'éclat, de richesse et même de coquetterie, que lorsqu'il s'agissait tout simplement de jeux et de plaisirs publics, il n'en sera pas moins vrai que l'arc de triomphe et le théâtre d'Orange, toute proportion gardée, procèdent de données et d'habitudes architectoniques entièrement différentes. Il faut renoncer à déterminer jamais, par le caractère de l'architecture, l'âge relatif des monuments, si ces deux édifices ont pu être construits à peu près vers la même époque; autant le théâtre est sobre de détails, simple, mâle et vigoureux, autant l'arc est orné, paré et décoré. Cette élégance n'offense pas le goût; ce n'est pas encore l'art de la décadence, mais ce n'est pas non plus l'art pur et dans sa fleur.

On répond que, dans cette contrée, le voisinage de Marseille vient déranger la chronologie de l'art ; que cette porte ouverte aux influences de l'Orient donne de très-bonne heure accès à des raffinements asiatiques, dont l'architecture romaine, à Rome, était, vers la même époque, tout à fait garantie. En admettant cette influence, elle se serait exercée aussi bien sur la construction du théâtre que sur celle de l'arc de triomphe. L'explication déplace donc la difficulté et ne la résout pas. Ajoutons que la décoration, un peu exubérante, qui couvre les parois de cet arc, n'a aucun caractère oriental : elle ne consiste pas seulement dans une certaine profusion d'oves, de rais de cœur et d'autres combinaisons de ce genre, accompagnement obligé des ordres ionique et corinthien, mais surtout dans l'emploi de ces grands bas-reliefs décoratifs, de ces trophées, de ces amas d'armes, pittoresquement groupés et semés sur le nu des murailles, qu'on ne rencontre guère ni en Grèce ni en Asie, et qui deviennent, au contraire, d'un usage habituel dans l'architecture romaine d'apparat, à partir de Trajan.

Aussi, nous comprenons que M. Caristie, sans tenir compte des controverses historiques et archéologiques, tranche la question en architecte et se refuse à croire que l'arc d'Orange puisse être antérieur au règne de Trajan. Il incline même à supposer, d'après l'ordonnance générale du monument, et surtout d'après le caractère des détails, qu'il n'a été construit que sous les derniers Antonins ; et en cela il se trouve d'accord avec certains savants qui ont soutenu que c'était pour célébrer la victoire de Marc-Aurèle en Germanie que furent érigés dans la Viennoise et dans la Narbonnaise, non-seulement l'arc d'Orange, mais toute une série d'autres arcs de triomphe, et, entre autres, ceux de Saint-Remy et de Carpentras, qui, à quelques lieues de là, et sur une plus petite échelle, reproduisent à peu près la même ornementation et les mêmes caractères de sculpture.

Si l'opinion modestement émise par M. Caristie doit faire autorité, il faudrait renoncer à l'ingénieuse explication que proposait, il y a quatre ans, en séance publique de l'Institut, un archéologue célèbre, dont les vues scientifiques seraient encore pour moi d'un grand prix quand même son souvenir ne me serait pas si cher. Le nom de *Sacrovir*, inscrit sur un de ces boucliers disposés en trophées, servait de texte à M. Lenormant. Ce nom pour lui était le mot de l'énigme. Il en concluait que l'arc avait dû nécessairement être édifié en mémoire des victoires remportées, pendant le règne de Tibère, sur ce Julius Sacrovir, chef éduen, qui, peu de temps après la mort de Germanicus, de concert avec Julius Florus de

Trèves, parvint à soulever la Gaule depuis la Saône jusqu'à la Moselle, et sembla compromettre un instant la paisible possession des vainqueurs du monde. Les sculptures de l'arc d'Orange se prêtent à cette conjecture, nous aimons à le reconnaître, par des particularités nombreuses, que le mémoire de M. Lenormant relevait et faisait valoir avec une rare habileté; mais reste toujours cette question de style, qui est le gros embarras. Il ne s'agit plus, il est vrai, de faire de l'arc et du théâtre d'Orange deux monuments contemporains. Depuis les premiers temps d'Auguste, époque présumée de la fondation de la colonie, et probablement aussi de la construction du théâtre, jusqu'à la prise d'armes de Sacrovir, il s'était écoulé plus de cinquante ans. Mais qu'est-ce qu'un demi-siècle pour motiver de si profondes différences? Voici, d'ailleurs, d'autres témoins, d'autres termes de comparaison plus directs et moins récusables, qui soutiennent la thèse de M. Caristie : nous parlons des arcs de triomphe d'Italie, même postérieurs à Tibère. Quant à ceux qui lui sont antérieurs, et notamment l'arc de Rimini et l'arc de Suse, les deux seuls qu'on s'accorde à regarder comme érigés en l'honneur d'Auguste, ils ont un caractère de simplicité, de calme et de sobriété, qui les range dans une classe à part et les distingue profondément de l'arc d'Orange. N'en faut-il pas dire autant de l'arc de Titus à Rome, bien que déjà d'un demi-siècle plus récent? C'est à coup sûr de la sculpture délicate, de l'architecture élégante; mais que de parties lisses, comme l'œil se repose encore sur des fonds non brodés, que de contrastes bien ménagés, quelle discrétion dans ces profils! Si nous passons maintenant à l'arc d'Ancône, qui appartient authentiquement à Trajan, ne le trouvons-nous pas moins couvert d'ornements et d'une ordonnance plus sévère que l'arc d'Orange? Il est vrai qu'à Bénévent existe un autre arc de triomphe également attribué à ce même empereur, et que, sur les deux piles, depuis la base jusqu'à la corniche, on ne voit guère que bas-reliefs superposés; mais la disposition en est claire, régulière et symétrique. Pour arriver à quelque chose de plus surabondant et de plus surchargé que l'arc d'Orange, à une ornementation moins heureuse et moins pure, il faut descendre jusqu'à Septime-Sévère, jusqu'à l'arc à demi enfoui dans le forum romain, au pied du Capitole. Là évidemment une certaine gaucherie se laisse apercevoir, la décadence va commencer. Nous sommes donc au delà de la juste limite où, par analogie, nous devons classer l'arc d'Orange. N'en peut-on pas conclure que c'est entre Trajan et Septime-Sévère, c'est-à-dire vers le milieu du deuxième siècle, que tout naturellement et avec probabilité suffisante on doit croire qu'il a été construit [1]?

Il est une circonstance sur laquelle on n'a peut-être pas suffisamment insisté en étudiant cette question chronologique; c'est l'ordonnance de l'édifice, c'est-à-dire sa triple ouverture,

---

[1] Nous pensons cependant qu'entre ces deux points extrêmes il faut se rapprocher de Trajan plus que de Septime-Sévère. Dans les bas-reliefs de l'arc d'Orange, les combattants romains ont le *menton rasé*: il en est de même sur la colonne Trajane, tandis que, sur la colonne Antonine, les Romains portent la barbe longue. Cette observation de détail nous donne quelques doutes sur la version qui veut que l'arc d'Orange ait été consacré à Marc-Aurèle, car cet empereur est le premier qui ait porté la barbe longue, comme le témoignent ses bustes et ses médailles.

cette grande arcade flanquée de deux petits arceaux. Quel est le premier exemple, encore existant, de cette disposition? N'est-ce pas l'arc de Septime-Sévère? Ni les deux arcs d'Auguste, à Suse et à Rimini, ni l'arc de Titus, à Rome, ni ceux de Trajan, à Ancône et à Bénévent, ni même celui d'Adrien, à Athènes, ne sont ainsi conçus. Ils se composent tous d'une grande et unique arcade. Les médailles, il est vrai, nous apprennent qu'à Rome, au forum de Trajan, l'arc de triomphe était percé de trois ouvertures; mais nous ne pensons pas que la numismatique ni aucun autre témoignage fasse remonter plus haut cette innovation. Peut-être même est-il permis de supposer qu'elle aura pris naissance dans cette occasion solennelle. Ces trois portes, sans rien ajouter à la noblesse et à la vraie grandeur de l'architecture triomphale, lui donnent plus d'ampleur, plus de volume, plus de magnificence, et les architectes romains purent être conduits à ce raffinement par le désir de lutter avec les richesses de tout genre qui peuplaient ce splendide forum, avec cette colonne aux ambitieuses spirales dominant ces immenses portiques, dont les débris gisant aujourd'hui sur le sol sont à eux seuls un fastueux spectacle. Cette façon nouvelle de disposer un arc de triomphe, cette grande arcade pour le prince, pour le triomphateur, ces deux portes modestes mais commodes, ouvertes à la foule, c'était une double flatterie à l'adresse des deux puissances qu'il fallait alors aduler, le peuple et l'empereur. Comment croire que, s'il eût existé, dès le règne de Tibère, dans une colonie des Gaules, un arc de triomphe à trois ouvertures, le bruit ne s'en fût pas répandu dans l'empire; que, pendant près d'un siècle, personne à Rome n'en eût fait quelque imitation, et que, sous Titus par exemple, on fût resté fidèle à la tradition de l'ancien plan et de l'arcade unique ?

Quelle que soit la valeur de cette observation que la vue du plan nous suggère, elle se fortifie de toutes les raisons qu'inspire l'étude des détails. Voyez, sur chacune des deux façades principales, ce fronton qui surmonte la grande arcade ; comparez-le avec celui de l'arc de Rimini : quelle inclinaison différente ! comme le sommet du triangle est ici plus aigu ! et comme cette aspérité trouble déjà l'harmonie des lignes horizontales ! Ce n'est pas tout : vous retrouvez ces frontons sur les façades latérales ; des frontons aux flancs d'un arc de triomphe, est-ce là une donnée simple et naturelle ? Et que dire de cette dépression de la corniche sur laquelle reposent ces frontons, dépression qui fait l'effet d'une échancrure, et qui est surmontée d'un petit plein cintre surbaissé inscrit dans l'intérieur du fronton ? Enfin, que dire de ces modillons des corniches montrant leurs panses au spectateur, au lieu de les appuyer contre le nu du mur ? Quel nom donner à ces caprices ? N'est-ce pas de la licence, ou tout au moins l'oubli et le premier abandon du goût sévère et primitif ?

Malgré tant de motifs de nous ranger à l'opinion de M. Caristie, il nous eût semblé juste d'attendre que M. Lenormant eût fait connaître la seconde partie de son mémoire, celle qui devait concerner le style du monument et les inductions qu'il en tirait. Par malheur, nous doutons qu'elle fût rédigée et que son fils puisse la mettre au jour. Après tout, la question de date et d'histoire n'est que secondaire dans l'ouvrage de M. Caristie. Le véritable but, l'intérêt principal de cette publication, c'est d'abord la restauration, puis l'appréciation, au point de vue de l'art, du monument d'Orange; appréciation comparative, qui prend pour base les principaux modèles que nous a légués l'antiquité. Sur ces deux sortes de terrains, on peut en toute assurance suivre notre architecte. Il n'a rien négligé pour donner à son œuvre un caractère complet et définitif. Déjà nous avons dit avec quelle fidélité scrupuleuse il avait reproduit, dans ses moindres détails et sous les aspects les plus divers, l'état du monument, tel qu'il était en 1825, et tel qu'il est aujourd'hui. Plans à toutes les hauteurs, coupes dans tous les sens, élévation sur toutes les faces, détails mesurés et cotés, rien ne manque pour que le lecteur se rende un compte minutieux de toute l'opération. Quant à l'étude comparée du style et du mérite architectural de l'édifice, elle ressort d'un tableau synoptique où sont représentés, à la même échelle, quinze arcs de triomphe.

On pourrait souhaiter peut-être que ce tableau fût encore plus complet, que ce parallèle s'étendît aux monuments de ce genre qui subsistent encore soit en Asie Mineure, soit en Afrique. Je crois même qu'en Europe, à Trèves par exemple, à Reims, à Saintes, à Besançon, on en pourrait trouver qui méritaient d'y prendre place. L'arc de Reims n'est pas d'un très-bon style, mais il a trois ouvertures, et celui de Saintes en a deux, ce qui est encore autrement rare. M. Caristie s'est attaché de préférence aux termes de comparaison les plus généralement connus. De son parallèle il résulte qu'au point de vue de la grandeur et de l'importance monumentale, l'arc d'Orange est le troisième de tous ceux qui sont parvenus jusqu'à nous. Le plus grand est l'arc de Constantin, puis vient celui de Septime-Sévère, puis enfin l'arc d'Orange. Tous les autres sont incomparablement plus petits. Sous le rapport du style, les rôles sont renversés : les deux grands arcs romains le cèdent à l'arc d'Orange, lequel, à son tour, est battu par les arcs d'Auguste et de Titus, lutte avec ceux de Trajan, et l'emporte sur tous ceux que nous conservons en France. Une fois admise cette décoration envahissante qui s'étend sur tout le monument, on ne peut refuser son estime au talent des sculpteurs; non-seulement le ciseau est fin, hardi et parfois délicat, la pierre bien taillée et refouillée, mais il y a dans l'ajustement de tous ces groupes, dans la combinaison de ces trophées et dans la pose de quelques-unes de ces figures, beaucoup d'adresse, une grande habileté et de beaux restes d'un art plus ferme et plus concis.

Ce qui rehausse encore le mérite de cette publication et en fait une œuvre peu commune à tous égards, c'est que l'auteur l'a entreprise, exécutée et terminée à ses propres dépens. Ces sortes de grands ouvrages, sur immense papier, avec accompagnement d'une cinquantaine de planches gravées sur cuivre, ont coutume de ne venir au monde que par le bon plaisir et la munificence d'un grand seigneur ou d'un gouvernement. M. Caristie a été son Mécène à lui-même. A peine quelques souscriptions de la direction des beaux-arts ont-elles allégé le fardeau. La persévérance et la foi d'un artiste font d'un modeste patrimoine mieux qu'une liste civile. Et, en effet, ce n'est pas seulement à l'arc si bien restauré par lui qu'il a consacré son ouvrage; son zèle ne s'est pas arrêté à ce monument qui lui est pour ainsi dire personnel; il a vu dans cette même ville, à quelques centaines de pas, un autre monument d'un intérêt plus grand encore, d'une conservation plus étonnante, plein de révélations curieuses, et aussitôt il a compris que son œuvre serait imparfaite s'il négligeait ce monument, s'il n'en donnait pas une étude sérieuse et détaillée. De là une seconde partie et presque un second volume, où nous retrouvons la même intelligence de l'art et de l'antiquité, le même soin, la même exactitude de dessin, et d'autres parallèles non moins utiles que les premiers, non moins féconds en rapprochements instructifs. Nous ferons comme M. Caristie, et parlerons, dans un chapitre à part, du théâtre d'Orange.

II

LE THÉATRE

On peut visiter l'Italie, la Sicile, l'Archipel, l'Asie Mineure, tout l'ancien monde grec et romain ; interroger les ruines des cinquante ou soixante théâtres dont nous parlent les voyageurs [1], on n'en trouvera pas un qui soit tout à la fois aussi imposant d'aspect, et aussi utile à consulter que le

[1] Voici les noms des villes où existent des restes de théâtres antiques : *Hors d'Europe :* Laodicée, Milet, Hiérapolis, Tizani, Bostra, Aspendus, Gabala, Éphèse, Side, Tralles, Myra, Patara, Telmissus,

théâtre d'Orange. Par un hasard singulier, la partie qui, dans ces édifices, a le plus constamment souffert ; qui n'apparaît en général qu'à fleur du sol ; qui souvent même a complétement disparu, soit qu'elle fût sujette à plus de remaniements, soit que, dans certains cas, on ne la construisît qu'en bois, la scène, l'emplacement occupé par les acteurs, le théâtre lui-même, à vrai dire, s'est ici conservé dans toute sa hauteur depuis la base jusqu'au sommet. On peut trouver ailleurs des gradins en meilleur état ; la partie semi-circulaire destinée au public, ce que nous appellerions aujourd'hui la salle de spectacle proprement dite, n'est plus qu'un amas de ruines, rien ne subsiste des étages supérieurs, et, si les premiers rangs n'ont pas été détruits, c'est qu'ils sont assis sur le roc. La muraille, au contraire, contre laquelle la scène était adossée, et les constructions latérales qui la flanquaient de droite et de gauche, ce que les anciens appelaient le *postscenium*, le *proscenium* et le *parascenium*, sont restés debout comme par miracle. La masse tout entière en subsiste, il n'y manque que les revêtements décoratifs. Là, comme dans presque tous les monuments antiques, cette partie délicate a été brisée, mutilée, dérobée ; mais les rares fragments qui en restent permettent de la restituer dans son

---

Cnide, Stratonicée, Jassus, Rhodiopolis, Kyanea, Leto, Xanthe, Pinara, Kadianda, Oinoanda, Balbura, Kibyra, Alexandrie, Cniculum, Calama ; *en Europe* : Athènes, Délos, Mélos, Lacédémone, Mégalopolis, Mantinée, Argos, Epidaure, Sicyone, Thorikos, Rheniassa, Dramyssus, Pella, Pola, Alauna ; Syracuse, Acrée, Ségeste, Tyndaris, Catane, Taormina ; Nora ; Hierapytna, Lythus, Gortina ; Rome, Pompéi, Herculanum, Tusculum, Otricoli, Falère, Eugubium, Fiésole, Antium, Ferentum ; Sagonte ; Orange, Lillebonne, Valognes.

ancien état sans grand effort d'imagination et sans abus de conjectures.

Est-il besoin d'insister sur le prix inestimable d'un pareil monument? Mettez de côté sa valeur archéologique, oubliez qu'il est peut-être unique au monde et qu'il sert à éclaircir un des points les plus obscurs, les plus énigmatiques de l'architecture des anciens ; il n'en restera pas moins au premier rang par le grandiose des proportions, la beauté de l'appareil, les dimensions des matériaux, la fermeté du style. Chaque fois qu'il nous est arrivé de voir et de mesurer des yeux cette immense façade, notre surprise a été plus grande. L'étonnement s'accroît quand on a la mémoire encore fraîche des monuments de l'Italie, car il n'existe, même à Rome, qu'une seule œuvre de main romaine dont la grandeur soit plus imposante encore, c'est, à savoir, le Colisée. Après ce géant des amphithéâtres on peut placer hardiment le théâtre d'Orange. Et c'est dans une chétive petite ville qu'on rencontre ce colosse ! Contraste étrange qui ajoute encore, s'il est possible, à la grandeur de l'édifice.

Nous ne voulons pas nous arrêter aux questions que soulève cette disproportion entre le monument et la ville Orange, nous le savons, est bien déchue de sa primive importance ; sans avoir joué jamais un grand rôle, cette cité fut, pendant quelques siècles, autrement peuplée qu'aujourd'hui, ce qui ne veut pas dire qu'elle le fût beaucoup. A suivre le développement de ses anciennes murailles, dont la trace est encore visible, on reconnaît que, même en ses meilleurs jours, le nombre de ses habitants n'était pas très-considérable. Pourquoi donc lui avoir bâti, et avec un tel luxe, un théâtre de premier ordre, où plus de sept mille spectateurs pouvaient s'asseoir à l'aise? Puis, à côté de ce théâtre, pourquoi cette autre construction d'une étendue plus étonnante encore, creusée dans le même rocher et se prolongeant bien au delà dans la plaine, vaste hippodrome dont on suit les débris et les substructions à travers les cours, les jardins, les caves des maisons, sur un parcours de plus de quatre cents mètres? Dans la plupart des villes soumises aux Romains, les courses de chars avaient lieu hors des murs, en plein champ : on bâtissait à la légère quelques décorations, quelques abris et des gradins pour les curieux. Ce n'était guère qu'à Rome et dans quelques cités populeuses qu'on voyait au cœur de la ville des cirques permanents. Orange faisait donc exception ; son hippodrome était un monument aussi solide que spacieux, pouvant loger sous ses portiques vingt mille personnes pour le moins. Et ce n'était pas tout : un peu plus loin s'élevait un amphithéâtre, dont il ne reste que des vestiges, moins immense en son genre que le théâtre et l'hippodrome, mais où les places se comptaient encore par milliers! Comprend-on que, dans cette modeste ville, on trouvât assez de spectateurs pour couvrir tous ces gradins? Il en venait, nous dit-on, du dehors : les Cavares, dont Orange était le chef-lieu, entraient en ville, à certains jours de fête, pour assister aux jeux et aux spectacles, et c'est en prévision de ces affluences extraordinaires qu'on avait dû multiplier ces sortes d'édifices et leur donner ces vastes proportions. Mais les Cavares était un petit peuple dont le

[1] *Histoire de la ville d'Orange*, par M. de Gasparin ; in-12, 1815. — P. 87 et 88.

territoire ne comprenait qu'une partie des départements de la Drôme et de Vaucluse. Demandez donc aujourd'hui à deux ou trois de nos arrondissements d'envoyer vingt mille âmes à des courses de chars, et non pas une fois par hasard et à de longs intervalles! On ne bâtit des cirques et des théâtres comme ceux d'Orange que pour s'en servir fréquemment. Rien ne fait mieux sentir combien la Gaule impériale différait profondément de notre France que cette part démesurée donnée aux divertissements publics. La première affaire de la vie était alors évidemment de se réjouir les yeux. Remarquez qu'autour de ces Cavares, chaque peuplade, chaque ville, pour ainsi dire, était pourvue, presque aussi bien qu'Orange, de ce genre d'établissement. Vienne, Vaison, Arles, Nîmes, avaient des arènes célèbres; celles d'Arles et de Nîmes sont même encore debout, et le théâtre d'Arles, dont le *proscenium* est en partie détruit, mais dont l'enceinte existe, et qui, dans ses substructions, nous a conservé des trésors, était, à deux ou trois mètres près, aussi vaste que celui d'Orange. A moins de supposer chez les architectes romains un tel défaut de coup d'œil et de calcul, que ces immenses salles fussent toujours à moitié vides, il faut donc reconnaître que les possesseurs de la Gaule, pour amollir ces populations, leur avaient inspiré systématiquement une fièvre de plaisirs dont nous n'avons aucune idée, quelles que soient notre futilité et notre pente à nous distraire. Mais, en poussant les gens à s'amuser ainsi, on s'engage à les nourrir. *Panem et circenses* sont deux mots nécessairement liés; l'un ne pouvait aller sans l'autre, pas plus à Orange qu'à Rome. Sans travail, rien ne vit en ce monde. Le précipice allait donc se creusant : ces édifices énervants, tout en prêtant secours au système impérial, étaient une des causes de son inévitable chute.

Peu importe, après tout ; ce ne sont pas ces questions d'histoire que nous voulons traiter ici. Prenons les choses telles que nous les voyons, et n'expliquons que notre monument. Nous sommes en face d'un théâtre dont le mur de façade est au moins aussi haut que le palais Ricardi ou le palais Strozzi à Florence, et qui n'est guère moins long que le palais Pitti. Si nous allons chercher si loin nos termes de comparaison, c'est que nous ne connaissons pas de monuments qui, abstraction faite des détails, donnent mieux l'idée du théâtre d'Orange que ces grands palais florentins. Là aussi tout est sacrifié à la fierté, à la grandeur des lignes. Ils ont cet aspect rude, imposant, formidable, qui vous frappe à Orange, lorsque vous débouchez sur la place du théâtre. Pour prendre un autre exemple plus proche et plus connu, cette façade est une fois et demie[1] plus longue que l'arc de l'Étoile à Paris, et s'élève presque au niveau de la grande corniche qui supporte l'attique si lourdement ajouté à ce massif monument. Elle a donc plus de deux fois la hauteur des plus hautes maisons de Paris[2].

Était-il nécessaire qu'elle fût aussi gigantesque, et tous les théâtres antiques avaient-ils extérieurement cette tournure de forteresse ? Deux choses devaient modifier sensiblement et la sévérité et même la hauteur du théâtre d'Orange : d'abord

---

[1] Pour plus d'exactitude, il faudrait dire *une fois et un tiers*. L'arc de l'Étoile a 44^m,80 de longueur, et le théâtre d'Orange 103^m,45.

[2] Sa hauteur est de 36 mètres.

il était précédé par un portique ou promenoir qui masquait tout le premier rang d'arcades et coupait par une forte saillie horizontale les lignes verticales de la façade. Ce portique, selon toute apparence, se continuait, à angles droits, sur les quatre côtés d'une vaste place, et formait un forum. On n'apercevait donc le théâtre que par-dessus toutes ces colonnades ; il les dominait avec majesté sans paraître les écraser. En second lieu tout semble démontrer, et M. Caristie en donne d'évidentes preuves, que les assises supérieures et la dernière corniche de cette façade ont dû être ajoutées après coup. Cette surélévation sera devenue nécessaire lorsque, par un raffinement dont la date ne saurait être exactement connue, on aura pris l'envie de garantir les acteurs contre la pluie et le soleil par un abri permanent, c'est-à-dire par un toit, tandis que, dans la construction primitive, ils ne devaient être protégés, comme les spectateurs, que par un simple *velarium*.

L'existence de ce toit jeté sur le *proscenium* d'Orange est attestée par les parois des murailles latérales qui en portent encore la trace parfaitement visible, de même que la ligne du toit du portique est imprimée, pour ainsi dire, sur les pierres de la grande façade. Les anciens étaient-ils donc dans l'usage de construire sur la scène de leurs théâtres une couverture à demeure ? Vitruve n'en fait pas mention : c'est une question qu'aucun texte n'a résolue jusqu'ici et qu'on ne peut éclaircir par l'étude comparée des monuments, puisque le petit nombre de théâtres où par exception le *proscenium* s'est conservé, tels que ceux de Pompéi, d'Herculanum, d'Æizani, de Taormina, ne s'élèvent au-dessus du sol qu'à moitié tout au plus de leur ancienne hauteur. Or ce sont les parties supérieures qu'il s'agirait ici d'interroger. Seul le théâtre d'Orange est donc en mesure de nous répondre, seul il nous montre l'élévation complète d'un *proscenium*, et cet exemple unique constate qu'un toit a existé.

Quelque précieux que soit cet exemple, il ne faut l'invoquer qu'avec circonspection. Ne serait-ce pas une exception plutôt qu'une règle, puisque le toit dont il s'agit paraît n'avoir été conçu et exécuté que postérieurement à la construction primitive ? Selon toute apparence, dans les climats les plus favorisés, en Grèce, en Asie et même en Italie, l'idée n'était pas venue de compliquer la construction du *proscenium* par l'établissement d'un toit. En Gaule même, on avait d'abord importé purement et simplement l'usage méridional, jusqu'à ce que l'inconstance des saisons fût venue commander des précautions particulières et imposer un perfectionnement qui n'était pas d'exécution facile eu égard à la dimension de l'édifice et à l'état des arts mécaniques chez les anciens.

M. Caristie, sans se perdre en vaines conjectures, sans agiter la question de savoir s'il a existé hors des Gaules des théâtres dont la scène fût couverte, s'attache seulement au monument qu'il étudie; il y voit la trace d'un toit, et aussitôt il cherche à se rendre compte de l'effet que ce toit devait produire, des moyens mis en usage pour l'établir et le consolider, et à quelles conditions il pouvait garantir la scène sans que, d'aucun point de la salle et sur aucun rang de gradins, la vue du théâtre en fût interceptée. Cette question de la couverture du *proscenium* lui inspire une dissertation pleine d'intérêt et très-concluante, à notre avis. Non-seulement il expose ses conjectures, mais il les réalise dans une restauration graphique où sont indiqués tous les détails de la charpente qui composait le toit, le revêtement présumé de cette charpente et l'effet général de la scène surmontée de cette espèce de grand auvent sans supports apparents du côté du public, et ne prenant ses points d'appui que sur le mur du *postscenium* et contre les deux murs latéraux du *parascenium*. Les eaux se dirigeaient contre le parement intérieur du grand mur de façade ; là elles s'échappaient par une foule de petites ouvertures encore existantes, pratiquées à travers les pierres d'un gros bandeau saillant, faisant office de pouttière. Il neige rarement à Orange ; sans cela cette combinaison aurait pu donner lieu à de graves inconvénients ; on ne conçoit même pas comment les pluies torrentielles du Midi pouvaient s'épancher assez rapidement d'un toit dirigé de la sorte et aboutissant à une muraille.

De nos jours on eût probablement cherché quelque autre procédé. Ces charpentes en fer, avec lesquelles nous suspendons sur nos halles ou sur nos gares de chemins de fer des berceaux si hardis et de si grande portée, auraient permis de jeter sur cet immense vide du *proscenium* comme une arche de pont recouverte en feuilles métalliques, et s'acculant, de chaque côté, aux massifs du *parascenium*. De cette façon le toit aurait eu deux pentes, les eaux se seraient divisées et auraient abouti à deux chéneaux très courts, pouvant par conséquent être très-inclinés et débiter en un clin d'œil de grandes masses d'eau par deux fortes gargouilles. Ces ressources de la métallurgie moderne qui, pour nous-mêmes, sont encore d'un usage si récent, manquaient complétement aux anciens, bien qu'à d'autres égards ils fussent profondément versés dans l'art de manier les métaux. Ils faisaient en ce genre des tours de force qui nous confondent d'étonnement. Ils ont couvert des rotondes colossales et d'autres grands vaisseaux sans points d'appui visibles, grâce à des artifices soit de maçonnerie, soit de charpente, qui seraient aujourd'hui ruineux ou impossibles. Ainsi, pour établir ce toit du *proscenium* d'Orange, ils n'avaient rien épargné. Il fallait l'élever à plus de 30 mètres du sol afin que, des gradins les plus hauts, la vue plongeât jusqu'au fond de la scène. Dès lors on ne pouvait songer à aucune espèce de support vertical : des colonnes, même corinthiennes ou composites, hautes de 30 mètres, auraient, par leur diamètre, encombré tout le devant de la scène; et les fuseaux gothiques eux-mêmes, eussent-ils été inventés, n'auraient pu être admis, puisqu'il fallait, avant tout, éviter les obstacles, si minimes qu'ils pussent être, entre la scène et les spectateurs. Force était donc de fabriquer une charpente d'un genre tout particulier, sorte de grand levier qui pût tenir le toit pour ainsi dire en suspension. Cette charpente consistait en vingt fermes disposées et inclinées à peu près comme ces grues à large base et à col allongé, avec lesquelles on charge et décharge les navires. Les fermes avaient le pied encastré dans la maçonnerie du grand mur de façade, passaient au-dessus du mur de scène arasé à cet effet selon l'inclinaison que devait avoir le toit, s'appuyaient sur ce mur comme sur un chevalet et se prolongeaient ensuite dans le vide, de manière à couvrir toute la superficie de la scène, jusqu'à l'orchestre. Pour que cette combinaison fût d'une solidité à toute épreuve, il ne suffisait pas qu'on eût composé chaque ferme d'énormes madriers fortement reliés et assemblés, et que le mur de scène offrît un point d'appui inébranlable, il fallait que ces madriers rencontrassent à leur base dans le mur de façade une invincible résistance; or c'était pour obtenir ce résultat, pour charger le pied des fermes d'un poids supérieur au fardeau qu'elles devaient porter, que le mur de façade, déjà d'une belle hauteur dans l'origine, avait dû être surélevé de plusieurs mètres lors de l'établissement du toit. Grâce à cette surélévation, on peut dire que chaque ferme était comme emboîtée dans une sorte de rocher factice. Aussi jamais ce toit ne serait tombé de lui-même, le feu seul était à redouter pour lui, et c'est en effet le feu qui l'a détruit; à la couleur rougeâtre et à l'aspect calciné des pierres auxquelles il était adossé on voit qu'elles ont dû subir l'action d'un violent incendie.

Ces vingt niches colossales au sommet de cette haute muraille étonnent tout d'abord, quand on visite ces ruines. On se demande à quoi pouvaient servir ces grands enfoncements, et quelles statues on pouvait y cacher. Puis, quand on a compris l'énigme, quand on voit quelle masse de charpente était logée dans ces creux pour soutenir une toiture très-longue, à la vérité, mais très-étroite, on trouve un peu démesurée la dépense de forces pour le résultat obtenu. C'est une vraie machine de Marly, qu'une charpente ainsi conçue. Toutefois, il faut y regarder à deux fois avant de condamner une œuvre des anciens; ils prennent des précautions et pensent à des choses qui souvent nous échappent. Ce système de grues se prêtait seul à un toit ainsi relevé; et qui sait si cette forme de visière renversée n'était pas plus favorable à la voix, et ne renvoyait pas plus vivement le son à ces gradins supérieurs, si éloignés de la scène, qu'un cintre dans le genre de ceux qui couronnent nos théâtres modernes ?

Nous ne nous sommes arrêté à cette question de couverture, que parce qu'elle est particulière au théâtre d'Orange, et lui appartient pour ainsi dire en propre ; mais combien de problèmes d'un intérêt plus général viennent nous assaillir à l'aspect d'un *proscenium* antique ! Les différences fondamentales qui nous séparent des anciens, les disparates des deux civilisations, des deux littératures, des deux théâtres, se montrent là plus au vif et en traits plus saisissants que dans les œuvres mêmes des poëtes dramatiques, mieux conservées pourtant que la plupart de ces ruines. En lisant un chef-d'œuvre, on oublie malgré soi, on n'a pas besoin de savoir dans quelles conditions il était récité ; à quelle distance du public, dans quel espace, devant quel genre de décorations les acteurs remplissaient leurs rôles. Ces circonstances matérielles s'effacent, à la lecture, devant le pur attrait de la poésie, devant ces beautés éternelles qui appartiennent à tous les temps, que sentent tous les cœurs, que comprennent tous les esprits, qui n'ont, pour ainsi dire, ni costume, ni date, ni patrie. Mais, si vous mettez le pied sur le sol même où ces vers ont jadis retenti, non plus comme œuvre d'art abstraite, mais comme partie intégrante d'une action dramatique soumise à certaines lois, ces lois, ces conditions, ces accessoires de la pensée du poëte, vous apparaissent et s'emparent de vous. Ce qui, tout à l'heure, n'était qu'au second plan, passe maintenant au premier ; ce ne sont plus les côtés analogues et presque identiques des deux systèmes dramatiques qui vous charment et vous attirent, vous êtes frappé surtout des différences.

Rien, dans un théâtre antique, ne contrarie autant nos idées et nos habitudes que la forme de la scène. Elle était, comme on sait, prodigieusement large par rapport à sa profondeur. Au théâtre d'Orange cette largeur est de 66 mètres environ, et la profondeur de 12. La même différence existe, à peu de chose près, partout où le *proscenium* est assez conservé pour qu'on puisse le mesurer. Ainsi la règle antique était de faire la scène de cinq à six fois plus large que profonde, chez nous, il n'est pas un théâtre dont la scène ne soit au moins deux fois plus profonde que large, et cette proportion est souvent dépassée.

Voilà une différence radicale, qui ne pouvait manquer d'avoir des conséquences. Cette manière diamétralement opposée de concevoir la structure de la scène devait se reproduire dans l'action dramatique elle-même et dans le mode de représentation. Pour bien se figurer ce qu'était la scène chez les anciens, on n'a qu'à regarder ce qu'il en reste chez nous, lorsque la toile est baissée. L'espace compris entre la rampe et le rideau d'une part, et de l'autre entre les loges d'avant-scène, voilà, toute proportion gardée, ce qui correspond à la totalité d'un *proscenium* antique.

Dès lors, il va sans dire que tout effet de perspective, non-seulement dans les décorations, mais dans la position des acteurs et des choristes, devenait impossible. Chez nous, la mise en scène est toujours calculée dans le sens de la profondeur, elle veut être vue de face; chez les anciens, elle procédait dans le sens opposé, et, par conséquent, de profil. Nous cherchons à montrer les choses en ronde bosse, pour ainsi dire;

les anciens les faisaient voir comme en bas-relief, se conformant au peu de profondeur et à la forme allongée de l'espace où ils agissaient. Lorsque plusieurs acteurs sont réunis sur nos théâtres, il y en a toujours quelques-uns légèrement en arrière des autres ; ils s'étudient à former des plans distincts, et, si les chœurs sont nombreux, ils se divisent en groupes, s'échelonnant et se multipliant aux yeux des spectateurs par une sorte d'effet de raccourci. Ces raffinements artificiels étaient interdits aux anciens. La scène tout entière s'étalait sous les yeux du public ; elle était sans mystère pour lui ; il en voyait le fond à quelques pas au delà de l'orchestre ; il distinguait tous les choristes et les passait en revue un à un. On ne pouvait donc le tromper ; on n'était pas en mesure de lui faire croire, soit à une profondeur illimitée des lieux où se passait l'action, soit à un nombre de personnages plus grand qu'il n'était en effet. Les décors, dans ce genre de théâtre, étaient employés plutôt à titre de renseignements que comme moyens d'imitation. Au lieu de poser une affiche, un écriteau disant : ici est un palais, un temple, une place publique, nous sommes sur le mont Cithéron, ou sous les murs de Thèbes, on ajustait sur le *proscenium*, à certaines places convenues, des toiles sur châssis, de véritables décorations, très-habilement peintes, mais tout autrement combinées que nos décorations modernes, et n'ayant assurément pas la prétention de transporter magiquement le spectateur devant les lieux eux-mêmes qu'on voulait figurer. Quant aux effets de scène, du moment qu'ils ne pouvaient être que parallèles et non perpendiculaires à l'orchestre, ils ne consistaient guère que dans les évolutions du chœur, sortes de processions ou cortéges qui défilaient sur la scène de droite à gauche ou de gauche à droite, descendaient quelquefois dans l'orchestre, et, après y avoir serpenté, remontaient gravement à leur place. Ces promenades, entremêlées de danses et de chant, étaient de vraies cérémonies d'origine religieuse; elles n'avaient pas le caractère que nous appelons aujourd'hui théâtral : ce n'étaient pas des simulacres, c'étaient des réalités. En un mot, le principe de la mise en scène est chez nous l'illusion; chez les anciens c'était la convention; on n'y simulait pas la vie réelle; le public acceptait qu'on lui représentât les choses suivant un certain rite convenu.

Faute de réfléchir à toutes ces conséquences de la configuration du *proscenium* antique, on pourrait, en lisant Vitruve, commettre une méprise et attacher un sens moderne aux décorations dont il parle à deux endroits de son V[e] livre [1]. On est d'abord tenté de voir, dans les *trigones*, des coulisses à trois faces tournant sur pivots, comme il en existe dans quelques-uns de nos théâtres qui n'ont pas de *dessous* profonds, et qui veulent exécuter des changements à vue. Mais Vitruve lui-même a soin de nous détromper en indiquant quelle place occupaient ces machines et quel en était le nombre. Il y en avait trois en tout dans chaque théâtre, et elles étaient posées dans le fond, ou, pour mieux dire, en dehors de la scène, un peu en arrière de chacune des trois portes qui, en vertu d'une règle invariable, fidèlement observée au théâtre d'Orange, devaient être percées, au fond du *proscenium*, dans la grande muraille faisant face aux spectateurs. Bien que

---

[1] Chap. vii et viii.

monumentales et de dimensions plus qu'ordinaires, ces trois portes, relativement à l'immensité du mur de scène, ne paraissaient pas grandes, et c'était seulement par ces trois ouvertures qu'on entrevoyait les trigones. Les peintures fixées sur ces machines étaient d'un caractère différent sur chacune de leurs trois faces, et, lorsque l'action comportait quelque métamorphose, l'apparition subite d'une divinité, ou tout autre changement instantané, les trigones tournaient, et un aspect nouveau se découvrait aux spectateurs à travers l'ouverture des trois portes.

Ainsi, chez les anciens, les décorations, à vrai dire, étaient reléguées hors de la scène, sur la limite du *proscenium* et du *postscenium*, dans cette partie du théâtre où se place aujourd'hui l'acteur qui parle à *la cantonade*. On ne les admettait pas sur la scène elle-même. La scène était un lieu banal, un terrain neutre, sans caractère déterminé, une sorte de parloir public où les acteurs, armés de porte-voix sous forme de masque, récitaient et jouaient leurs rôles. Elle était richement ornée, mais sa décoration était réelle et non pas simulée, sans toiles ni peintures, décoration de marbre, de bronze, de statues, de colonnes, indépendante de l'action, fixe et toujours la même aussi bien pour la tragédie que pour la comédie ou pour la pastorale. C'est là une particularité qui n'est ni moins notable ni moins contraire à nos habitudes modernes que la configuration large et sans profondeur du *proscenium*. On peut même dire qu'elle caractérise encore plus fortement et met en plus grande évidence ce que nous avons appelé la base conventionnelle, ou, si l'on veut, le principe idéal de l'art dramatique des anciens. Chez nous, les murs de scène sont destinés à n'être jamais vus : ils sont hideux, malpropres, à peine crépis; qu'importe? l'illusion va les rendre beaux ; des toiles, des châssis en feront des palais, des sites enchanteurs. Chez les anciens, c'est le contraire. Qui songerait à cacher ces murailles? N'est-ce pas sur elles qu'est concentrée toute la richesse, toute l'élégance, toute la perfection architecturale du monument? Le *proscenium* est à la fois un palais, un temple et un musée. Séjour splendide de la poésie, sa parure est inaltérable. Quoiqu'il arrive, quels que soient les péripéties, les accidents du drame, rien ne change, rien ne renouvelle cette décoration. Le public l'accepte ainsi, c'est chose convenue entre le poëte et lui. Pourvu qu'on lui fasse voir, à travers ces trois portes ouvertes, les trigones indicateurs, *rationes explicatas*, comme dit Vitruve, pourvu qu'en un coup d'œil il ait compris de quel genre est la pièce, tragique, comique ou satirique, et qu'il sache à peu près en quel pays on le transporte, il n'en demande pas davantage ; il a la dose d'illusion qu'il lui faut, et se livre sans résistance et sans raisonnement aux fictions qui se jouent devant lui, s'y associant par la pensée avec autant de foi et d'abandon que s'il était séduit par un trompe-l'œil matériel.

Plus les peuples ont d'imagination et de fraîcheur d'esprit, moins ils demandent à leur théâtre un système de décors rigoureusement imitatifs. Voyez les enfants ! Ils se figurent ce qu'ils veulent voir; ils transforment tout à plaisir ; un bâton sur l'épaule, et les voilà soldats; un bâton qu'ils enfourchent, les voilà cavaliers; ainsi des peuples jeunes, ils ont les yeux dociles et complaisants. Pour se passer de nos décors modernes, il faut ou la jeunesse, ou le raffinement de l'esprit.

Dans nos salons, dans nos châteaux, on joue la comédie, on la joue sans coulisses et sans toile de fond ; un simple paravent fait l'affaire. C'était un paravent de marbre que la décoration du *proscenium* antique.

Est-il besoin d'insister plus longtemps pour démontrer à nos lecteurs en quelle estime il faut tenir et les magnifiques restes du théâtre d'Orange, et l'ouvrage de M. Caristie qui les reproduit si bien. Les questions qui naissent de ces ruines ne pouvaient être ici qu'à peine effleurées par nous : elles demanderaient une étude plus complète et plus approfondie. L'observation archéologique, en s'associant soit à l'histoire, soit à la critique littéraire, peut rendre, de nos jours, des services inattendus. Elle peut exhumer des jalons dont l'autorité évidente redresse les erreurs les mieux accréditées. Parmi les questions qu'elle a mission de rajeunir ainsi, il n'en est pas de plus féconde que celle du théâtre et surtout de la scène antique. Nulle part, nous le répétons, on ne saisit aussi bien sur le fait l'esprit et les différences des temps modernes et de l'antiquité. Déjà, sur ce sujet si peu connu, nous avons vu, depuis douze ou quinze ans, entreprendre d'importants travaux, des recherches habiles, particulièrement en Allemagne et en Angleterre. M. Strack à Berlin[1], M. Fred. Wieseler à Göttingue, MM. Charles Barrys et Falkener, à Londres, les uns au point de vue théorique, les autres dans de simples notes et croquis de voyage, ont passé en revue la plu-

---

[1] *Das altgriechische Theatergebäude nach sämmtlichen bekannten überresten dargestellt auf neun Tafeln*, von J. H. Strack. Potsdam, 1843, in-folio.

part des théâtres dont il subsiste quelque trace[1]. Après tous ces ouvrages d'un intérêt général, on aime à pénétrer dans la monographie de M. Caristie. Il y a sans doute un grand profit et de vives lumières à comparer beaucoup de monuments, mais les patientes investigations circonscrites sur un seul point ne font pas moins avancer la science.

Presque tous nos voisins, par un attrait bien naturel, s'attachent de préférence aux monuments de Grèce, de Sicile ou d'Ionie. C'est là qu'est la vraie source de la poésie théâtrale, c'est là qu'ils vont chercher l'idée mère du théâtre. Rome, de son propre aveu, n'avait ni le génie dramatique, ni le goût des représentations littéraires; il lui fallait des jeux moins délicats. Aussi les théâtres romains, bien que copiés ou peu s'en faut sur les théâtres grecs, et ne se permettant que des modifications architecturales à peine appréciables, semblent, il faut le reconnaître, avoir perdu quelque chose de leur valeur intellectuelle et poétique; on les dirait sans vie, sans âme, sans esprit; ils ont l'air de ce qu'ils sont, de copies. Il ne faut donc pas s'étonner de la prédilection tout hellénique des érudits d'Allemagne et d'Angleterre. Nous nous permettons néanmoins de leur recommander notre théâtre, quoique romain et même provincial. Une conservation si prodigieuse, des dimensions si colossales, rachètent largement, ce nous semble, son péché d'origine. On peut nous l'envier,

---

[1] Nous ne devons pas oublier qu'en France non-seulement Mazois, dans ses *Études sur Pompéi*, mais Abel Blouet, comme membre de la commission scientifique de Morée, et M. Texier, dans ses *Études sur l'Asie Mineure*, ont relevé et dessiné un grand nombre de théâtres antiques, et contribué, pour leur part, à en faciliter l'étude.

mais non lui refuser d'être le type le plus rare, le plus précieux, le plus complet, que puisse, en aucun pays, consulter l'archéologue ou l'architecte jaloux d'étudier à fond un *proscenium* antique. Nous ne répondons pas que le plancher de cette scène n'ait jamais été profané, que les échos de ces murailles n'aient jamais répété que des vers de Plaute et de Térence, ou seulement de Sénèque le Tragique. Si, même à Rome, et dans le siècle d'or, Horace était forcé de confesser que, pour faire accepter à ses compatriotes deux actes de poésie, il fallait leur donner comme intermède nécessaire, comme récréation obligée, ou la danse de l'ours ou des combats à coups de poing,

..... Media inter carmina poscunt
Aut ursum, aut pugiles [1].....

combien, dès le deuxième et jusqu'au cinquième siècle, combien de bateleurs et d'ignobles parades n'aura pas vue cette scène d'Orange! sans compter qu'elle était destinée plus tard à bien d'autres profanations. Lorsque Millin la visitait, en 1807, il ne trouvait pas d'expression pour peindre son indignation à la vue de ces belles ruines transformées en infecte prison. Les immondices versées par les prisonniers formaient, le long des pierres, des sillons dégoûtants, et, dans l'intérieur même de la scène, dans l'orchestre et jusque sur les gradins, on voyait des amas de maisons, d'étables, d'écuries, plus repoussantes les unes que les autres, vrais bouges où croupissait

[1] Epistolarum lib. II, epist. 1, v. 186.

toute une population au milieu des bestiaux, des porcs et du fumier.

Chose étrange! c'est pourtant ce cloaque qui a sauvé ces nobles murailles. Inhabitées pendant douze siècles, elles se seraient écroulées; ni la solidité de l'appareil, ni la grandeur des matériaux ne les auraient préservées; elles seraient devenues une carrière de pierres à l'usage de tous les habitants de la ville et des environs. En s'emparant, comme d'un rempart tout fait, de l'enceinte et des murs du théâtre, en y plantant ses huttes, cette colonie déguenillée l'a prise sous sa garde. Tristes défenseurs, il est vrai, qui creusaient et taillaient dans ces voûtes chacun à qui mieux mieux. Mais, s'ils ont dégradé le monument en détail, ils l'ont conservé dans sa masse, en lui donnant un caractère d'utilité, en le faisant respecter à titre de propriétaires. C'est à ce même genre d'usurpation et de protection que nous devons le salut et de nos arènes d'Arles et de Nîmes et de l'arc d'Orange lui-même. Si Raymond de Baux n'avait pas eu l'idée de hisser sur ces trois arcades les créneaux de sa forteresse, il n'en resterait plus trace aujourd'hui.

Grâce à Dieu nous donnons maintenant à nos antiquités nationales un autre genre de sauvegarde. C'est en les dégageant que nous les protégeons, en les garantissant de tout contact profane et imprudent, en pansant leurs blessures, puis en les confiant à la protection de la loi et de la vénération publique. Elles parviendront ainsi, espérons-le, jusqu'au plus lointain avenir.

Nous sera-t-il permis de rappeler, en terminant, qu'il y a vingt-quatre ans, en 1839, les trois plus beaux peut-être de ces débris d'architecture antique qui font la gloire de nos départements du Midi, le théâtre et l'amphithéâtre d'Arles, et le théâtre d'Orange, étaient encore couverts et encombrés de ces ignobles masures, de ces populations parasites dont Millin demandait à grands cris l'expulsion, il y a tout à l'heure soixante ans. Ce n'était pas œuvre facile que de s'en débarrasser. Les acquisitions amiables se succédaient si lentement, et les prétentions des vendeurs faisaient de tels progrès, qu'on suivant cette voie, à peine aurait-on pu tout expulser au bout d'un siècle ; un déblayement complet passait presque pour une utopie. Grâce à une heureuse application du principe de l'expropriation pour cause d'utilité publique, application la plus légitime à coup sûr qui se puisse imaginer, en peu d'années, dès avant 1848, tout était balayé, tout avait disparu : ces vieux murs romains revoyaient enfin la lumière et pouvaient être étudiés librement.

Cet inappréciable service rendu à la science, on le devait d'abord à la sollicitude d'une administration qui comprenait le prix de tels trésors et qui avait eu le bon esprit d'en commettre la garde, et, pour ainsi dire, la gestion, à une réunion d'hommes compétents, à une commission régulièrement consultée, et, ce qui est assurément plus rare, écoutée avec la confiance la plus constante et la plus absolue. M. Caristie était un de ces hommes. Comme membre de cette commission des monuments historiques, il eut la satisfaction de contribuer plus que personne, par ses avis, par ses rapports, par d'actives inspections, au déblayement d'abord, puis à la consolidation de ce *proscenium* d'Orange, sujet constant de ses études et de ses admirations depuis près de quarante années.

Il ne lui restait plus, au terme de sa carrière, qu'à élever lui-même son monument, en rassemblant et en sauvant de l'oubli les croquis, les dessins, les souvenirs de sa jeunesse. Ce bonheur lui a été donné ; il a pu mettre la dernière main à ce bel et consciencieux ouvrage qui résume sa modeste vie, et qui assure à sa mémoire un vrai titre d'honneur.

VIII

LES MOSAÏQUES CHRÉTIENNES
DE ROME

COUP D'ŒIL

SUR LES ORIGINES DE L'ART MODERNE

I

ÉTAT DE L'ART AU QUATRIÈME SIÈCLE

Pour qui veut s'initier soit aux secrets de l'archéologie chrétienne, soit à l'histoire de l'art moderne pris à son origine et dans son vrai berceau, il n'est point de guide plus sûr, point de meilleur texte à consulter, que les mosaïques encore en partie conservées dans quelques églises d'Italie. On en voit à Ravenne, à Venise, à Florence, à Milan, à Palerme; on en voit notamment à Rome. Plus de trente églises romaines possèdent des parois entières de ces précieux revêtements. Sans être exemptes de restaurations partielles qui les altèrent sur quelques points, les mosaïques de Rome sont presque toutes en état de conservation, d'une authenticité hors de doute ; et, comme le hasard a permis que les églises dont elles couvrent en partie les murailles aient été bâties et décorées à des siècles divers, nous avons là, d'âge en âge, pendant près d'un millier d'années, une suite à peine interrompue d'inappréciables documents.

Peu de gens cependant, peu d'artistes surtout, ont, jusqu'ici, donné grande attention à ces sortes de peintures. Il y a tant de choses à Rome qui parlent à l'esprit tout en charmant les yeux, qu'on ne s'arrête guère devant ces œuvres un peu rudes, souvent presque barbares, bien que toujours grandioses, et même belles quelquefois, au moins de style et de sentiment. Ces œuvres-là ne semblent faites que pour l'usage des savants, et en effet les savants seuls en ont jusqu'ici tenu compte, ceux-là surtout qui de tout temps ont cultivé avec le plus d'ardeur l'archéologie chrétienne, les savants italiens. Bosio, Boldetti, Aringhi, et, plus que tous les autres, Ciampini, ont décrit et commenté un certain nombre de ces mosaïques, sans autre dessein toutefois que d'en expliquer le sens, d'en dévoiler les mystères symboliques et d'en déterminer la date et l'origine soit au moyen de documents écrits, soit à l'aide des traditions. S'ils en ont reproduit quelques-unes par la gravure, ce n'est assurément pas pour en faire apprécier le dessin et le caractère, tant leurs planches sont peu fidèles. On peut dire que la gravure n'a pour eux d'autre but que d'indiquer sommairement l'ordonnance de la composition, le nombre des personnages, leur pose respective, leurs gestes principaux, et de faciliter ainsi l'intelligence du texte par un moyen plus sûr et plus commode que s'ils employaient de simples lettres, ou d'autres signes de convention. Ainsi, bien que gravées et publiées plusieurs fois depuis deux ou trois siècles, ces mosaïques sont à peine connues, ou, du moins, elles offrent un champ d'étude absolument nouveau, dès qu'il s'agit d'y voir ce que, pour notre part, nous y voulons chercher, non plus des notions sur les mœurs, le costume, les usages, les rites des chrétiens primitifs, mais un chapitre d'histoire de l'art, l'état du goût, le caractère du style et du dessin à Rome et dans l'Occident, depuis l'émancipation des croyances chrétiennes, pendant et après le règne de l'empereur Constantin.

A quoi bon, dira-t-on? Qu'importe l'état du goût en pleine décadence? N'est-il pas reconnu que, dès le début du quatrième siècle, et à plus forte raison, après l'édit de Milan, tout était mort en Italie dans les arts du dessin? N'est-ce pas l'opinion de Ciampini et des principaux maîtres de l'érudition italienne? N'ont-ils pas démontré que l'art antique, qui de Trajan aux Antonins avait déjà fait une si prompte chute, et qui n'avait cessé d'aller s'abaissant toujours pendant le troisième siècle, était, sous Constantin, réduit à un tel degré d'impuissance, que les barbares eux-mêmes n'avaient plus rien à faire pour en consommer la ruine, et que, même au contact du christianisme affranchi, cet art éteint et moribond n'avait pu ni se régénérer, ni seulement recouvrer quelques instants de vie, quelques heures de jeunesse?

Telle est, nous le savons, l'opinion reçue ; mais cet arrêt de la critique, bien que non contredit, est-il définitif? Sur quoi repose-t-il? Comme tout arrêt de ce genre, sur l'examen des monuments : or peut-on se fier en aveugle à la manière dont Ciampini et son école jugent et classent les monuments? C'est là précisément ce qui est pour nous en question.

Un fait considérable est, ce nous semble, de nature à justifier nos doutes. Depuis qu'on peut descendre et circuler, sinon librement et sans guide, du moins fort à son aise, dans les immenses nécropoles creusées autour de Rome à quelques milles à la ronde, dans ces interminables corridors dont l'accès, il y a douze ou quinze ans, était encore presque interdit, ou qui n'étaient visibles que par grande exception, et seulement dans un certain parcours, toujours le même; depuis que les peintures dont le tuf de ces voûtes est çà et là couvert, peuvent être vues directement et non plus au travers des informes dessins donnés par Bosio et par ses successeurs, une lumière nouvelle a éclairé la critique. Ces œuvres décoratives, faites à main levée, en cachette, avec précipitation, et bien plus par de pieux motifs que par amour du beau, révèlent néanmoins aux yeux les plus rebelles et en dépit de négligences et d'incorrections étranges, je ne sais quoi d'animé, de jeune, de fécond, et, pour tout dire, une transformation véritable de ce même art qui, au service du paganisme, semblait alors, nous en sommes d'accord, mourir d'épuisement. Voilà donc une preuve tardive, inattendue, mais désormais acquise, qui paraît ébranler le système adopté jusqu'ici.

Quand ces faits seront mieux connus, il ne sera plus permis de dire que le christianisme naissant n'a exercé aucune action visible sur l'art romain en décadence, et ne lui a pas rendu, au moins pour quelque temps, une certaine ardeur de jeunesse. N'insistons pas en ce moment : nous parlerons quelque jour, comme il convient, plus en détail, de ces secrets des catacombes ; nous parcourrons ces galeries, ces chambres sépulcrales, et mettrons en regard les peintures qui s'y voient à la lueur des flambeaux et les œuvres des autres arts qui, vers le même temps, prenaient naissance au grand jour dans les cirques, dans les théâtres, dans les palais des Césars. On sera surpris du contraste : pendant qu'au-dessus du sol tout s'alourdit, tout se matérialise, tout, dans la ville souterraine prend un air svelte et dégagé, tout semble respirer une nouvelle vie. C'est bien le même style, mais c'est un autre esprit, et un esprit qui donne au style luimême quelque chose de hardi, de souple, d'élancé. Ces ornements, ces arabesques, ces compartiments symétriques, ces capricieux enroulements, ces fantaisies, ces paysages que vous avez vus à Pompéi, vous les retrouvez là rajeunis, transformés, plus délicats, plus onctueux, sacrifiant moins à la routine et plus au sentiment. Mais c'est surtout l'expression des visages, le jet des draperies, la franchise du geste, qui nous confondent d'étonnement. Pendant que les spirales de la colonne Antonine vont se couvrant de personnages si trapus et si mal drapés, pendant que cette copie du trophée de Trajan accuse, à si court intervalle, un si profond oubli des traditions du premier siècle, vous avez devant vous dans ces modestes chapelles, dans ces humbles *arcosalia*, des draperies et des figures qui, d'un bond, vous transportent, par la naïveté et la grandeur des formes, jusqu'aux traditions du siècle de Phidias. En un mot, tout dans ces catacombes est franchement antique, et tout pourtant y est chrétien. Cette alliance, qui paraît impossible, pour peu qu'on s'en rapporte aux théories abstraites et aux préjugés d'école, cette fusion intime de l'esprit de l'Évangile et des formes antiques, elle est là sous vos yeux, et le problème est résolu.

Eh bien, si, dans ces temps d'épreuves et de persécution, le christianisme a su tirer de tels secours de l'art romain déjà déchu, s'en faire un interprète aussi docile, un auxiliaire aussi intelligent, s'il a pu l'assouplir, l'épurer, le spiritualiser, devons-nous croire qu'au jour de son triomphe il n'en ait plus rien obtenu, et que l'alliance commencée n'ait pas encore porté tout au moins quelques fruits jusqu'au jour, déjà proche, où les barbares allaient intervenir, tout interrompre, tout briser, et rendre pour longtemps étrangers l'un à l'autre et comme incompatibles en apparence, l'esprit chrétien et l'art de l'antiquité?

On comprend maintenant pourquoi nous nous proposons d'examiner ces mosaïques. Il s'agit de savoir si le réveil ou plutôt la transformation de l'art antique, qui se manifeste dans les catacombes est un fait isolé, sans conséquences extérieures, un fait qui commence et finit dans ces mystérieuses retraites, ou si, au contraire, le christianisme vainqueur, libre enfin de bâtir et d'orner des églises autrement que sous terre, persiste à s'approprier les traditions du style antique, et trouve encore, au moins pour quelque temps, jusqu'à l'approche des barbares et malgré l'abaissement de plus en plus notoire des arts profanes à Rome et dans l'empire, quelques inspirations dignes des catacombes.

Avant d'entrer dans cette question, il faut s'être assuré d'abord si, parmi les mosaïques de Rome qui subsistent encore, il en est qui remontent au quatrième siècle, et qui, par conséquent, nous donnent la mesure du savoir faire de cette époque. C'est là le point à éclaircir avant tout.

Or aucun livre à nous connu n'en fournit le moyen, pas même le travail tout récent fait avec tant de conscience et de soin par un conservateur du musée du Louvre, M. Barbet de Jouy. Nous tenons cet essai en sérieuse estime. C'est un catalogue descriptif, une sorte d'inventaire de toutes les mosaïques chrétiennes de Rome. L'auteur a compris l'importance de ces peintures si peu connues, dont parlent à peine les *guides* et les autres livres accrédités à Rome pour enseigner aux étrangers ce qu'il faut voir, ce qu'il faut négliger ; il s'est imposé la tâche de les étudier une à une, de les classer par ordre chronologique, de les grouper dans un seul cadre, d'en faire, en un mot, pour la première fois, le sujet d'une monographie. On ne peut trop lui savoir gré du service qu'il a rendu ; mais, soit excès de modestie, soit abstention systématique, ses descriptions sont exemptes de toute réflexion, de toute appréciation personnelle ; il écrit ce qu'il voit, pas autre chose, sans en tirer aucune conséquence ; ne hasarde aucun jugement, ne se permet aucune conjecture, s'interdit même les rapprochements et les comparaisons, et laisse au lecteur seul le soin d'interpréter et de conclure. Cette sobriété nous paraît volontaire, car, dans l'introduction qui précède le livre, on voit que l'auteur, quand il le veut, sait parler des questions d'art et d'histoire avec autant de savoir que de goût. Nous ne discutons pas sa méthode, nous constatons seulement qu'elle l'entraîne d'abord à n'émettre aucune opinion sur la valeur relative des mosaïques qu'il décrit et à ne les distinguer entre elles que par les dates qu'il leur assigne, puis, au sujet même de ces dates, à s'abstenir de tout contrôle, de toute initiative, et à se contenter des classements consacrés. De là vient que, pour déterminer quelle est la part du quatrième siècle dans cet ensemble de mosaïques, le travail de M. Barbet de Jouy, si estimable et si récent qu'il soit, ne nous est pas d'autre secours que les anciens travaux des érudits italiens.

Et, en effet, prenons, pour entrer en matière, la première église qui s'offre à la pensée, quand il s'agit du quatrième siècle, la seule où, selon notre auteur, il reste encore des mosaïques de ce temps-là, l'église de Sainte-Constance, sur la voie Nomentane, à un mille environ hors de la *Porta Pia*. Cet édifice circulaire n'est pas d'origine incertaine; c'est, à n'en pas douter, le baptistère de l'église voisine, de l'église de Sainte-Agnès, encore debout à quelques pas plus loin. Anastase nous dit[1] qu'à la prière de sa fille Constance, Constantin fit bâtir une église au-dessus du cimetière souterrain où sainte Agnès avait été ensevelie; puis il ajoute qu'en même temps, et en dehors de l'église, il construisit un baptistère où le pape Sylvestre donna le baptême aux deux Constance, c'est-à-dire à la sœur et à la fille de l'empereur; il va même jusqu'à dire que le baptistère était de forme ronde, à peu près semblable à celui que déjà Constantin avait placé vis-à-vis de Saint-Jean de Latran. Quoi de plus clair que cette indication? Il a fallu, pour s'y méprendre, l'obstination du seizième siècle à voir de l'antique partout. Les savants

---

[1] Au *Livre pontifical*, Vie de saint Sylvestre.

prétendirent alors qu'Anastase avait dû se tromper; que Constantin n'avait pas pu construire cette rotonde élégante; que l'architecture, au quatrième siècle, était bien trop dégénérée; qu'au lieu de bâtir à nouveau il avait pris probablement un bâtiment tout fait, et converti en baptistère un ancien temple païen, voire même un temple de Bacchus, attendu que, sur les voûtes circulaires qui entourent la rotonde, on voit, sinon des Bacchanales, du moins des scènes de vendange représentées en mosaïque.

Cette opinion s'accrédita si bien, que Ciampini, dans son *Histoire des édifices sacrés construits par Constantin*, n'hésite pas à l'adopter, et la soutient à grands renforts d'érudition. Il faut voir que d'arguments il imagine et comme il les développe! Ne voulant pas s'inscrire en faux contre Anastase, il l'interprète à sa façon. Le mot *fabricare*, par exemple, qui semble vouloir dire que Constantin a fait bâtir le baptistère, a, selon Ciampini, un sens tout différent, le même sens que *restaurare*. Ce sont, à l'entendre, deux mots qui, dans la rédaction du Livre pontifical, sont absolument synonymes et sans cesse employés l'un pour l'autre. On voit que rien ne l'embarrasse. Il explique avec la même aisance certains symboles évidemment chrétiens qu'il rencontre dans l'édifice, et, par exemple, de petites croix grecques semées çà et là sur les voûtes, au milieu des pampres et des raisins. Ces croix, pour lui, ne sont pas des croix, mais des emblèmes en usage chez les Égyptiens pour désigner les quatre éléments. Que voulez-vous répondre à de si savantes raisons?

Ce ne sont pourtant pas là ses preuves décisives. L'argument principal, sur lequel il ne tarit pas, c'est le caractère de l'architecture. Plus il regarde l'édifice, moins il se croit le droit d'en faire honneur à Constantin; il n'y voit que des choses incompatibles avec son époque (*quæ ævo Constantini repugnant*). Ce n'est pas seulement l'élégance et surtout la symétrique uniformité des colonnes, la non-diversité des bases et des chapiteaux, qui le confirment dans son opinion, c'est aussi la qualité des mosaïques. Il est d'autant plus frappé de la délicatesse, de la bonne exécution, du dessin presque toujours correct de celles qui tapissent la partie supérieure de la galerie circulaire, qu'un peu plus bas, dans le même édifice, il en voit d'autres d'un caractère et d'un travail entièrement différents.

En effet, deux petites absides, pratiquées dans la paroi extérieure de la rotonde, sont revêtues, comme les voûtes, de peintures en mosaïque. Là, point d'incertitude : les sujets sont chrétiens; la figure principale est le Christ lui-même. Dans l'une des absides, il est représenté assis sur le globe du monde, offrant une clef à saint Pierre, qui, respectueusement incliné, s'avance pour la recevoir; dans l'autre, il est debout entre deux de ses apôtres, auxquels il donne *sa paix* et sa bénédiction. Les deux compositions sont encadrées dans des bordures de fruits et de feuillages artistement groupés, bien dessinés, bien colorés, mosaïques aussi fines pour le moins que celles des voûtes circulaires; tandis que rien n'est plus barbare que les deux compositions elles-mêmes. Le style et le travail en sont également grossiers : défauts de proportions, vulgarité de types, lourdeur de draperies, rien n'y manque. Évidemment on ne peut imputer une telle œuvre qu'à un temps d'extrême décadence, et, par exemple, au septième ou au huitième siècle. Ciampini n'y regarde pas de si près. Il est de cette école qui croit que la barbarie dans les arts n'est pas l'œuvre des barbares seulement, et que le christianisme en est le vrai coupable; qu'en montant sur le trône il a porté le coup mortel au style antique, brisé les dernières traditions du goût, et imposé comme règle son mépris de la forme et son dédain de la beauté. D'où cette conséquence, sur laquelle est fondée toute l'esthétique de la renaissance : que plus l'art se dégage des influences chrétiennes, plus il se régénère, plus il est apte à recouvrer son ancien charme et sa vertu première. On comprend que, sous l'empire de tels préceptes, Ciampini ne songe guère à s'informer s'il peut raisonnablement attribuer au quatrième siècle les mosaïques de ces deux absides. Les sujets sont chrétiens, cela lui suffit; il trouve tout naturel que l'exécution en soit barbare, n'importe à quel degré. Aussi pas d'hésitation : voilà, dit-il, l'œuvre de Constantin. C'est de ces absides qu'Anastase a voulu parler : c'est là ce qu'a *fabriqué* l'empereur; et, quant aux autres mosaïques, puisque le style en est meilleur, elles sont d'un meilleur temps, d'un temps antérieur (*operum varietas temporum diversitatem ostendit*); elles sont donc nécessairement, ainsi que l'édifice lui-même, antérieures à Constantin, et par conséquent païennes.

Si M. Barbet de Jouy ne s'était pas imposé la loi de décrire sans discuter, s'il se permettait çà et là quelques réflexions personnelles, il n'aurait pas accepté sans contrôle cette sentence de Ciampini. Mais il adopte la devise, *Scribitur ad narrandum non ad probandum*, et, pour n'être pas tenté d'entrer en polémique il attribue aux paroles de l'archéologue italien l'autorité de la chose jugée. Voilà pourquoi, dans son premier chapitre, consacré à l'église de Sainte-Constance, il ne parle que des deux mosaïques des absides, et passe entièrement sous silence celles des voûtes circulaires, bien qu'elles soient, à tous égards, dix fois plus dignes d'attention. Son plan le veut ainsi; il sortirait de son sujet, s'il s'occupait de mosaïques qu'il ne croit pas chrétiennes. De cette abstention volontaire résulte, au début de son livre, une lacune regrettable, mais qui, dans une édition nouvelle, disparaîtra, nous en sommes certain. Il ne s'agit pas, en effet, d'un de ces litiges obscurs, inextricables, sur lesquels on est libre de n'avoir pas d'avis. Après les découvertes qui, depuis trente ou quarante ans, ont été faites à Rome, Ciampini reviendrait au monde qu'il serait lui-même forcé de convenir que, dans cette rotonde de Sainte-Constance, tout est chrétien, aussi bien les murailles que les deux sortes de mosaïques dont elles sont revêtues.

Et d'abord, quant aux deux absides, les attribuer au temps de Constantin est d'une impossibilité manifeste, à moins de révoquer en doute les données les plus élémentaires de l'archéologie. Autant vaudrait prétendre que telle peinture de Raphaël est l'œuvre de Cimabué. L'un ne serait pas plus impossible que l'autre. On ne saute pas plus à pieds joints trois siècles de déclin qu'on ne franchit d'un seul bond trois siècles de progrès. La décadence a ses lois et sa chronologie, et la barbarie elle-même a ses degrés et ses nuances. Sans doute il est plus facile, pour juger l'âge des monuments, d'opérer au grand jour, quand l'art est dans son éclat, lorsqu'on a pour jalons des chef-d'œuvre; mais on peut lire aussi dans des temps plus obscurs : c'est une affaire d'habitude; on ne s'y trompe pas, surtout quand il s'agit de comparer des œuvres séparées par un intervalle d'un siècle ou deux pour le moins. Si, dès son premier jour, dès son début officiel, l'art chrétien fût tombé si bas, qu'on pût lui imputer ces deux informes mosaïques, il faudrait en conclure que, dans les siècles suivants, dans le cinquième et le sixième, par exemple, au lieu de continuer à descendre, il se serait régénéré, puisque tout à l'heure ces deux siècles vont nous montrer des types moins grossiers, un dessin moins déchu, un travail moins abâtardi. Aussi n'est-ce guère la peine d'insister sur ce côté de la question; il ne s'agit pas, en vérité, de disculper le quatrième siècle du méfait impossible d'avoir décoré ces absides, le point essentiel est d'établir que les mosaïques des voûtes et l'édifice lui-même lui appartiennent légitimement.

Or, sur ce point aussi, le temps a fait justice des objections de Ciampini. Elles se sont évanouies une à une, à mesure que les fouilles, les recherches, les explorations scientifiques, se sont multipliées à Rome. Devant des faits sans réplique, il a fallu se rendre, et, peu à peu, nous avons vu changer l'âge et le nom de bien des monuments, baptisés un peu à la légère par les savants de la Renaissance. Ces remaniements une fois opérés, certains siècles y ont perdu, d'autres y ont gagné; le quatrième est un de ceux qui ont le mieux soutenu l'épreuve : son crédit s'en est relevé; non que jamais il puisse être autre chose qu'un siècle de décadence; mais on l'avait traité si mal, on l'avait fait tomber si bas, qu'à reprendre son rang il a l'air de grandir.

Pour ne parler d'abord que de l'architecture, c'est presque une amende honorable qu'on a dû faire à Constantin. On lui a restitué, par exemple, l'honneur d'avoir construit cette masse imposante qui, bien qu'aux deux tiers détruite, domine encore la voie Sacrée entre le Colysée et le Forum. Ces trois grandes arcades que surmontent des voûtes à caissons d'une immense portée ont, pendant environ trois siècles, passé pour l'œuvre de Vespasien, et porté le nom de *Temple de la Paix*. Or, il y a trente ou quarante ans, Nibby, sur preuves décisives, démontra que le prétendu temple de la Paix était, à n'en pas douter, la basilique de Constantin, et cette attribution est aujourd'hui incontestée. Elle serait depuis longtemps admise, si, dès l'abord on avait tenu compte de certains signes indicateurs qui trompent rarement. Le mode de la construction, la nature des matériaux, et surtout l'épaisseur des joints, ne permettaient guère de croire que le premier siècle eût vu construire ces murs; et, d'un autre côté, la noblesse du plan et la grandeur des lignes avaient pu, jusqu'à un certain point, autoriser cette méprise honorable pour le quatrième siècle. On voit, par ces ruines grandioses, que ce qui avait surtout dégénéré depuis les Antonins, ce qui s'était alourdi, épaissi, c'était l'exécution, la main-d'œuvre, la technique de l'art, mais qu'il n'en restait pas moins un certain fond encore vivant de grandes traditions, et que toute pensée n'était pas éteinte.

Le même contraste apparaît dans le célèbre arc de triomphe qui porte le nom de Constantin, et qui le porte à bon droit, bien que, dès l'abord, cette dénomination ait failli lui être contestée. Une partie des sculptures de cet arc, et de beaucoup les meilleures, passent, comme on sait, pour provenir d'un autre arc érigé sous Trajan. Or on voulait que l'arc lui-même, l'arc debout aujourd'hui, fût celui de Trajan gâté par Constantin, et non celui de Constantin enrichi des sculptures de Trajan. La raison qu'on faisait valoir était que l'arc actuel, malgré ses nombreux défauts, malgré la médiocrité d'une partie de ses sculptures, avait encore trop grand air, que le galbe en était trop franc, l'effet trop majestueux, pour qu'on osât en faire honneur aux artistes du quatrième siècle. Toujours, comme on voit, même thèse et même parti pris. Aujourd'hui le doute est impossible ; il faut se résigner à croire que l'art, sous Constantin, si maladroit qu'il fût dans le détail, avait encore le sentiment des masses, et savait, par exemple, donner à un arc de triomphe d'heureuses et nobles proportions.

Enfin il est un autre préjugé dont Ciampini ne cherche pas à se défendre, et qui est désormais sans l'ombre de fondement. L'argument favori de notre archéologue, pour refuser d'admettre que la rotonde de Sainte-Constance soit de construction chrétienne, est, comme on vient de le voir, que toutes les colonnes ont la même hauteur, tous les chapiteaux, toutes les bases, les mêmes dimensions et le même dessin ; à l'entendre, le trait caractéristique de l'architecture en usage au temps de Constantin serait cette confusion, ce désordre et cette disparité des supports qu'on remarque en effet dans quelques églises de Rome attribuées à ce prince, notamment à Saint-Laurent *extra muros*. Or cette basilique, le fait est aujourd'hui prouvé, a été reconstruite à neuf sous le pontificat de Pélage II, vers 580, sans compter qu'Honorius III, en 1216, l'a de nouveau amplifiée et bouleversée de fond en comble. Il est donc plus que probable que l'incohérence des colonnes ne provient pas du premier fondateur. Nous ne prétendons pas pour cela que jamais, sous son règne, on ne se soit permis de démolir deux ou trois temples pour en faire une église, et qu'en tirant parti des matériaux on n'ait pas accouplé sous la même architrave des colonnes de style et d'ordre différents. Pour oser affirmer qu'on n'ait jamais commis, au quatrième siècle, ce genre de barbarie, qui devint si fréquent dans les siècles suivants il faudrait oublier qu'à aucune autre époque l'architecture ne fut mise à aussi rude épreuve que dans les années qui suivirent l'édit d'émancipation; que jamais en si peu de temps il ne fallut soit bâtir, soit transformer, convertir, approprier à un nouvel usage un plus grand nombre d'édifices. Ce que Paris a vu tailler de pierres et crépir de moellons depuis quelques années n'est rien en comparaison de la quantité de bâtisses que l'édit de Milan fit sortir subitement de terre dans le monde romain. Il est donc très-possible que çà et là, par exception, on ait alors donné quelques exemples de ces étranges amalgames. Mais faire d'un expédient une règle constante, croire qu'on en ait usé partout, en toute occasion, sous les yeux de l'empereur, dans une construction dédiée à sa fille, et vouloir que la disparité des colonnes soit le signe nécessaire, la condition *sine quà non* de tout édifice construit par ordre de Constantin, c'est une prétention par trop déraisonnable.

On le voit donc, quant à l'architecture, rien ne s'oppose à

ce que la rotonde de Sainte-Constance soit l'œuvre de Constantin. Tout au plus, y aurait-il lieu de s'informer si les colonnes ne sont pas empruntées à quelque édifice antérieur; et nous ne voyons, pour notre part, rien qui nous porte à le croire. Les colonnes de Sainte-Constance se distinguent, il est vrai, par la beauté de la matière : les fûts sont en granit, les chapiteaux en marbre; elles ne manquent donc pas de richesse, mais le style n'en a rien d'assez fin, d'assez pur, pour qu'elles proviennent nécessairement d'un temps plus noble que le quatrième siècle. Nous pourrions même affirmer que ces chapiteaux composites, chargés d'oves, un peu épais et un peu courts, ne doivent guère avoir été sculptés que vers le temps de Constantin. Reste donc à savoir si les mosaïques des voûtes sont d'un travail tellement supérieur, et si les sujets qu'elles représentent sont si évidemment païens, qu'il y ait nécessité de faire rétrograder la construction de l'édifice lui-même.

Or, dans ces mosaïques, la qualité du travail n'a vraiment rien d'extraordinaire. Les cubes sont de dimension moyenne; la taille est sans finesse et sans précision, bien que suffisamment exacte; l'enchâssement aussi laisse quelque chose à désirer. En un mot, ce sont de bonnes mosaïques, purement décoratives, d'un effet harmonieux, agréable, mais, à tout prendre, fort inférieures aux grandes œuvres de cet art, et, par exemple, au célèbre tableau de bataille découvert à Pompéi, et même aux courses de char du musée de Lyon. Ainsi, à ne consulter que le caractère du travail, ce n'est ni au deuxième ni même au troisième siècle, c'est tout au plus au quatrième que ces voûtes ont dû être décorées Quel argument reste-t-il donc pour soutenir qu'elles sont païennes? un seul : la nature du sujet. Ces pampres, ces raisins, ce culte de la vigne, ces charrettes attelées de bœufs portant les charges de vendange, ces hommes nus ou plutôt ces génies foulant les grappes de leurs pieds, et les ruisseaux de vin s'échappant du pressoir; tout cela n'est-il pas bachique? En aucune façon; voyez les catacombes : n'y retrouvez-vous pas ces mêmes pampres et ces mêmes raisins, ces cuviers, ces pressoirs, et ces fouleurs de grappes? La vigne et la vendange n'ont-elles pas un sens symbolique? N'en est-il pas question dans les saintes Écritures, au moins aussi souvent que dans les récits de la fable? Ciampini le reconnaît lui-même : il avoue que Bosio, dans sa Rome souterraine, et Aringhi, le continuateur de Bosio, citent plusieurs exemples de peinture chrétienne dont la vigne est le sujet? D'où vient donc qu'il n'en tient aucun compte? Ce qu'on peut dire à sa décharge, c'est que probablement il n'était pas, de sa personne, descendu dans les catacombes, l'usage de les visiter s'étant peu à peu perdu au temps où il vivait; or, s'il n'a vu que les gravures de Bosio, la similitude évidente entre les peintures qu'elles prétendent reproduire et les mosaïques de Sainte-Constance a très-bien pu lui échapper. Quoi qu'il en soit, cette similitude est hors de doute. Ce n'est pas seulement la même idée, le même symbolisme, ce sont les mêmes ajustements de feuilles et de rinceaux, les mêmes enfants, les mêmes oiseaux groupés dans le feuillage. S'il s'agissait de Bacchanales, si c'était la vigne de Bacchus et non la vigne du Seigneur qu'on eût voulu représenter, la scène serait-elle donc si calme? y verrait-on régner cette douceur, cette pucidité? Ici pas l'ombre de délire, point de fureur, point d'ivresse : la paix au contraire, la paix et l'innocence des vignerons de l'Évangile.

Ainsi l'énigme est résolue et la tradition justifiée. La rotonde de Sainte-Constance est bien l'œuvre de son fondateur. Murailles, colonnades, mosaïques, tout en elle est chrétien. Reste à examiner de près et en détail quelle est, au point de vue de l'art, la valeur de ces mosaïques. Elles forment un ensemble régulier, méthodique, d'une parfaite symétrie. Douze travées, correspondant aux douze colonnes géminées qui portent la coupole, coupent la voûte circulaire à intervalles égaux. La décoration varie de travée à travée : ici des scènes de vendange, là de simples méandres, des ornements purement géométriques; plus loin des figures d'hommes ou d'animaux, encadrées une à une dans des séries d'enroulements; puis les vendanges reparaissent, puis les méandres, et ainsi de suite. Ces peintures se détachent sur fond blanc, à l'exception d'une seule travée revêtue d'ornements à fond d'or. Cette travée est la partie de l'édifice où fut trouvé le tombeau de Constance, grand sarcophage en porphyre rouge, maintenant au Vatican, vis-à-vis du tombeau de l'impératrice Hélène, avec lequel il a de grandes analogies de dimension, de style et de matière. Il est bon de noter que les sculptures en relief qui décorent ce sarcophage ont le même caractère que les mosaïques des voûtes : ce sont aussi des pampres et des raisins, et de jeunes garçons, des génies cueillant le fruit de la vigne. Ciampini s'émerveille devant cette sculpture dont, à vrai dire, le mérite principal vient de la difficulté vaincue, le porphyre, comme on sait, ne se prêtant qu'avec peine à l'action du ciseau. Du reste, rien dans ces bas-reliefs n'est supérieur, comme art, aux mosaïques qui les abritaient, et qui furent évidemment conçues et exécutées en même temps et dans la même pensée. Quelle est donc en définitive la valeur de ces mosaïques? Y trouvons-nous cette vie, cette flamme, cette jeunesse, ce retour instinctif aux grandes traditions, ces éclairs d'originalité qui nous étonnent et nous charment dans quelques morceaux d'élite des catacombes? Franchement, non. Il y a tout juste assez de christianisme dans ces voûtes pour affirmer qu'elles ne sont pas païennes; il n'y en a pas assez pour que l'art s'en ressente, pour qu'il soit rajeuni, transformé. C'est une décoration qui diffère assez peu, comme dessin et comme ajustement, de ce qu'on aurait pu faire quelques années auparavant dans l'*atrium* d'un palais. La partie purement ornementale, les festons et les encadrements; la partie purement végétative et animale, les feuilles, les fruits, les oiseaux, sont traités l'une et l'autre avec art, non sans quelque roideur, sans quelque sécheresse, mais dans un sentiment et un esprit qui rappellent encore les meilleures traditions; la partie humaine, au contraire, est terne et un peu vulgaire, les personnages manquent d'élégance, ils sont courts et presque trapus. L'échelle est d'ailleurs trop petite pour que les physionomies jouent un rôle important; or, sans physionomies, point d'expression, et l'expression est, dans les catacombes, la grande nouveauté, la ressource inattendue qui prépare les voies aux conquêtes de l'art moderne.

Si donc les églises de Rome n'avaient à nous offrir, comme révélation de l'art au quatrième siècle, que les mosaïques de cette voûte circulaire, nous serions forcé de convenir que la question posée par nous reste sans solution; et nous n'aurions rien à répondre à qui dirait que le christianisme émancipé a pu produire encore des travaux estimables, des œuvres presque correctes, d'agréables décorations se distinguant à peine des créations païennes; mais qu'une production vraiment originale, empreinte de son esprit et néanmoins fidèle aux grandes lois du goût, une œuvre vraiment chrétienne et classique à la fois, rien ne permet de lui en faire honneur. Heureusement la part de ce quatrième siècle ne se réduit pas uniquement aux mosaïques de Sainte-Constance. Nous allons en signaler une, presque inconnue jusqu'ici, ou du moins reléguée, sans examen, sans contrôle, par une inexplicable habitude, dans les ténèbres du siècle le plus obscur, et à qui la première place, malgré cette méprise, appartient incontestablement. Comme cette mosaïque est non-seulement la pièce capitale de la question que nous traitons, mais, pour l'histoire de la peinture, un monument aussi extraordinaire que fécond en aperçus nouveaux, nous devons en parler avec quelques détails. Ce sera la matière du chapitre suivant.

II

CONTINUATION DU MÊME SUJET

Quelle est donc l'œuvre dont nous nous promettons tant de lumières nouvelles sur l'état de l'art chrétien au quatrième siècle? Encore une fois, cette mosaïque est une des moins connues qui soient à Rome. Il faut l'aller chercher dans le fond d'une église où personne ne va, l'église de Sainte-Pudentienne, près de Sainte-Marie-Majeure, au bout de la *via Urbana*, entre le Viminal et l'Esquilin. Les guides et les cochers, à moins d'un ordre exprès, n'ont jamais conduit là personne. Pourquoi? Nous ne saurions le dire. On comprendrait plutôt, même indépendamment de toute mosaïque, que ce lieu-là fut en faveur, surtout auprès des gens qui recherchent à Rome les pieux souvenirs. La tradition veut, en effet, que l'église de Sainte-Pudentienne soit bâtie sur l'emplacement même de la maison qu'habitait un sénateur romain nommé Pudens, celui-là dont saint Paul parle dans ses Épîtres, et chez qui saint Pierre était logé. Pudens avait deux filles, Praxède et Pudentienne, qui, comme lui et comme leurs deux frères, Novat et Timothée, se convertirent au christianisme. De cette pieuse famille, Pudentienne étant morte la première, et en odeur de sainteté, la maison de son père fut consacrée à Dieu et devint une église. c'est-à-dire un lieu de réunion et de prières. Les Bollandistes, il est vrai, ne sont pas tout à fait d'accord avec cette tradition. S'il faut les croire, il aurait existé deux Pudens à un siècle environ d'intervalle, et celui dont il est fait mention dans la seconde épître à Timothée ne serait pas le père de sainte Pudentienne[1]. Les raisons qu'ils en donnent fussent-elles décisives, comme ils conviennent, après tout, que, dès l'an 145, sous le pontificat de Pie Ier, la maison du second Pudens était convertie en église,

---

[1] *Acta Sanctorum.* Dies decima nona mai.

il importe assez peu de savoir s'ils ont tort ou raison. Ce qui demeure acquis, c'est que l'église de Sainte-Pudentienne est de haute noblesse, et qu'Onuphre Panvinio, le savant Véronais, a pu, dans son écrit, *De præcipuis Urbis ecclesiis*[1], l'appeler à bon droit la plus ancienne des églises de Rome (*omnium Urbis ecclesiarum, quæ modo supersunt, vetustissima*). On peut même supposer que des fragments de la maison du sénateur, ou tout au moins d'un édifice antique qui faisait corps avec elle, ont été conservés dans les reconstructions successives qu'a subies cette église. L'édifice actuel en effet, bien que moderne presque en totalité, puisqu'il a été rebâti vers la fin du seizième siècle, laisse voir çà et là des pans de maçonnerie très-ancienne, notamment aux environs du vieux mur semi-circulaire auquel est incrustée la grande mosaïque dont nous allons parler. Le soin qu'il a fallu prendre pour ménager ces fragments, et la gêne qu'ils ont dû causer aux nouveaux constructeurs, prouvent assez qu'un respect religieux les a seuls maintenus en place.

Malgré tant de raisons qui devraient exciter le zèle des visiteurs, nous constatons que Sainte-Pudentienne est aujourd'hui presque ignorée même de ceux qui ont fait à Rome un assez long séjour. Il n'en a pas toujours été de même, puisque, au dix-septième siècle, le plus grand de nos peintres avait, dit-on, su découvrir cette mystérieuse mosaïque et professait pour elle une vive admiration. Mais aujourd'hui, en-

---

[1] Venise, 1570. Ciampini adopte l'opinion de Panvinio : « Immo a nonnullis pie creditur, primam hanc ecclesiam in Urbe fuisse ubi fideles ad sacras synaxas peragendas congregarentur. » (Ciampini, *Vetera monimenta*, t. I, p. 28.)

core un coup, personne ne s'en soucie, par la raison que Nibby, dans son *Itinéraire*, tout en décrivant l'église et les insigifiants tableaux qui la décorent, ne dit pas un seul mot de la mosaïque[1], et que *Murray* lui-même, cette providence des voyageurs, cet éditeur modèle dont les manuels sont de vrais chefs-d'œuvre d'exactitude, et qui, même pour les questions d'art les plus neuves et les plus délicates, est si rarement pris en défaut, Murray, dans les deux lignes qu'il consacre à cette mosaïque, ne dit rien qui la caractérise, rien qui indique à quel point elle diffère de toutes celles qui sont à Rome, rien qui inspire un sérieux désir de la voir.

Aussi, nous le confessons, la première fois que nous avons visité Rome, l'idée ne nous vint pas d'entrer à Sainte-Pudentienne; et c'est seulement à un second voyage que nous fûmes mieux avisé. Nous ne saurions dire dans quel étonnement nous tombâmes lorsque, sous le porche de l'église, à travers les portes en fer à jour qu'on s'apprêtait à nous ouvrir, notre regard se fixa sur cette mosaïque encore éloignée de nous, mais dont nous saisissions dans son ensemble l'imposante disposition. Pour comprendre notre surprise, il faut savoir que les jours précédents, à Sainte-Marie-Majeure, à Saints-

---

[1] Nous parlons de l'édition de 1858. Dans une réimpression faite après la mort de l'auteur, en 1855, on s'exprime en ces termes au sujet de la mosaïque : « La tribune est ornée d'une belle mosaïque commandée par Adrien Ier. Le Poussin regardait cet ouvrage comme un des meilleurs de l'ancienne école. » C'est là, sans doute, une recommandation; mais, si l'autorité de Poussin est engageante, le nom d'un pape du huitième siècle doit produire un effet contraire sur la plupart des curieux. On verra tout à l'heure que l'honneur qui est fait ici à Adrien Ier est nécessairement une méprise.

Cosme-et-Damiens, à Sainte-Agnès, à Saint-Marc, nous avions renoué connaissance avec d'autres mosaïques, les seules en renom, les seules dont on vous parle à Rome, celles qui passent pour les types du genre, et dont assurément nous sommes loin de contester le grand prix archéologique, mais qui ont ce malheur que l'art y est absent, ou, ce qui revient au même, tombé presque en enfance. Le caractère distinctif de toutes ces mosaïques, c'est que les personnages, au lieu d'être groupés, au lieu de se détacher les uns sur les autres à des plans différents, sont simplement juxtaposés; et que les notions les plus élémentaires de la perspective, du modelé, de la structure du corps humain, y sont comme non avenues et remplacées par une gaucherie naïve dont les temps primitifs donnent seuls quelque idée. Or c'est la mémoire encore pleine de ces impressions de la veille que nous nous trouvions transporté devant l'hémicycle de Sainte-Pudentienne, c'est-à-dire devant une grande œuvre, devant un vrai tableau où toutes les conditions du style pittoresque sont fidèlement conservées : disposition savante et animée des personnages, distribution par groupes et à des plans divers, draperies franchement accusées, nobles plis, amples étoffes, attitudes variées, accent individuel, tous les traits essentiels de l'art antique se trouvent là encore vivants; vous ne sentez la décadence qu'à certaines faiblesses d'exécution et de détail, et, par compensation, vous découvrez dans ces figures des trésors tout nouveaux, d'austères et chastes expressions, une fleur de vertu, une grandeur morale, dont les œuvres de l'antiquité, même les plus belles, ne sont jamais qu'imparfaitement pourvues.

Indiquons en deux mots quel est le sujet de la composition et quelle en est l'économie. La scène est à moitié mystique et à moitié réelle. Au centre de l'hémicycle, le Christ, richement vêtu, est assis sur un trône splendide, de la main droite il bénit, de la gauche il tient un livre ouvert sur lequel on lit ces mots : Dominus conservator ecclesiæ Pudentianæ. En arrière du trône s'élève un monticule de forme conique, une sorte de calvaire sur lequel est plantée une grande croix d'or couverte de pierreries. Au-dessus de la croix, dans les nuages, on voit l'*ange*, le *lion*, le *bœuf* et l'*aigle*, ces images symboliques des quatre évangélistes : telle est la partie mystique du sujet. Le reste se compose d'êtres vivants, d'êtres terrestres, de figures historiques et presque de portraits. Les vaillants défenseurs de la foi, saint Pierre d'un côté, et de l'autre saint Paul ; le vieux Pudens, ses deux fils, et cinq autres Romains, leurs amis et leurs frères, sont là groupés autour du trône du Sauveur, assistant en chair et en os à cette glorification allégorique du christianisme triomphant. Le mélange, ou plutôt l'existence simultanée de la vie invisible et de la vie humaine, dans un même lieu, dans un même cadre, n'est pas une invention exclusivement chrétienne. Presque tous les tableaux de piété du paganisme, s'il est permis de parler ainsi, reposaient sur cette donnée. Nous en jugeons par les descriptions qui nous en restent, et même aussi par quelques reproductions altérées qui nous sont venues de Pompéi. Cet artifice de composition est même encore employé de nos jours dans les sujets mythologiques, et personne n'en a tiré un plus heureux parti que M. Ingres dans son apothéose d'Homère. Lui aussi, il a placé au centre de sa toile la partie sinon mystique, du moins idéale, de son sujet, et sans la séparer le moins du monde d'une autre partie plus vivante et presque réelle. Le poëte aveugle sur son trône, la Renommée qui le couronne, ses deux filles l'Iliade et l'Odyssée, fièrement assises sur les degrés du trône, toutes ces figures surnaturelles et allégoriques sont en contact immédiat avec la cour et le cortége du demi-dieu, avec ces grands hommes vivant de la vie mortelle, fidèles à leur temps, à leur pays, à leurs modes, à leurs habitudes, conservant jusqu'à leur coiffure, jusqu'à la forme de leurs habits.

Ce n'est pas sans motif que nous introduisons ici ce célèbre plafond, l'honneur de l'art de notre temps. Malgré l'extrême différence des deux sujets, malgré le défaut complet d'analogie, dans la forme, dans les dimensions, dans les conditions d'exécution des deux œuvres, elles ont comme un air de famille; et, pour faire à peu près comprendre à ceux qui ne l'ont point vue le style et le grand caractère de la mosaïque de Sainte-Pudentienne, il n'est rien de mieux selon nous, que notre apothéose d'Homère. A quoi tient la similitude? à rien en particulier. Elle ne vient pas seulement de ce trône placé au centre des deux compositions; ni même de ces figures à mi-corps qui occupent le devant de la scène; ni de ces deux jeunes filles, sainte Praxède et sainte Pudentienne, debout, en arrière des autres personnages, les dominant de toute leur hauteur, et tenant suspendue, l'une sur la tête de saint Pierre, l'autre sur la tête de saint Paul, la couronne des martyrs. Il n'y a pas dans l'*apothéose* ces deux couronnements, il n'y en a qu'un. L'effet n'est donc pas le même, il est moins symétrique; mais la taille un peu colossale de la déesse, la façon dont elle se dresse pour couronner Homère, l'énergie de son geste, et cette couronne ainsi offerte, à bras tendus, pour ainsi dire, ce sont des particularités qu'on se rappelle malgré soi dès le premier regard jeté sur la mosaïque.

Nous ne voulons pas dire qu'il y ait imitation : ces sortes de ressemblances sont souvent fortuites. Peut-être M. Ingres, malgré son long séjour à Rome, n'est-il jamais entré à Sainte-Pudentienne ; mais, quand même, en suivant les traces de Poussin, il aurait connu ce trésor, rien de moins étonnant et de plus légitime qu'il en eût gardé souvenir. Nous ne citons cette apparente réminiscence que pour faire honneur à notre mosaïque, et non pour disputer à un illustre maître quelques parcelles d'invention. Ajoutons que Raphaël lui-même se chargerait de l'absoudre, car les plus fortes présomptions permettent d'affirmer qu'il a connu, lui aussi, la mosaïque de Sainte-Pudentienne. Regardez bien, dans la *vision d'Ézéchiel*, les figures symboliques des quatre évangélistes et notamment ce taureau fantastique, d'une forme et d'un caractère si archaïques et si grandioses, n'est ce pas le même, quoique dix fois plus grand, le même, à peu de chose près qui est là devant vous, sur cette muraille, et ne faudrait-il pas un singulier hasard pour qu'un type aussi original, aussi particulier, eût été inventé deux fois?

Mais reprenons notre récit : nous cherchions à donner une idée de l'ensemble de la mosaïque et nous n'avions encore parlé que des premiers plans, c'est-à-dire de ce calvaire et de ce trône placés au milieu de la scène, des deux groupes de personnages, à droite et à gauche du Sauveur, et enfin des deux figures presque aériennes qui surmontent ces deux groupes; restent le fond, les derniers plans. Le fond est architectural; c'est une ville, Rome peut-être, une sorte de forum entouré d'un portique circulaire, au-dessus duquel s'élèvent des monuments. Le portique est d'un aspect à la fois riche et sévère; il est couvert d'une toiture dorée, percé d'arcs à plein cintre dont la partie supérieure est close par une sorte de grillage ou de résille d'or. Malgré tant de richesses, il n'y a rien d'exotique, rien d'oriental, dans cette architecture, elle est purement romaine. On peut en dire autant des personnages; ils sont tous, même les deux apôtres, romains de type et de costume, ce sont des *togati*. Le Christ seul a quelque chose d'oriental, surtout dans son vêtement, et moins par la forme des draperies que par la nature des étoffes et par les broderies qui les couvrent. Les têtes en général sont expressives et fortement accentuées. Il y en a mêmes quelques-unes, et, par exemple, la dernière à main droite, et de l'autre côté, la première à partir de saint Paul, qui sont d'une distinction rare, et qui ne dépareraient pas un groupe dessiné dans l'atelier de Raphaël au temps de sa dernière manière. Vous y trouvez cette même ampleur de dessin, cette grandeur de traits, harmonieuse et régulière, ce luxe de chevelures légèrement bouclées, cette noblesse d'attitudes tournant presque au solennel. N'est-ce pas quelque chose d'étrange que de rencontrer ainsi, par anticipation, dans un monument de cet âge, un genre de style dont les modernes se croient les inventeurs, et qui semble n'avoir pu naître que d'une combinaison tardive et raffinée, de la tentative, soi-disant pédantesque, d'exprimer les sentiments chrétiens par les formes de l'art antique.

Que le lecteur se mette donc à notre place et partage notre embarras. Nous entrions dans cette église avec l'idée de voir une mosaïque du huitième siècle, faite par ordre du pape Adrien Ier; c'est ainsi qu'elle est désignée par tous les documents, sans exception, qui disent quelques mots de Sainte-Pudentienne; or que trouvions-nous? Une œuvre qu'au premier abord on pourrait croire contemporaine de Jules II ou de Léon X, si les signes les plus manifestes de son antiquité n'écartaient aussitôt toute supposition de ce genre.

Qu'est-ce donc en définitive que cette mosaïque, et quelle date lui assignons-nous? Évidemment elle n'est pas antérieure au temps de Constantin : est-il besoin de le prouver? Une mosaïque de cette dimension ne se soustrait pas aux regards; ce n'est pas une œuvre portative; il faut qu'elle soit faite sur place, sur la muraille même. Or jamais, avant l'édit de Milan, une peinture aussi ouvertement chrétienne n'eût été tolérée dans un lieu public, sous les yeux de l'autorité. Ce n'est donc pas antérieurement au quatrième siècle qu'elle a pu être exécutée. Est-ce dans les siècles suivants? Pas davantage : à mesure que vous pénétrez dans les temps de plus en plus barbares, la création d'une œuvre de ce style et de ce caractère est de moins en moins admissible. Il est vrai que le pontificat d'Adrien Ier correspond aux vingt premières années du règne de Charlemagne, et que c'est là, dit-on, une époque d'exception, une sorte d'oasis, aussi bien dans le huitième siècle lui-même que dans tous les siècles voisins. Nous ne contestons pas que, grâce à la double influence de notre grand empereur et de ce pape intelligent, un certain crépuscule semble, pour quelques instants, percer les épaisses ténèbres sous lesquelles le monde était alors enseveli. Mais c'est se méprendre à plaisir, c'est complétement méconnaître le caractère et la portée de cette soi-disant renaissance, de ce mouvement factice et avorté, que de lui attribuer une œuvre encore aussi profondément empreinte des grandes traditions de l'art. Ce que les meilleures années de l'ère carlovingienne ont produit de moins imparfait porte un cachet tout différent; la date en est clairement écrite, et ne laisse à l'esprit aucune incertitude. Il y a sans doute un contraste marqué entre les œuvres de cette époque (nous parlons seulement du règne de Charlemagne) et tout ce qui précède et qui suit. Au lieu de se complaire, de s'enfoncer dans la barbarie, comme ses contemporains, le grand homme entend rompre avec elle; son ambition, son continuel travail est de ressusciter, de remettre en honneur les formes, les méthodes, les procédés de l'ancienne civilisation. Il n'y a pour lui d'autres progrès que le retour en arrière. Il prétend reconstruire le passé, la Rome impériale. Mais, si ardent que soit son désir, si constant que soit son effort, les résultats sont timides, incertains et bâtards. Voyez à Aix-la-Chapelle, à une des entrées du dôme, ces petites portes de bronze si plates, si effacées, bien que d'un si grand luxe d'ornementation classique : elles vous donnent la mesure exacte de l'état de l'art sous Charlemagne. Pas un des accessoires obligés de la décoration romaine ne manque à ces panneaux : sur les moindres moulures on voit à profusion les rais de cœur, les perles et les oves; mais les moulures sont molles, les ornements étiolés; on ne sait si ces feuilles de bronze sont ciselées, repoussées ou seulement moulées ; c'est un travail indécis, tremblottant, une plate et sénile imitation. Et tous les monuments qui nous restent de ces quarante années ont plus ou moins ce même caractère, ces mêmes prétentions impuissantes. Voyez les sceaux de Charlemagne : si vous les comparez à ceux des rois mérovingiens, ils vous font l'effet de chefs-d'œuvre Au lieu de ces têtes hideuses, vues de face, à peine humaines, grimaçantes et chevelues, voici des profils en relief qui ne manquent pas de style, des têtes d'empereurs, des copies de camées antiques. Par malheur, si vous approchez, si vous regardez de près, tout les finesses, tout l'esprit du modèle ont complétement disparu ; la similitude est grossière ; l'œil n'est trompé que de loin. Rien de tout cela n'a donc la moindre ressemblance avec notre mosaïque. Elle a ses faiblesses aussi, mais d'un tout autre genre. Elle n'est pas le réveil laborieux d'un style mort depuis trois siècles, elle est la continuation naturelle, quoique imparfaite, d'un style resté vivant. Ce sont là deux choses si différentes et si faciles à distinguer, pour peu qu'on mette en présence quelques termes de comparaison, que toutes les autorités du monde, fussent-elles d'accord pour l'affirmer, jamais nous ne saurions admettre que dans cette mosaïque il y ait rien de carlovingien.

Or, du moment qu'elle ne peut provenir ni des siècles qui précèdent le quatrième, ni de ceux qui l'ont suivi, y compris même le huitième et l'époque d'Adrien Ier, il faut nécessairement qu'elle appartienne au quatrième lui-même, ou, pour mieux dire, au temps qui s'est écoulé depuis la publication de l'édit de Milan, en 313, jusqu'à un événement dont la date a bien aussi quelque importance dans l'histoire de l'art, la prise de Rome par Alaric en 410.

Cette conclusion est tellement évidente, qu'il devenait pour nous presque surabondant de chercher à la mieux établir par des preuves d'une autre sorte et notamment par des preuves écrites. Le hasard cependant nous fit, à quelques jours de là, rencontrer M. de Rossi, ce rare et sagace esprit qui a porté dans l'archéologie chrétienne un zèle si infatigable, une critique si lumineuse, et une érudition si sûre. Nous lui racontâmes l'énigme qui nous tourmentait, l'admiration mêlée d'étonnement où nous avait jeté notre visite à Sainte-Pudentienne, et notre résistance absolue à croire qu'une telle œuvre eût vu le jour au huitième siècle, même sous Adrien Ier.

« Je suis charmé, nous dit-il, que vos observations concordent avec mes recherches, et que la seule appréciation du style de cette mosaïque vous ait conduit à rejeter une tradition qui n'a d'autre raison d'être qu'un fait sans doute incontestable, mais mal interprété, savoir, la restauration de l'église de Sainte-Pudentienne, opérée vers l'an 784 par les soins du pape Adrien. Cette restauration, en quoi consistait-elle? Quelle en était l'importance? Personne n'en sait rien; aucun document n'affirme que la mosaïque en question fît partie des travaux exécutés à cette époque. On sait que des travaux ont eu lieu, voilà tout, et on suppose par induction que la mosaïque était du nombre. Hypothèse pour hypothèse, mieux eût valu en chercher une qui fût au moins d'accord avec le style du monument. Or, vers la fin du seizième siècle, en 1598, cette même église ne fut pas seulement restaurée, elle fut reconstruite par son titulaire, le cardinal Gaetani, sous la direction de l'architecte Francesco da Volterra; et nous voyons que cette reconstruction a respecté plus d'un fragment de l'ancien édifice, notamment cette mosaïque de l'abside et le pan de muraille dont elle dépendait : sur ce point-là tout le monde est d'accord; les preuves sont par trop manifestes. Pourquoi donc ce que le cardinal Gaetani a fait au seizième siècle, en reconstruisant l'édifice, le pape Adrien ne l'aurait-il pas fait au huitième, en se bornant à le restaurer? Pourquoi n'aurait-il pas respecté, lui aussi, cette mosaïque et cette abside? Dira-t-on qu'avant lui l'église était probablement de dimensions trop modestes pour qu'une si grande abside en fît déjà partie? L'objection porterait à faux, comme vous allez voir; et c'est pourtant par elle que s'est accréditée l'erreur que nous combattons vous et moi. On s'est imaginé, je ne sais pourquoi, qu'avant le huitième siècle il ne devait exister là qu'un édicule, une chapelle, un oratoire, la maison de Pudens agrandie tant soit peu, et que, par conséquent, Adrien, en réalité, était le fondateur de l'église; or, j'ai la preuve du contraire. Je puis, à ce sujet, vous donner des lumières que j'ai trouvées dans l'église elle-même, sur plusieurs fragments d'inscriptions. Grâce à ces témoignages il est évident pour moi que des travaux considérables, entrepris, en tout ou en partie, aux frais d'un nommé *Maximus* (MAXIMVS FECIT CVM SVIS), et poursuivis pendant une durée d'environ huit années, ainsi que le constatent deux dates consulaires conservées par ces mêmes inscriptions, furent exécutés dans l'église de Saint-Pudentienne, sous le pontificat de Sirice (SALVO SIRICIO EPISCOPO

ECCLESIÆ SANCTÆ), entre les années 390 et 398. Je puis également établir qu'avant la fin du seizième siècle, avant la reconstruction du cardinal Gaetani, on lisait ce même nom MAXIMVS et ces mots, FECIT CVM SVIS, au bas d'une peinture en mosaïque qui ne nous a pas été conservée; et j'ajoute qu'il est pour moi plus que probable qu'on le lirait aussi sur la bordure inférieure de la mosaïque de l'abside, si seulement elle existait encore, si, par une mutilation à jamais regrettable, les reconstructeurs de 1598, en ajustant la mosaïque à leur nouvelle architecture, n'en avaient pas rogné environ la hauteur d'un mètre sur toute sa longueur. Quelle que soit la valeur de cette conjecture, il est prouvé qu'avant le huitième siècle l'église de Sainte-Pudentienne avait une importance suffisante pour que l'abside actuelle lui ait appartenu. Et un fait d'un tout autre genre confirme encore cette assertion. Parmi les épitaphes que j'ai recueillies à Rome, et qui entreront dans le premier volume de l'ouvrage que je prépare [1], vous trouverez celle d'un *lecteur* de l'église de Sainte-Pudentienne mort en 384. Ainsi, même avant les tra-

---

[1] Ce premier volume a paru il y a près d'un an. A en juger par ce spécimen, l'ouvrage sera un des monuments d'épigraphie et d'archéologie les plus considérables et les plus lumineux qui aient depuis longtemps honoré la science; il est intitulé : *Inscriptiones christianæ urbis Romæ, septimo sæculo antiquiores, edidit Joannes de Rossi Romanus*, grand in-folio. L'épitaphe du lecteur de Sainte-Pudentienne est à la page 153; en voici le texte :

```
MIRAE · INNOCENTIAE · ADQ · EXIMIAE
BONITATIS · HIC · REQVIESCIT · LEOPARDVS
LECTOR · DE · PVDENTIANA · QVI · VIXIT
ANN · XXIIII · DEF · VIII · KAL · DEC .
RICOMEDE · ET · CLEARCO · COSS ·
```

vaux exécutés sous le pape Sirice, cette église avait des *lecteurs*, ce qui suppose un clergé complet, le clergé d'une grande église. »

Tels sont les précieux indices que M. de Rossi voulut bien nous donner. Ils nous causèrent une vive satisfaction d'esprit plutôt qu'ils n'ajoutèrent à notre conviction. Par l'aspect seul du monument la démonstration était pour nous complète ; mais ce n'en est pas moins une heureuse rencontre que ces faits qui constatent que le pape Adrien n'a pas seul fait dans cette église des travaux importants, et que, par conséquent, la mosaïque ne nous vient pas nécessairement de lui ; qu'un de ses prédécesseurs a mis la main à l'édifice, quatre siècles plus tôt, à une époque qui n'est plus aussi inconciliable avec le style et les beautés de l'œuvre. On peut donc maintenant rétablir sans témérité à sa véritable date la mosaïque de Sainte-Pudentienne. Elle doit être, au plus tard, de la fin du quatrième siècle, si même quelque preuve nouvelle, quelque complément de clarté, ne nous démontre pas un jour qu'elle est encore un peu antérieure, et qu'elle appartient même au règne de Constantin.

Rendons justice à M. Barbet de Jouy : il s'en est peu fallu qu'en face de cette mosaïque il ne fît infidélité à sa méthode et ne se hasardât à rompre avec la tradition. Lui-même nous l'apprend dans sa préface, en des termes que nous aimons à citer. « Ce n'est qu'après de longues hésitations, dit-il, que j'ai cru devoir admettre la tradition qui place sous le pontificat d'Adrien I*er* l'exécution de cette œuvre importante. » Et, en effet, cette œuvre est appréciée par lui de la façon la plus juste et la plus délicate. La mosaïque de Sainte-Pudentienne lui semble, il le dit hautement, la plus remarquable de toutes celles que Rome possède encore. Il en trouve « la disposition générale imposante, la composition habile, le dessin ferme et expressif; » la sainte Praxède lui paraît « remarquablement belle, la tête de saint Pierre d'un grand style; » il s'étonne que, même au temps de Charlemagne, l'art ait eu un si beau réveil, et remarque avec une grande justesse qu'il est difficile de comprendre qu'une telle œuvre fasse immédiatement suite à des travaux comparativement médiocres, et précède presque sans transition ceux du pape Pascal; » lesquels sont, en effet, incontestablement les plus informes et les plus barbares qui se voient à Rome. Ce n'est donc pas la clairvoyance qui fait défaut à notre consciencieux narrateur; elle est, chez lui, complète; et néanmoins, faute d'un peu d'audace et de confiance en soi, il se soumet, il enregistre la mosaïque comme un produit du huitième siècle. Puissions-nous l'avoir encouragé à suivre une autre fois ses propres inspirations; elles sont bonnes, comme on voit, et valent bien qu'il les écoute. Aussi, tout en nous séparant de lui sur la question chronologique, nous nous associons de grand cœur à ce regret qui lui échappe : « Poussin, dit-il, admirait beaucoup la mosaïque de Sainte-Pudentienne. Que n'a t-il essayé, pour l'un des chefs-d'œuvre de l'art chrétien, ce qu'une autre admiration l'a porté à faire en faveur d'une peinture de l'antiquité ! » Et, rappelant alors la célèbre copie des Noces aldobrandines, copie qui a ce double mérite, comme il le dit très-bien, d'être à la fois une exacte reproduction et une interprétation individuelle, il regrette de n'en pas rencontrer le pendant dans la galerie Doria, de ne pas voir, en face de cette étude inspirée par l'amour de l'antique, une autre étude toute chrétienne, un vivant souvenir de cette mosaïque, dont nul autre pinceau ne pourra jamais rendre aussi excellemment les sévères beautés.

Ce que Poussin aurait pu si bien faire, il faut au moins le tenter aujourd'hui. Ce ne serait assurément pas trop, pour traduire dignement ce beau texte, du génie et de la main d'un maître. Mais on en peut donner une idée suffisamment exacte en ne cherchant dans notre école qu'un interprète même obscur, pourvu qu'il soit patient, habile et consciencieux. Si nous avions l'espoir d'être écouté de ceux qui président chez nous aux destinées des arts, nous leur dirions que, de tous les travaux qu'ils peuvent confier à l'ardeur de tant de jeunes gens qui implorent leur munificence, il n'en est pas un seul qui leur ferait autant d'honneur et qui rendrait tout à la fois, et à l'histoire et à l'enseignement de l'art, un plus signalé service, qu'une copie vraiment fidèle de la mosaïque de Sainte-Pudentienne. Nous voudrions que cette copie fût de même dimension que l'original; et, de plus, qu'elle fût faite en *fac-simile*, c'est-à-dire qu'elle laissât voir, sans minutie, sans sécheresse, d'une façon naïve et discrète, mais suffisamment accusée, le travail de la mosaïque. Toute interprétation, toute simplification de ce travail ne serait qu'approximative, et, par conséquent, arbitraire. Si vous ne tenez pas compte des petites irrégularités que produit l'agrégation des cubes, il n'est pas un contour, pas une ligne, qui ne soient modifiés tant soit peu, et qui ne changent de caractère. Voilà pourquoi nous demandons que la copie conserve la grandeur de l'original. C'est le seul moyen de ne pas altérer l'impression que produit la mosaïque elle-même. Dans une toile réduite, les cubes deviendraient si petits, qu'en cherchant à les indiquer on tomberait forcément dans la froideur microscopique, et que les omettre, au contraire, ce serait supprimer tout à fait l'aspect de la mosaïque et y substituer l'effet d'une peinture ordinaire. Enfin, pour être absolument fidèle, la copie devrait laisser paraître et les lacunes et les retouches qu'on remarque sur l'original. Il n'y a d'autres lacunes que cette bande, d'environ un mètre de hauteur, brutalement supprimée voilà bientôt trois siècles, dans le bas de la composition; suppression malheureuse, qui nuit à l'effet d'ensemble, et raccourcit outre mesure les figures à mi-corps placées au premier plan; quant aux retouches, elles sont assez nombreuses, mais partielles et de peu d'importance; on en voit dans quelques figures, dans celle de sainte Praxède, par exemple, tandis que la sainte Pudentienne en paraît complétement exempte. Il y en a même dans la tête de saint Pierre, ce magnifique profil, et dans le personnage qui vient après lui. Le groupe que préside saint Paul semble avoir moins souffert, mais les restaurations se multiplient dans la partie centrale; on en trouve plusieurs traces dans les mains, dans la robe du Sauveur; et la décoration de son trône, ces perles, ces broderies, tout ce luxe oriental, pourraient bien être aussi quelque addition, quelque amplification du moyen âge; enfin, jusque dans la tête du Christ, on aperçoit un travail relativement moderne, qui a dû en affaiblir, en amollir l'expression; tout cela devrait être sincèrement exprimé. En un mot, ce qu'il s'agirait de nous donner, ce ne serait pas une grande toile qui jetât de la poudre aux yeux, qui fardât la vérité, mais une reproduction exacte et véridique de la mosaïque telle qu'elle est, de ses imperfections comme de ses beautés.

La copie, une fois terminée, tout ne serait pas fini ; nous voudrions qu'elle eût sa place à l'École des beaux-arts, dans une des salles qui restent à construire ; qu'une abside fût préparée pour elle, et qu'elle y fût encastrée dans le mur. Ce n'est pas encore tout : nous demanderions qu'en regard de ce monument de l'art chrétien primitif un autre grand monument fût placé ; ce serait encore une copie, la copie la moins imparfaite qui se pourrait trouver de la *Transfiguration* de Raphaël. Ce rapprochement parlerait aux esprits, nous en avons fait l'épreuve. Il nous est arrivé, en sortant de Sainte-Pudentienne, d'être pris du désir spontané de courir droit au Vatican, d'en monter rapidement les degrés, et de passer ainsi presque sans transition de l'une de ces peintures à l'autre à travers douze cents années. Qu'y a-t-il donc de commun entre les perfections d'un chef-d'œuvre immortel et les beautés tout au moins inégales d'une œuvre semée de fautes que relèverait un écolier ? Il y a de commun le style, le grand style, le style de l'antiquité retrempé et rajeuni par la pensée chrétienne. Pour les deux œuvres le principe est le même ; c'est aussi le même idéal : seulement, dans la mosaïque, l'art en déclin est vivifié par la foi triomphante ; tandis que, dans la *Transfiguration*, la foi chancelante est soutenue par l'art à son apogée. En dépit de cette différence, qui a bien sa gravité, et dont les conséquences pourraient être longuement déduites, ce qui ressort de ce rapprochement, c'est qu'en laissant peu à peu se transformer son génie à l'exemple de Léonard et sur les pas des anciens, Raphaël, quoi qu'on dise, n'est pas allé au paganisme, mais n'a fait que revenir au premier art chrétien, à la pure et légitime source de l'art moderne. Rien ne redresse les jugements un peu trop prompts portés souvent sur ce divin génie, rien ne rend respectueux envers ses derniers efforts, rien n'apprend à comprendre la *Transfiguration*, comme la mosaïque de Sainte-Pudentienne.

En faisant cet aveu, renonçons-nous à notre prédilection maintes fois exprimée pour les jeunes années du maître, pour sa moisson florentine et pour les premiers fruits de son séjour à Rome? Non; pas plus que nous ne sentons faiblir notre amour pour le moyen âge en déclarant tout franchement, toujours au nom de notre mosaïque, qu'il doit renoncer désormais à cette sorte de monopole que d'imprudents amis voudraient lui conférer; qu'il n'est pas, après tout, le seul berceau de l'art chrétien, pas plus qu'il n'est le christianisme tout entier : il en est un sublime épisode, ce qui est déjà quelque chose. Et, d'un autre côté, quelle leçon que ces dernières lueurs et cette régénération presque posthume de l'art antique, pour ceux qui nous le représentent comme inséparable de la mythologie, et qui réduisent l'art moderne à cette alternative ou de revenir au moyen âge ou de se faire purement païen ! Ne voit-on pas comme l'horizon s'étend et s'éclaircit, pour toutes les questions esthétiques, par la seule influence de l'œuvre que nous cherchons à remettre en lumière? Voilà pourquoi nous supplions qu'on ne tarde pas trop à l'introduire dans notre enseignement.

Il serait bon que, sous les voûtes que nous sollicitons pour elle, on lui donnât, comme commentaire et comme accompagnement, un spécimen de l'art des catacombes, c'est-à-dire un certain nombre d'imitations, aussi exactes qu'on pourrait les faire, de ces médaillons de verre travaillés à la pointe et couverts de figures dorées, qui furent trouvés près des sépultures dans les cimetières romains, et qui sont aujourd'hui conservés avec tant de soin dans les vitrines du Vatican. On sait par quelle délicatesse et quelle beauté de dessin ces médaillons se distinguent, soit qu'ils représentent le *bon pasteur* ou autres symboles favoris des premiers chrétiens, soit qu'ils reproduisent tout simplement les nobles traits des apôtres Pierre et Paul vus de profil; on sait aussi combien, dans ces fragiles monuments, la grandeur, la pureté des lignes et le sentiment tout antique se marient heureusement à une sorte de suavité chrétienne, et en font des œuvres absolument nouvelles et d'une exquise originalité. D'autres fragments non moins précieux, tirés de ces mêmes vitrines, devraient être aussi reproduits. Et, par exemple, il faudrait faire mouler un merveilleux médaillon de bronze représentant les deux apôtres, œuvre unique en son genre par la beauté du travail, par la noblesse des types, et qui l'emporte peut-être même sur les plus beaux verres gravés. Il faudrait ajouter enfin un choix des meilleures peintures tirées des catacombes, et les reproduire toutes à la grandeur d'exécution. Ce serait chose facile pour peu qu'on empruntât les calques que M. Savinien Petit a sans doute conservés après ses longues explorations de la Rome souterraine. L'exactitude de ces calques peut être certifiée par nous, car nous l'avons vérifiée sur place avec d'autant plus d'attention et de soins, que de légères et injustes critiques avaient été moins épargnées à l'ouvrage que cet habile artiste a, comme on sait, enrichi de sa collaboration.

La salle que nous demandons dans l'École des beaux-arts, une fois meublée et décorée ainsi, serait déjà, pour notre jeunesse, pleine d'utiles révélations; mais le complément nécessaire, le couronnement de toutes ces nouveautés, encore un un coup, c'est notre mosaïque de Sainte-Pudentienne, puisqu'elle démontre, d'une manière plus éclatante et à une date postérieure, combien le christianisme, en s'emparant de l'art antique, avait tout à la fois interrompu la décadence et créé un mouvement nouveau, combien cette jeune greffe, en s'unissant à ce vieux tronc, pouvait en ranimer encore la puissance et la fécondité. Reste à voir maintenant ce que les barbares devaient en faire : ce sera le sujet des chapitres suivants.

III

ÉTAT DE L'ART AUX CINQUIÈME, SIXIÈME, SEPTIÈME, HUITIÈME ET NEUVIÈME SIÈCLES. — PROGRÈS DE LA DÉCADENCE

Pour continuer, dans l'ordre chronologique, notre examen des mosaïques chrétiennes de Rome, il faut, en sortant de Sainte-Pudentienne, nous diriger vers Sainte-Sabine, église bâtie sur l'Aventin, du côté qui regarde le Tibre, restaurée plus d'une fois pendant le moyen âge, reconstruite presque en entier sous Sixte V, vers 1587, mais conservant encore de sa décoration première tout un fragment de mosaïque, qui occupe la paroi intérieure du mur de la façade, au dessus de la porte d'entrée. Ce fragment se compose de deux figures de femmes placées aux deux extrémités d'une immense inscription en lettres d'or sur fond bleu lapis. L'inscription constate que le monument a été primitivement construit et décoré sous le pontificat de Célestin, vers l'an 424 : les deux figures représentent, l'une, l'Église des circoncis, ECLESIA EX CIRCVMCISIONE, l'autre, l'Église des gentils, ECCLESIA EX GENTIBUS ; elles sont simplement conçues, drapées encore à l'antique et d'un beau caractère. Ainsi, quatorze ans après la prise de Rome par Alaric, l'art de la mosaïque et l'art du dessin, autant qu'on en peut juger par ce vestige, n'avaient pas encore sensiblement déchu. Ces deux figures de femmes ne feraient pas disparate dans la grande composition de Sainte-Pudentienne.

Au contraire, si nous entrons à Sainte-Marie-Majeure, le changement devient notable. Les mosaïques de la nef et celles du grand arc en avant de l'abside, les seules qui, dans cette basilique, appartiennent à l'époque dont nous nous occupons, sont fort inférieures de style et de caractère à tout ce que nous venons de voir, soit à Sainte-Pudentienne, soit même à à Sainte-Sabine. On les dirait d'une autre époque. Des œuvres si peu semblables ont l'air d'être séparées par un long espace de temps, par plusieurs générations d'artistes, et cependant ici l'intervalle n'est pas même de vingt ans. Le pape Célestin, dont parle l'inscription de Sainte-Sabine, est mort en 424, et c'est en 440 qu'a cessé de vivre Sixte III, par qui fut achevée et décorée cette basilique Libérienne [1], la Sainte-Marie-Majeure d'aujourd'hui. Il faut que la décadence, par une de ces saccades qui lui sont familières, eût fait dans ce peu d'années des progrès effrayants. Ce n'est cependant pas encore l'influence directe des barbares qui se fait sentir dans ces mosaïques : les figures restent romaines de type et de costume ; ce sont les mêmes airs de tête que sur la colonne Antonine ; et la toge conserve sa coupe et ses anciens plis ; mais les têtes sont trop fortes pour les corps; les corps sont épais, courts et trapus, les lignes indécises, les compositions confuses. Çà et là néanmoins l'art apparaît encore. Ainsi, dans le troisième tableau[2], représentant la séparation d'Abraham et de Loth, la disposition de la scène n'est pas sans habileté. Les personnages expriment bien ce qu'ils font ; on sent que les deux groupes se séparent. Dans le quatrième tableau,

[1] Ainsi désignée d'abord du nom de son fondateur, le pape Libérius, qui en jeta les bases et en éleva les murailles vers l'an 352.

[2] Le troisième à main droite, en remontant la nef (côté de l'Évangile). Ces tableaux, formant frise au-dessus des colonnes, des deux côtés de la nef, représentent des scènes de l'Ancien Testament, depuis la rencontre de Melchisédech et d'Abraham jusqu'aux guerres des Hébreux sous la conduite de Josué. Il y avait primitivement quarante-deux tableaux ; mais on en a supprimé trois de chaque côté pour pratiquer les deux ouvertures et construire les deux arcs qui donnent accès d'une part à la chapelle Borghèse, de l'autre à la chapelle Sixtine. Outre ces six mosaïques supprimées, il y en a neuf qui ont été détruites, soit par accident, soit par vice d'exécution, et qui sont remplacées par de simples peintures exécutées vers la fin du seizième siècle. Il ne reste donc dans la nef que vingt-sept compositions en mosaïque appartenant à la décoration primitive, et remontant par conséquent à l'an 440 environ.

Isaac bénissant Jacob a presque la pose et le geste que lui a prêtés Raphaël dans un des compartiments des *Loges*; la Prise de Jéricho, le Combat des Amalécites, présentent aussi des détails qui ne manquent pas d'intérêt. Tout n'est donc pas dégénéré dans les produits de cette triste période : il y reste quelques lueurs d'esprit et de vérité, et surtout quelques traces de tradition, entremêlées de négligences, de maladresses et d'ignorances presque puériles.

C'est ce même mélange que vous trouvez dans la voûte de l'oratoire attenant au baptistère de Saint-Jean de Latran et placé sous l'invocation de saint Jean l'Évangéliste. La mosaïque de cette voûte, qui ne représente pas de figures, et où se voit seulement l'agneau mystique au milieu de guirlandes de fleurs, passe pour avoir été exécutée sous le pontificat d'Hilare, vers l'an 465, dix ans après la seconde prise et le pillage de Rome par Genséric et ses Vandales. Elle conserve encore les caractères principaux de l'ornementation classique. L'exécution en est médiocre, mais le dessin ne manque pas d'exactitude. Les fleurs, les fruits et surtout les oiseaux sont rendus avec une grande vérité.

A ces divers exemples de mosaïque appartenant au cinquième siècle, on pouvait, il y a quarante ans, en ajouter un plus illustre. L'ancienne basilique de Saint-Paul-hors-les-murs était encore debout, et le grand arc, l'arc séparant la nef de l'abside, connu sous le nom d'*arc de Placidie*, était couvert des mosaïques dont l'avait orné le pape Léon Ier, vers l'an 450, ainsi que nous l'apprend une des lettres du pape Adrien adressées à Charlemagne[1]. L'incendie qui, dans la

---

[1] V. Ciampini. *Vet. monumenta.* cap. XXIV, p. 229.

nuit du 15 au 16 juillet 1823, dévora cet immense édifice, n'épargna ni l'arc de Placidie ni son revêtement. La mosaïque, déjà très-endommagée par le temps, fut donc entièrement détruite. Il est vrai qu'avec ses débris et en s'aidant de souvenirs encore récents on est parvenu à la reproduire presque intégralement dans la nouvelle basilique, reconstruite de fond en comble, et aujourd'hui à peu près terminée. Un tel travail, nous le savons, quelle qu'en soit l'exactitude, ne peut pas faire autorité. Cette mosaïque ainsi renouvelée n'a plus de valeur historique; mais elle suffit pour nous apprendre, et même avec certitude, quel était son style primitif. Évidemment elle différait à peine, sauf par le sujet et par les dimensions des autres mosaïques du cinquième siècle que nous venons de voir. La décadence alors, tout en faisant de continuels progrès, se maintenait dans un certain respect du passé. Elle altérait de plus en plus les anciennes formes consacrées, elle ne se permettait pas d'en sortir. On ne s'apercevait de l'influence des barbares que par l'affaiblissement des études, la désertion des écoles, l'interruption de l'enseignement; l'idée n'était pas encore née de s'inspirer de leurs figures et de leurs costumes, de substituer leurs traits irréguliers et leurs types étranges aux patrons habituels, aux traditions immémoriales de la peinture et de la sculpture. Pour assister à cette phase nouvelle de la décadence, il faut avoir franchi le cinquième siècle et pénétrer dans le sixième. Du moins nous n'en trouvons un premier exemple que dans une église construite sous le pontificat de Félix IV (de l'an 526 à l'an 530), l'église des Saints-Cosme-et-Damien, sur le *campo Vaccino*. Ce qui subsiste de la décoration primitive de cette église mérite une sérieuse attention. Arrêtons-nous à étudier les causes de l'impression profonde qu'elle produit.

Nous sommes déjà bien loin de la mosaïque de Sainte-Pudentienne, de cette composition magistrale et savamment groupée, où certain souffle nouveau semble animer et rajeunir les traditions de l'art romain. Ce n'est plus, à vrai dire, un tableau que nous avons devant les yeux ; les lois de la composition pittoresque sont mises en oubli ; sept personnages occupent la voûte hémisphérique de cette abside : ils sont sur le même plan, ou peu s'en faut, symétriquement distribués, trois d'un côté, trois de l'autre, et le Christ au milieu. A sa droite est saint Paul, saint Pierre est à sa gauche ; après saint Paul, saint Cosme ; après saint Pierre, saint Damien, portant, comme son frère, une couronne à la main, la couronne du martyre ; puis, aux deux extrémités, saint Théodore et le pape Félix, le donateur de l'église, tous deux comme adossés à un palmier, souvenir et symbole de la terre de Judée. Ces personnages sont tous debout : le Christ les domine, il marche sur des nuages, il est entre le ciel et la terre, la main levée pour bénir. Son visage est triste et morose, plutôt sévère que miséricordieux. L'aspect général de la mosaïque est sombre, imposant, presque terrible. Par bien des points elle se rattache encore à l'art des siècles précédents, notamment par le style des ornements qui lui servent de bordure. Ce large encadrement, où des cornes d'abondance accouplées s'entremêlent à de riches enroulements, rappelle les monuments de la grande époque impériale : c'est cette même opulence un peu lourde, cette majestueuse régularité. Les personnages eux-mêmes, malgré leur pose symétrique, n'ont rien de trop roide dans leurs gestes, rien d'excessif dans leurs proportions ; leurs draperies sont assez bien jetées et d'une souplesse suffisante ; supprimez les visages, il n'y aura rien qui vous étonne. Tout l'imprévu, tout l'insolite est dans les physionomies, surtout dans celles des deux saints, Cosme et Damien. La coupe de ces figures est ce qu'on peut voir de plus éloigné du vieux galbe romain. Les traits sont allongés, anguleux, les yeux démesurément ouverts, les regards fixes, les sourcils d'une épaisseur peu commune et d'une forme oblique qui les fait brusquement retomber vers le nez. D'où viennent ces bizarreries? l'artiste n'a-t-il cherché qu'à exprimer à sa façon, rudement et sans mesure, l'ascétisme, l'excès de la vie spirituelle? ou bien a-t-il reproduit naïvement, et presque malgré lui, les visages de ces hommes du Nord qui, trois fois depuis un siècle, avaient envahi l'Italie et encombré les rues de Rome? Est-ce un reflet des Goths d'Alaric, des Vandales de Genséric, des Hérules d'Odoacre que nous trouvons gravé sur cette mosaïque? On ne saurait le dire, mais ce qu'on peut affirmer, c'est qu'à partir de l'époque où nous voilà parvenus cette manière nouvelle d'interpréter et de rendre la figure humaine va devenir générale. Dans toutes les mosaïques qu'il nous reste à examiner, nous la retrouverons, à quelques variantes près, et avec cette circonstance aggravante qu'elle ne sera plus associée, comme ici, à certains restes encore vivants des anciennes traditions. La barbarie sera partout, dans les corps comme dans les têtes, dans les proportions, dans les gestes, dans les draperies, dans les encadrements, aussi bien que dans les physionomies. Avec le sixième siècle, avec les dernières lueurs de civilisation qui signalent la courte domination des Ostrogoths en Italie et en particulier le règne de Théodoric, on voit s'évanouir successivement jusqu'à la moindre trace des règles, des préceptes, des exemples de l'antiquité.

Pour constater les progrès de cette métamorphose il suffit d'entrer à Sainte-Agnès, sur la voie Nomentane, et de regarder la mosaïque qui revêt la voûte de l'abside [1]. Une inscription en lettres d'or, sur fond bleu lapis, nous donne exactement la date de cette peinture : *Præsul Honorius hæc vota dicata dedit.* C'est donc sous le pape Honorius, c'est-à-dire de 626 à 638, que cette église, fondée par Constantin, fut en partie réédifiée, puis restaurée et décorée. La mosaïque est par conséquent postérieure, d'environ cent ans, à celle des Saints-Cosme-et-Damien. Or, dans ce laps de temps, l'oubli des proportions les plus nécessaires du corps humain paraît s'être ajouté à la transformation des visages.

---

[1] Avant de parler de Sainte-Agnès, nous aurions dû dire quelques mots de Saint-Laurent-hors-les-murs, qui appartient au pontificat de Pélage, par conséquent encore au sixième siècle (de 577 à 590). La mosaïque de cette basilique porte les traces de restaurations si multipliées, qu'il y a peu de chose à en dire. Néanmoins, malgré tant de reprises et de transformations, on voit clairement, par ce qui subsiste, que le style des figures, et même les ornements de la bordure, commencent à être beaucoup moins classiques que dans l'église des Saints-Cosme-et-Damien, antérieure d'un demi-siècle. Le Christ, assis sur le globe du monde, vêtu de brun, la barbe et les cheveux noirs, l'air farouche, ascétique, est une vraie figure de moine d'Orient. Les saints qui l'entourent ne sont ni très-roides ni très-allongés, mais conservent à peine quelques traces de l'ancien caractère romain.

La sainte Agnès et les deux saints pontifes, Symmaque et Honorius, qu'on voit à ses côtés, sont, par rapport à la grosseur de leurs têtes, d'une longueur prodigieuse. Autant les figures du cinquième siècle, à Sainte-Marie-Majeure, nous ont semblé épaisses, courtes et trapues, autant ces trois personnages, dans l'abside de Sainte-Agnès, sont démesurément allongés. Avec moins de roideur, et sous des vêtements moins étroits et moins adhérents, mais dans un sentiment conventionnel non moins excessif, ils rappellent les statues de l'ancien porche de l'église de Corbeil, véritables fuseaux de pierres parés à l'orientale, qu'on retrouve, chez nous, sur quelques monuments romans du onzième et du douzième siècle. Cette donnée contre nature une fois acceptée, elle n'est pas sans élégance et sans noblesse. L'impression qu'elle produit est incomparablement moins plate et moins prosaïque que celle qui résulte de l'excès opposé, du défaut de hauteur dans les corps. Aussi, tout en souriant à la vue de ces trois figures aux proportions inadmissibles, on se sent sous un certain charme. Cette austère sévérité, ce calme presque immobile, la gravité des attitudes, la sobriété des gestes, ces grands yeux attentifs, très-ouverts et cependant très-fendus, comme ceux des statues grecques des temps les plus archaïques, les habits sombres et la simplicité monacale des deux papes, la parure de la sainte, à la fois éclatante et sévère, son brillant diadème, sa robe tout unie et de couleur foncée, mais couverte, par devant et sur la poitrine, d'or, de perles et de chatoyantes pierreries, tout, dans cette mosaïque, est d'un effet extraordinaire et saisissant. La barbarie sans doute avait fait de grands pas pendant ces cent années, du sixième au septième siècle; l'extravagance des proportions ne nous permet pas d'en douter; mais cette barbarie, se produisant ici sous un aspect oriental, a des séductions de couleur et des élégances de détail qui dissimulent et excusent les aberrations du dessin.

Pour le dire en passant, et sans anticiper sur une question que tout à l'heure nous devrons aborder, l'exécution de la mosaïque de Sainte-Agnès correspond à l'époque où Rome, momentanément soustraite aux influences de ses premiers envahisseurs, des hommes du Nord, était, par exception, devenue grecque en quelque sorte, ou, du moins, soumise à l'autorité et aux influences de l'Orient. Depuis le milieu du sixième siècle, depuis les conquêtes de Narsès et la chute des successeurs de Théodoric, elle n'était plus qu'une dépendance de l'Exarchat, une province de la Pentapole, une succursale de Ravenne, cette nouvelle et vivante capitale de l'Italie et de l'Occident. Ce n'était qu'à son corps défendant, et pour un court délai, que Rome s'était résignée; dès le commencement du septième siècle, sa subordination avait cessé de fait; les influences latines et septentrionales avaient repris le dessus, et les papes, devenus par la force des choses les vrais souverains de la cité et de la province, avaient commencé à résister aussi bien aux exigences des empereurs d'Orient qu'aux menaces des Lombards, nouvellement survenus et déjà maîtres de la haute Italie. Mais, malgré cette réaction, il n'en restait pas moins à Rome, même au temps des pontifes Symmaque et Honorius, les restaurateurs de Sainte-Agnès, un certain courant d'idées grecques qui se manifeste clairement dans cette abside, et qu'on retrouve, à des degrés divers, dans tout ce qui nous reste des autres mosaïques exécutées vers cette même époque, c'est-à-dire au septième siècle.

Ainsi, dans l'oratoire de Saint-Venance, attenant au baptistère de Saint-Jean de Latran, l'arc et la voûte de l'abside, décorés sous le pontificat de Jean IV, de 639 à 642, sont couverts de figures non moins roides et non moins allongées que celles de Sainte-Agnès, sans que le côté disgracieux de ce parti pris soit racheté par un aspect aussi grandiose et aussi imposant. C'est le même style, avec un degré de plus de barbarie [1].

Au contraire, à Saint-Étienne le Rond, bien que la date soit à peu près la même [2], le caractère des figures est bien moins rude et moins grossier. C'est à peine si la stature en est trop élevée. Il y a même une certaine ampleur dans quelques draperies; les plis en sont moins secs et moins anguleux que dans les peintures de Saint-Venance ou même

[1] Il faut remarquer, dans cette mosaïque, la figure de la sainte Vierge, très-simplement vêtue, plus simplement que la sainte Agnès, et dans une pose moins majestueuse. Elle n'a ni or ni pierreries; sa robe est sombre. Elle est dans l'attitude de la prière, c'est-à-dire debout et les bras étendus, les mains en l'air, comme les *orantes* des *catacombes*.

[2] La mosaïque de Saint-Étienne le Rond doit avoir été exécutée de 642 à 649, par ordre du pape Théodore, lorsque les corps des saints Prime et Félicien furent transportés dans cette église. Ces deux martyrs sont représentés sur la mosaïque. Ils sont debout des deux côtés d'une grande croix richement décorée et plantée sur le sol. Au-dessus de la croix est une image en buste du Sauveur dans les nuages; et au sommet de la composition, une main sortant du ciel et tenant la couronne des martyrs.

de Sainte-Agnès. Les têtes sont d'un type moins étrange, ou, si l'on veut, moins exotique. En un mot, si l'influence orientale se fait encore sentir ici, c'est dans des conditions un peu plus conformes aux lois fondamentales de l'art antique.

Il faut en dire autant de cette image de saint Sébastien, conservée comme tableau d'autel dans l'église de Saint-Pierre-aux-Liens, et dont l'origine bien établie remonte à l'an 680. Cette mosaïque mérite, à plus d'un titre, une attention particulière. Sans l'inscription en lettres superposées qui nous donne le nom du personnage, on ne se douterait jamais qu'il s'agit d'un saint Sébastien. Au lieu de ce beau jeune homme entièrement nu et percé de flèches, qui apparaîtra plus tard, au moyen âge, et que les écoles de peinture du quinzième et du seizième siècle prendront en si grande affection, comme un des rares prétextes d'introduire des études de nu dans les sujets de sainteté, le saint Sébastien du septième siècle est âgé, il porte une longue barbe, ses cheveux sont blancs; on dirait un saint Pierre. Il est drapé dans sa chlamyde agrafée sur l'épaule droite; il tient à la main sa couronne de martyr. Son costume est celui des hommes nobles de Constantinople, ses jambes sont vêtues et ses pieds sont chaussés. Il y a dans sa contenance une certaine noblesse, et les saillies de ses draperies sont exprimées par des ombres et des lumières, sorte d'artifice presque oublié à cette époque. On peut dire, en un mot, que, dans cette figure, il reste quelques éclairs de style, quelques lueurs de pensée.

Ajoutons un dernier exemple de ces souvenirs confus et effacés de l'art grec. Dans la sacristie de l'église de Sainte-

Marie-in-Cosmedin, on voit une mosaïque provenant d'un édifice beaucoup plus célèbre, l'ancien Saint-Pierre de Rome, et transportée dans cette sacristie, seulement en 1639, sous le pontificat d'Urbain VIII. Elle décorait primitivement, dans la vieille basilique du Vatican, une chapelle érigée, en l'honneur de la sainte Vierge, par le pape Jean VII, et représentait l'adoration des mages. Elle est aujourd'hui mutilée. Les mages ont disparu : il n'en reste que la moitié d'un bras et une main offrant un coffret précieux à l'enfant Jésus. La Vierge, au contraire, est à peu près intacte : elle est assise et porte sur ses genoux l'enfant divin ; saint Joseph est debout, à ses côtés ; un ange, tenant à la main un long bâton, est en face de saint Joseph. Rien de plus négligé et de moins finement exécuté que ces figures : les cubes de la mosaïque sont d'une dimension qui exclut toute finesse de travail, et les joints qui les relient sont épais et grossiers. Mais, sous cette apparence un peu barbare, on sent, dans la manière dont les figures sont groupées, un art de composition tout à fait grec. Aussi attribue-t-on ce fragment à des artistes de Constantinople réfugiés à Rome, dès le début des persécutions iconoclastes, avant même l'avènement de Léon l'Isaurien.

On voit donc qu'à tout prendre, pendant le septième siècle, et même aussi vers le commencement du huitième, puisque le pape Jean VII a régné de 705 à 708, la décadence à Rome n'était pas parvenue à sa limite extrême. Elle était comme entravée dans sa marche par ces réminiscences qui de temps en temps arrivaient d'Orient, ou, pour mieux dire, de Grèce et d'Ionie. Il n'en faut pas conclure que, dans l'archipel et sur les côtes de l'Asie, le goût fût resté pur. Là, comme ailleurs, comme dans le monde entier, les barbares avaient pénétré et leur contact était contagieux ; seulement ils rencontraient plus de résistance dans les instincts naturels du pays. La barbarie, en Orient, avait pris un caractère à part, elle était plus subtile que grossière ; elle n'avait pas tout envahi, tout altéré, tout transformé, de là quelques restes de style, quelques vivants vestiges des antiques traditions.

Aussi, pour retrouver la décadence occidentale dans toute sa franchise, pour assister à ses nouveaux progrès, pour la voir à son apogée, c'est au huitième siècle et surtout au neuvième qu'il faut se transporter, c'est dans la période où les rapports de Rome avec Byzance deviennent plus difficiles, plus orageux et moins fréquents ; où, entre les deux Églises, la querelle s'envenime, le divorce se prépare, et où le schisme finit par éclater. A mesure que, sur le sol romain, cette influence orientale devient moins vive et moins directe, les ténèbres vont s'épaississant : les arts du dessin, et en particulier l'art de la mosaïque, tombent au dernier degré d'abaissement.

Cette période d'extrême décadence est représentée, à Rome, par sept églises principales, ou plutôt par les mosaïques plus ou moins bien conservées, et la plupart assez considérables, qui subsistent dans ces églises.

La première par ordre de date, la seule qui appartienne au huitième siècle, se voit à Saint-Théodore, église circulaire, située au pied du Palatin, à l'extrémité ouest du Forum. La décoration de la voûte absidale qui s'élève en arrière de l'autel est attribuée à la munificence du pape Adrien Ier, le contemporain de Charlemagne, et doit, par conséquent, avoir été exécutée de 772 à 795. Cette mosaïque a subi plus d'un remaniement. Des cinq figures dont elle se compose, deux sont modernes; les trois autres, sans être exemptes de restauration, ont conservé leur ancien caractère de roideur et d'immobilité. Le type des deux apôtres saint Pierre et saint Paul est cependant encore assez conforme aux vieilles traditions; et l'ornement courant qui sert d'encadrement au tableau ne manque pas d'une certaine élégance. C'est là tout ce qu'on peut dire de cette œuvre, d'ailleurs assez banale et sans grand caractère.

Dans un autre édifice, reconstruit et orné par le successeur immédiat d'Adrien Ier, par le pape Léon III, la barbarie prend tout à coup des proportions plus hardies et un aspect plus décidé. Nous parlons de l'église des Saints-Nérée-et-Achillée, et des figures qui couvrent l'arc de l'abside, la seule partie de l'édifice qui soit encore revêtue de mosaïques. Le sujet principal est une *transfiguration*, et l'expression en est la plus gauche du monde. Les trois apôtres témoins du miracle, saint Pierre, saint Jacques et saint Jean, ne sont pas seulement à genoux, ils ont l'air de ramper. Les deux prophètes Moïse et Élie font l'effet de deux nains, tandis qu'à côté d'eux le Christ est un géant, bien qu'à le voir isolément il soit plutôt de taille un peu trapue. Cette manière toute matérielle et enfantine d'indiquer la hiérachie des personnages en les représentant à des échelles différentes est usitée sans cesse, comme on sait, dans les premiers siècles du moyen âge, mais peut-être en avons-nous ici un des exemples les plus anciens.

On peut en dire autant de cette sorte d'arc-en-ciel de forme ovoïde dans lequel le Christ est enfermé. Ce signe de glorification, désigné dans la langue technique sous le nom de *vesica piscis*, sera d'un emploi très-fréquent à l'époque du style *ogival*; mais le rencontrer ainsi sur les confins du huitième et du neuvième siècle, c'est chose au moins très-rare, et qu'il faut noter en passant. N'oublions pas non plus qu'aux deux extrémités de cette mosaïque la sainte Vierge Marie est représentée debout et assistée d'un ange : d'un côté elle reçoit l'avertissement céleste; de l'autre elle porte son enfant dans ses bras. Dans ces deux groupes l'ange a quelque noblesse et une certaine aisance de mouvements; il est moins disgracieux que les autres figures. La sainte Vierge, au contraire, toute vêtue de rouge, produit l'effet le plus étrange et n'a rien de commun avec aucun des types, même les plus sévères, que l'art chrétien attribue à la mère de Dieu.

Mais nous voici dans une autre église où les innovations barbares vont se produire encore plus librement, c'est l'église de Sainte-Marie-de-la-Nacelle, appelée jadis *ecclesia Sanctæ Mariæ in Dominica*, une des œuvres encore existantes de ce Pascal 1er, dont le nom est comme associé au plus complet développement et presque au dernier terme de la décadence en Italie. On compte encore à Rome trois églises réédifiées et décorées par lui, Sainte-Praxède, Sainte-Cécile, et celle où nous sommes, Sainte-Marie-de-la-Nacelle. Or le hasard a voulu que, dans ces trois églises, les mosaïques soient restées matériellement mieux conservées que dans la plupart de celles dont nous avons parlé plus haut. Elles représentent des scènes plus complètes, des sujets plus variés. Aussi, quelles qu'en soient les imperfections, si lourd et si tourmenté qu'en soit le style, il faut les examiner avec un soin particulier.

Et d'abord dans cette église de Sainte-Marie-de-la-Nacelle, au centre de la voûte hémisphérique de l'abside, à la place d'honneur ordinairement occupée par le Christ lui-même, qui trouvons-nous? La sainte Vierge dans une pose et dans des conditions entièrement nouvelles. Ce n'est plus, comme tout à l'heure, une modeste femme, debout, dans l'attitude de la prière et de l'adoration, c'est la Vierge béatifiée, triomphante, assise sur un trône d'or, au milieu de sa cour céleste. Des légions d'archanges et de séraphins se pressent autour du trône pour contempler la Mère et l'Enfant, pendant que le pape Pascal, agenouillé sur un tapis, tient humblement dans sa main un des pieds de la Reine du ciel. Cette scène, quoique rendue de la façon la plus grossière, sans goût, sans dessin, sans nuances, n'en est pas moins d'un effet imposant. La sainte Vierge ainsi comprise est le prototype de toutes les madones béatifiées et intronisées qui, pendant trois ou quatre siècles, jusqu'au temps de Cimabuë et de Giotto, vont se perpétuer en Italie; vierges sombres, moroses, solennelles, aux regards obliques et majestueux, parées comme des impératrices, austères comme des anachorètes. Vers les approches de la Renaissance, on les verra peu à peu se transformer, s'humaniser, sans descendre de leur trône d'or, sans renoncer à leur dais triomphal, toujours parées, encensées, glorieuses, mais souriantes et embellies par tous les enchantements de l'art.

Ici l'austérité l'emporte encore sur la gloire : malgré son trône, malgré la place dominante qu'elle occupe, cette madone est triste ; ses traits, son expression, sa robe d'un bleu noir, le manteau qui l'encapuchonne, sombre coiffure à l'africaine, tout en elle est sévère, roide, étroit, compassé ; et quant aux anges groupés aux deux côtés du trône, ils sont si élancés, si sveltes et si minces, qu'on est d'abord tenté d'en rire : c'est le principe de la spiritualité porté à sa dernière exagération. Cependant cet excès de hardiesse et de légèreté ne laisse pas que de produire un effet assez extraordinaire. Mais ce qui, dans cette mosaïque, est plus étonnant encore que ces anges à la taille de guêpes et grêles comme des sauterelles, c'est l'artifice employé par l'artiste pour les multiplier en apparence. Il ne se borne pas à nous représenter ceux qui occupent le premier plan, il veut nous montrer ceux qui sont par derrière. Or, comme des cercles lumineux, des nimbes, entourent, selon l'usage, toutes ces têtes angéliques, au-dessus du premier rang de nimbes il en trace un second, dont on ne voit que les sommets, puis au-dessus du second un troisième encore un peu moins visible, et ainsi de suite jusqu'au cintre qui encadre le tableau. Il en résulte, en perspective, le simulacre d'une foule immense, effet très-simple assurément, et dont aujourd'hui personne ne saurait gré au plus mince écolier, mais qui, à une époque et dans une œuvre où toutes les lois de l'art sont outrageusement méconnues, devient un fait extraordinaire. Depuis le sixième siècle, nous n'avons rencontré, de mosaïque en mosaïque, que des figures et des objets juxtaposés, pour ainsi dire, sans la moindre prétention aux illusions d'optique, sans la moindre combinaison de lignes qui fasse voir à l'esprit autre chose que ce que les yeux perçoivent. Or ici, pour la première fois, au plus fort de la décadence, cette intention se manifeste. Il faut aller jusqu'à Giotto, nous dirions presque jusqu'à Beato Angelico, c'est-à-dire franchir cinq ou six siècles, avant de retrouver un effet de perspective aussi franchement conçu que celui-ci. Cette manière d'indiquer la profondeur d'une foule et de simuler un grand nombre de personnages en échelonnant et superposant l'extrémité de leur coiffure, et notamment leurs nimbes ou leurs auréoles, le peintre de Fiésole en use fréquemment dans ses petits drames séraphiques; c'est son procédé favori pour nous montrer en raccourci toute une légion de bienheureux. Aussi, devant cette mosaïque, on est malgré soi tenté de supposer d'abord quelque restauration du quinzième ou du seizième siècle; mais, à regarder de près le travail, rien n'autorise à soupçonner le moindre remaniement. L'exécution d'ailleurs est si lourde, si maladroite, qu'on ne saurait l'attribuer à une main moderne; un manœuvre du quinzième siècle eût été forcément plus habile, et quant à une supercherie savante, à une adresse de faussaire merveilleusement dissimulée, il n'y a pas à s'en préoccuper; c'est chose ici tout à fait improbable ou pour mieux dire impossible. Il ne faut donc voir dans cette tentative qu'une singularité, un souvenir des anciens temps réveillé par mégarde et sans tirer à conséquence. Les signes de la barbarie croissante n'en éclatent pas moins de tous côtés dans cette mosaïque. L'Enfant Jésus, dans les bras de sa mère, est d'une laideur repoussante; le Christ, au sommet du grand arc en avant de l'abside, a l'air d'être debout, tant il est long, et cependant il est assis; les guirlandes de fleurs qui font bordure à la composition, bien qu'affectant l'ampleur et la richesse, sont d'une exécution aussi sèche que mesquine : elles participent de la roideur des personnages. Cette modeste branche de l'art, l'imitation des fleurs, qui avait, jusque-là, semblé survivre et résister à la contagion, voilà qu'elle est atteinte à son tour et qu'elle dégénère non moins que tout le reste.

Si maintenant nous passons aux deux autres églises décorées sous le même pontificat, Sainte-Cécile et Sainte-Praxède, nous retrouvons exactement le même style, ou, pour mieux dire, la même barbarie. Faut-il en donner la preuve? Nous hésitons, combattu que nous sommes, entre la satiété qu'inspirent de telles œuvres, et la curiosité qu'excite tout grand vestige des temps passés, si informe qu'il soit. N'oublions pas que ces mosaïques de Pascal Ier, portant son nom ou, tout au moins, son monogramme, se recommandent à la fois et comme exemples authentiques de la plus extrême décadence, et comme fragments considérables d'un système de décoration dont nous n'avons en général que des débris trop incomplets. Ceci est vrai, surtout de Sainte-Praxède. Vous ne voyez nulle part, sauf à Venise et à Ravenne, autant de mosaïques dans un même édifice. Ce n'est pas seulement l'abside et le grand arc contigu, comme dans les églises romaines les plus favorisées en ce genre, c'est un autre grand arc attenant à la nef, et une chapelle tout entière, sorte d'édicule voûté, annexe de l'église, la chapelle de saint Zénon, qui sont ici entièrement tapissés de ce brillant et solide revêtement. Aussi nous comprenons que, pour donner aux étrangers l'idée d'une église à mosaïques, il soit d'usage à Rome de les conduire à Sainte-Praxède. L'effet de ce grand ensemble est des plus imposants, effet purement décoratif, indépendant du caractère et de la valeur des objets représentés. Si les yeux n'en sont pas charmés, ils sont au moins éblouis, et c'est seulement quand le regard se prolonge qu'apparaît la faiblesse, la grossièreté de l'œuvre, et qu'on sent naître en soi un triste étonnement devant cette dégradation de l'art.

Ainsi les deux saintes filles du sénateur Pudens, par un jeu singulier du hasard, sont les patronnes des deux sanctuaires où la mosaïque chrétienne se montre à Rome dans son plus grand éclat et dans son dernier abaissement. Peut-être la barbarie est-elle allée, plus tard, encore un peu plus loin, on le verra tout à l'heure ; mais nulle part on ne juge, comme à Sainte-Praxède, des progrès de la décadence, nulle part on ne mesure aussi exactement l'espace qu'elle a franchi, notamment depuis le sixième siècle, depuis le triomphe définitif et l'influence décisive des barbares. Le terme de comparaison est facile à saisir : l'abside et le grand arc sont décorés, dans cette église, de la même manière que dans l'église des Saints-Cosme-et-Damien. Ce n'est pas seulement une imitation libre, un souvenir, une réminiscence, c'est une reproduction littérale, ou, du moins, qui croit l'être. L'auteur de la mosaïque du neuvième siècle a franchement pris pour modèle celle du sixième, avec la ferme intention d'en répéter trait pour trait l'ensemble et les moindres détails. La seule variante qu'il se soit permise, et que lui imposait son programme, a été de substituer aux deux frères Cosme et Damien les deux sœurs Praxède et Pudentienne, au pape Félix IV, le pape Pascal Ier, et à saint Théodore saint Zénon. A cela près rien n'est changé : c'est le même sujet, la même composition, le même nombre de personnages, les mêmes attitudes, le même ajustement. Aux deux extrémités du tableau vous retrouverez les deux mêmes palmiers, et, sur la cime d'un de ces palmiers, le même oiseau fantastique à auréole lumineuse, espèce de phénix, symbole de résurrection et d'immortalité. Les accessoires et même les bordures ne sont pas moins fidèlement imités, et au-dessous de la composition principale, sur une sorte de frise allongée qui se termine, aux deux extrémités, par une image en miniature des deux saintes cités, Bethléem et Jérusalem, les douze apôtres et leur divin maître sont, dans les deux églises, représentés sous la même forme allégorique, sous forme de brebis entourant un agneau.

Voilà donc deux peintures calquées l'une sur l'autre, et qui devraient, par conséquent, bien qu'à trois siècles d'intervalle, être semblables, ou peu s'en faut. Admettons que la plus récente laissât voir, comme toute copie, moins de franchise dans le trait, plus de lourdeur, plus de mollesse, moins d'accent dans l'exécution; ne semble-t-il pas que, au moins à première vue, l'effet d'ensemble devrait être le même? Eh bien, tout au contraire, c'est à première vue que la ressemblance vous échappe, vous ne la découvrez qu'avec effort et par réflexion. Jamais, d'abord, vous ne croiriez qu'il y ait entre ces deux œuvres l'étroite parenté, la filiation directe que nous venons de constater. Soit impuissance à copier exactement, soit besoin d'innover, d'obéir à son propre goût et au goût de son temps, même en se proposant de suivre les pas d'un autre, l'imitateur, dans cette abside, semble n'agir qu'à sa tête. Les dissemblances sont plus saillantes que les analogies. Déjà bizarres, on s'en souvient, dans la composition originale, les personnages deviennent dans la copie tout autrement extraordinaires. C'est une maigreur, une rudesse, une exiguïté de formes, une configuration étroite et anguleuse, un air farouche, inculte, pétrifié, qui semblent constituer une espèce d'hommes à part ; et quant aux brebis de la frise, déjà bien peu vivantes et pauvrement dessinées dans l'œuvre originale, elles perdent dans l'œuvre imitée tout caractère propre à la race ovine ; on dirait des jouets d'enfants, de petits chevaux de bois grossièrement taillés. Vous touchez donc du doigt, en comparant ces deux absides, vous mesurez de l'œil les progrès de la décadence. Même donnée, même composition, mêmes matériaux, même profusion de pierres et de vitrifications dorées et colorées, et cependant effet tout différent ; vous êtes dans un autre monde, à un degré plus bas de l'échelle des êtres, vous vous sentez comme en dehors de la civilisation.

Et ce n'est rien encore que de comparer ces deux absides, le contraste est bien plus frappant, s'il s'agit des grands arcs. Dans l'église des Saints-Côsme-et-Damien, en effet, la décoration du grand arc est de beaucoup supérieure à celle de l'abside. La scène est grandiose, c'est le chapitre IV de l'Apocalypse mis en action. Sujet alors nouveau, car ni dans les catacombes, ni même après l'émancipation, dans les monuments publics décorés au quatrième siècle et au commencement du cinquième, on ne voit aucune trace de cette imagination mystique. Les scènes représentées sur le grand arc de

Sainte-Marie-Majeure, par exemple, sont purement *historiques*, c'est-à-dire empruntées à l'Ancien ou au Nouveau Testament. La vision de saint Jean n'y figure pas encore[1], elle n'apparaît qu'au milieu du siècle[2], sur le grand arc de Saint-Paul-hors-les-murs, et devient dans les siècles suivants le thème habituel et presque obligé de la décoration des églises. Le trône mystérieux, le trône de l'agneau, les sept candélabres, les quatre animaux fantastiques, symboles des quatre Évangélistes, les vingt-quatre vieillards offrant avec enthousiasme leurs couronnes à l'agneau, tel est le texte entièrement neuf sur lequel ces mosaïstes à demi barbares avaient à s'exercer. Ils s'en tirèrent d'abord avec un rare bonheur, à en juger soit par la restauration moderne de Saint-Paul-hors-les-murs, soit surtout par ce qui nous reste du grand arc des Saints-Cosme-et-Damien. Les quatre anges, debout devant les candélabres et chantant les louanges de l'agneau, sont remarquablement conçus : ils ont du feu, de la grandeur, un certain rhythme animé qui s'éloigne du calme antique sans tomber dans l'agitation, un caractère original bien adapté au sujet, quelque chose de puissant et d'aérien tout ensemble. Or ces mêmes quatre anges, sur l'arc de Sainte-Praxède, ne sont plus que de pauvres chérubins mesquins, chétifs, étiolés, et le reste de la scène est traduit aussi misérablement.

Il faut pourtant le reconnaître, cette traduction a un mé-

---

[1] Le seul emprunt fait à l'Apocalypse dans les mosaïques de Sainte-Marie-Majeure est le trône de l'agneau qu'on voit au sommet du grand arc. Sur le trône est placé l'agneau expirant, et un peu plus bas le livre aux sept sceaux

[2] De 450 à 460.

rite : elle comble une grande lacune. L'église des Saints-Cosme-et-Damien a été restaurée il y a déjà longtemps, et la restauration, en fortifiant les pieds-droits du grand arc, a brutalement fait disparaître sous deux massifs de maçonnerie une bonne moitié de la décoration des pendentifs, notamment les vingt-quatre vieillards, divisés en deux bandes, douze d'un côté, douze de l'autre. De ces deux groupes, où les figures symétriques superposées étaient rangées quatre par quatre, il ne reste de chaque côté qu'un petit fragment de draperie, un bout de manche portant une couronne. Ces deux tronçons seraient incompréhensibles sans le grand arc de Sainte-Praxède, où la scène tout entière se développe. C'est un spectacle singulier que les mouvements violents, les gestes convulsifs, les grandes robes flottantes et agitées de ces vieillards ; et, chose encore plus étrange, tous à la fois ils font le même geste, prennent la même pose, se drapent de la même façon et observent entre eux une égale distance, à un centimètre près. Il n'y a pas de soldats à l'exercice qui exécutent un mouvement d'ensemble avec autant de précision.

Peut-être sur le grand arc des Saints-Cosme-et-Damien cette même scène était-elle rendue un peu plus librement ; on doit le supposer, puisqu'à Saint-Paul-hors-les-murs, sur l'arc de Placidie restauré, les vingt-quatre vieillards, divisés aussi en deux groupes, sont dans une attitude sensiblement plus modérée ; ils ont plus de souplesse et moins de brusquerie ; mais l'effet général n'en est pas moins le même, car là aussi les gestes sont uniformes, les mouvements simultanés.

Qu'est-ce donc que cette manière d'exprimer les sentiments collectifs d'une foule d'hommes réunis, de faire intervenir le chœur, en quelque sorte, de le faire agir et parler, même en peinture ? est-ce une réminiscence des traditions antiques ? Jamais, à la belle époque de l'art, ni chez les Grecs ni chez les Romains, vous ne trouverez rien de tel : l'expression d'un sentiment, même unanime, s'y manifeste toujours par quelques diversités individuelles. Mais, dans les temps archaïques de la Grèce, il n'est pas rare de voir, soit sur des vases peints, soit sur des bas-reliefs, des séries de personnages dont la pose, le geste, le profil, sont identiquement les mêmes, et qui se drapent dans des étoffes taillées sur le même patron. C'est surtout en Égypte, en Asie, et, par exemple, à Ninive, que cette répétition uniforme de la même expression sur un grand nombre de figures, cette simultanéité de poses et de mouvements, semblent avoir été d'un usage fréquent, comme l'attestent tant de curieux bas-reliefs des musées de Paris et de Londres. Ainsi l'art dégénéré revient, sans le savoir, par une pente fatale, aux instincts et aux procédés de l'art encore enfant. Il faut, du reste, en convenir : une fois admis le principe de cette uniformité mécanique, l'effet peut en être puissant, à peu près comme dans l'harmonie l'effet de certains unissons. L'identité du geste correspond, dans les arts du dessin, à l'identité de la note en musique. Ces pléonasmes sont un moyen matériel et à demi barbare, mais saisissant et presque infaillible, d'accroître chez les spectateurs l'intensité des sensations.

On en pouvait juger en Italie, il y a trente ou quarante ans, lorsque le chorégraphe Vigano faisait représenter ses célèbres ballets, pantomimes hardies, passionnées, qu'exécutaient au même instant et de la même manière tous les choristes à la fois. Cette mise en scène, ou, pour mieux dire, cette manœuvre, semblait d'abord fatigante et presque ridicule ; puis bientôt on s'y accoutumait ; et rien ne peut donner l'idée du charme irrésistible, de l'entraînement enthousiaste qui résultait à certains moments de ces effets de masses symétriques et régularisées. Sont-ce les mosaïques de Sainte-Praxède, est-ce la vue de ces vingt-quatre vieillards qui avait inspiré Vigano ? On serait tenté de le croire, tant la similitude est grande entre son système chorégraphique et l'action simultanée, la mimique uniforme de ces deux groupes de figures.

Nous aurions bien d'autres singularités à signaler sur les parois de Sainte-Praxède, notamment à propos du grand arc de la nef, lequel est revêtu, comme l'arc de l'abside, de scènes apocalyptiques. De nombreux personnages y sont représentés et distribués par groupes. Ce sont des chœurs aussi, mais non plus en action, des chœurs tranquilles et au repos. L'artiste veut exprimer une foule compacte, et Dieu sait comme il s'en acquitte ! Sa perspective est encore autrement grossière que celle de son confrère de Sainte-Marie-de-la-Nacelle. Évidemment ce grand arc de la nef est ce qu'il y a de plus complétement barbare dans l'église. Certaines parties de la chapelle de saint Zénon, et particulièrement la voûte, laissent voir, à côté des plus tristes misères, quelques restes d'un sentiment décoratif assez élevé ; tandis que, sur ce grand arc, rien ne compense la platitude de la pensée et la faiblesse de l'exécution.

N'entrons pas à Sainte-Cécile, nous ne pourrions que répéter ce que nous venons de dire. C'est la même influence, toujours Pascal Ier, le même goût, le même oubli de la forme humaine, la même disparate entre la richesse des costumes et la difformité de ceux qui en sont vêtus.

Un mot seulement pour constater qu'une autre église, décorée par un des successeurs de Pascal [1], l'église Saint-Marc, voisine du palais de Venise, possède la mosaïque incontestablement la plus barbare qui soit à Rome. Ce genre de supériorité ne peut lui être refusé. C'est le dernier mot, le *nec plus ultra* du neuvième siècle. Tout respect d'une règle quelconque, toute velléité d'expression, toute notion d'ordre et de beauté, ont disparu de cette œuvre, presque unique en son genre. L'amaigrissement des figures, l'allongement des corps, le rétrécissement des draperies, ne peuvent être portés plus loin.

Et cependant il nous reste encore à visiter un édifice, un seul, pour en avoir fini avec l'ère de la grande décadence à Rome. C'est Sainte-Françoise-Romaine, église presque attenante à la basilique de Constantin et décorée par le second successeur de Pascal, le pape Nicolas Ier, par conséquent du neuvième siècle encore, mais de la seconde moitié, de 865 environ. Il n'y reste qu'une seule mosaïque couvrant la voûte de l'abside, et très-barbare, cela va sans dire. La figure principale, la figure de la sainte Vierge, placée au centre de l'hémicycle, est même une des plus hideuses qui se puisse imaginer, ce qui n'empêche pas qu'il n'y ait dans cette œuvre un singulier mélange de bon et de mauvais, un cachet tout par-

---

[1] Grégoire IV, de 830 à 840.

ticulier, des nouveautés étranges, des lueurs d'espérance, des promesses d'avenir. La composition, par exemple, est d'un genre inconnu jusque-là, du moins en Occident. Les suivants de la sainte Vierge, saint Jean, saint Jacques, saint Pierre et saint André, sont représentés chacun sous un arc à plein cintre porté par deux colonnes se détachant sur un fond d'or. C'est un motif en grand usage au onzième et au douzième siècle, mais qui devient extraordinaire par cette apparition prématurée. N'oublions pas non plus la magnificence tout orientale des costumes, la coiffure presque phrygienne de la madone, et une sorte de tente en forme de coquille qui s'étend sur toute la partie supérieure de la mosaïque, comme pour abriter les personnages. Ce *velarium* entouré de guirlandes n'est pas d'un goût très-pur : c'est quelque chose d'analogue à certains caprices raffinés qu'on trouve à Pompéi, ou même à quelques fantaisies de notre style pompadour. On voit donc qu, si la barbarie n'est pas exclue de Sainte-Françoise-Romaine, elle s'y permet au moins certaines hardiesses et obéit à certains besoins, sinon de progrès encore, du moins de changement.

N'était-ce là qu'un exemple isolé, une exception sans conséquences? Le dixième siècle, à Rome, a-t-il suivi cette voie entr'ouverte? a-t-il, au contraire, fait retour aux traditions de Sainte-Praxède et de Saint-Marc? nous ne saurions le dire, puisque, à partir de ce moment, les monuments nous font défaut. La lacune est complète à Rome pendant plus de deux siècles. De 868 à 1130 environ pas une mosaïque, pas un reste authentique de peinture décorative. Il faut, pour combler ce vide, parcourir l'Italie, aller à Ravenne, à Venise, à Florence, et là, comme partout, le dixième siècle est à peu près stérile ; ce n'est qu'à son dernier terme et au commencement du onzième qu'on découvre quelques franches lueurs, quelques premiers symptômes de véritable aurore.

Sans nous assujettir à recueillir ces témoignages, et sans sortir du cercle où, jusqu'ici, nous nous sommes tenu, les murs de la ville éternelle, nous n'aurions fait qu'un travail incomplet, si nous négligions d'assister au réveil de la mosaïque dans le douzième et le treizième siècle. Plusieurs églises offrent encore à Rome de curieux indices de cette résurrection : entrons-y donc, suivons cette nouvelle phase, mais en jetant d'abord comme un dernier regard sur celle que nous venons de parcourir, sur ces six siècles de ténèbres, et sur les questions, non moins obscures, qu'ils soulèvent et qui les dominent.

IV

FIN DE LA DÉCADENCE. — DOUZIÈME ET TREIZIÈME SIÈCLES.

Par quelles causes et sous quelles influences s'est développée, à Rome et dans l'Occident, la longue décadence dont nous venons de suivre les principaux degrés depuis le quatrième jusqu'au dixième siècle? Quelle est, dans ce sommeil, dans cet abaissement des arts du dessin, la part de responsabilité qui regarde les populations latines, celle qui revient aux Grecs, ou, pour mieux dire, à l'Orient, celle qu'il faut imputer aux barbares? Rien n'est plus difficile que de faire ce départ; et cependant c'est là le principal problème que suggère le spectacle de cette triste époque. On veut savoir à qui s'en prendre, connaître les vrais coupables de tant de barbarie. Aussi, chemin faisant, à propos de chaque mosaïque, avons-nous indiqué nos conjectures à ce sujet. Il s'agit maintenant de réunir ces vues éparses, de les coordonner, de les concilier et de leur donner, s'il est possible, un peu plus de clarté.

Et d'abord n'est-ce pas un fait certain que les populations latines, abandonnées à elles-mêmes, ne seraient jamais tombées si bas? Comme toutes les créations humaines, les arts du dessin sont sujets à déchoir : ils s'abaissent après s'être élevés, ils languissent après avoir fleuri; ce n'est là que le sort commun et la loi nécessaire. Chez chaque peuple, à certains intervalles, on assiste à de telles défaillances sans qu'il faille y chercher d'autres causes que l'infirmité de notre nature, la mobilité de nos goûts, notre impuissance à nous fixer longtemps sur certaines hauteurs, quand une fois nous les avons gravies. Le caractère de ces décadences, en quelque sorte naturelles, ce n'est pas la barbarie, c'est plutôt la médiocrité. Un peuple peut marcher ainsi, pendant de longues années, toujours moins inspiré, moins simple, moins fécond, plus maladroit quoique plus raffiné, plus ignorant quoique plus érudit, sans perdre pour cela les premiers rudiments de l'art, sans retourner à l'enfance, sans tomber dans la décrépitude. Il reste sur la voie battue, et suit paisiblement l'ornière; il n'ose rien, ne tente rien; mais l'ornière le protége et ne lui permet pas de s'égarer par trop.

Telle fut dans l'ancienne Grèce, après les deux grands siècles de Périclès et d'Alexandre, l'époque encore brillante, mais terne par comparaison, qui dura jusqu'au jour où les légions romaines pénétrèrent sur le sol hellénique; telle fut à Rome, après le siècle d'Auguste, surtout après les Antonins, cette autre période d'affaissement et de lassitude qui correspond aux suprêmes efforts du paganisme expirant. Dans ces deux décadences, que voyons-nous? absence d'inspiration, fausse richesse, lourdeur de main, platitude et monotonie, mais rien de plus, rien d'absolument difforme, rien de monstrueux, à proprement parler. Il en est autrement de la grande décadence dont nous nous occupons, de celle qui succède au réveil momentané de l'art devenu chrétien. Ici plus de chemin battu, plus d'ornière; de brusques innovations, un changement radical; types de figures, principes de compositions, tout est nouveau et en contradiction directe avec l'ordre établi. Il n'y a pas seulement décadence, il y a désordre et rébellion.

Aussi, pour expliquer un tel état des choses, il n'est guère qu'un moyen: croire à l'intervention d'une cause extérieure. Ce n'est pas de lui-même, par sa propre impulsion, qu'un peuple abandonne ainsi sa façon de voir et de sentir. Il faut qu'un style d'origine étrangère ait fait invasion chez lui. Mais de quel style ici peut-il être question? C'est un point sur lequel les opinions varient.

L'usage le plus répandu veut qu'on appelle *byzantines* les œuvres de cette époque, et en particulier ces mosaïques de

Rome, surtout celles qui, postérieures au cinquième siècle, s'éloignent de plus en plus du caractère latin. Elles ne sont plus romaines, donc elles sont byzantines ; telle est l'explication courante, celle qu'adoptent les *guides* et la plupart des livres qui traitent ces questions.

Quelques critiques cependant, se piquant de plus d'exactitude, prennent le contre-pied de l'opinion reçue, et soutiennent qu'il n'y a pas à Rome une seule mosaïque qu'on soit en droit de qualifier ainsi : elles sont toutes, s'il faut les croire, purement et simplement latines [1].

Qui a tort et qui a raison? personne, assurément. On se querelle sur des mots qu'on ne définit pas. Ceux qui voient du byzantin partout entendent, au fond, par ce mot, tout ce qui est bizarre, incorrect ou difforme. Une figure qui s'écarte des données habituelles de l'antiquité classique, qui affecte quelque roideur, une attitude un peu gênée, une expression étrange, devient pour eux une figure byzantine. Les autres, au contraire, n'acceptent pour byzantin que ce qui est fait à Byzance même, et de main néo-grecque, ou bien encore ce qui est littéralement conforme à certains types, à certains procédés dont l'authenticité leur semble incontestable [2]. Pour eux la question de style est, comme on voit, subordonnée à la question de main-d'œuvre. En raisonnant ainsi de part et d'autre, on est bien sûr de ne jamais s'entendre.

Qu'y a-t-il donc dans ces mosaïques et quel nom faut-il

[1] C'est à cette opinion que se range M. Barbet de Jouy, dans son Introduction, pages xiv, xv et suivantes.
[2] Voir l'Introduction de M. Barbet de Jouy, page xviii.

leur donner? Chez presque toutes vous trouvez, quoi qu'on dise, un élément byzantin, néo-grec, oriental, peu importe le nom : c'est un fait démontré et de toute évidence. La forme des costumes, le caractère des broderies, l'esprit des ornements et des symboles, le prouvent surabondamment. S'ensuit-il que l'esprit byzantin y règne absolument seul? Non certes ; un fond d'idées et de formes latines s'y laisse encore entrevoir çà et là. On n'a donc tout à fait tort ni d'un côté ni de l'autre. Seulement on oublie un troisième élément, lequel nous semble le plus visible et le moins contestable de tous. Chose étrange, la question qui s'agite est une question de barbarie, et justement on oublie les barbares.

Ce sont eux cependant qui donnent à cette décadence son véritable caractère, ce qu'elle a d'excessif, d'abrupt, d'incohérent et de désordonné. D'où vient donc qu'il n'est pas question d'eux? Pourquoi ne pas les mettre directement en cause? C'est qu'il n'existe pas contre eux de pièces de conviction, s'il est permis de parler ainsi. Ils n'ont rien édifié, rien produit, ils n'ont fait que détruire. Nous n'avons de leur savoir-faire aucune trace, aucun exemple ; les termes de comparaison nous manquent : style byzantin, style latin, chacun sait à peu près, ou croit savoir ce que cela veut dire : style barbare, telle chose n'exista jamais, ni en général ni même en particulier. C'est aujourd'hui un point acquis à la science que ces mots, *architecture lombarde*, *architecture saxonne*, *architecture visigothe*, sont des dénominations arbitraires. Les monuments ainsi classés par des traditions apocryphes n'offrent aux yeux de la vraie critique aucun signe qui justifie ces étranges appellations. Ils sont en général, ou plus anciens ou plus modernes que le règne éphémère des peuples dont on leur fait porter le nom. De même en paléographie il n'y a de classifications réelles, même pour les siècles où les barbares se disputaient l'Occident, que des divisions géographiques, ou, pour mieux dire, des distinctions d'écoles monastiques. Quant aux Lombards, aux Saxons, aux Visigoths, ils ne possédaient pas plus un corps d'écriture à eux, une méthode de calligraphie, un système d'enluminure, qu'un art de décorer et de bâtir des monuments.

Voilà comment s'explique l'usage si général d'attribuer à d'autres qu'aux barbares cette décadence dont ils sont cependant, sinon les agents directs, du moins les auteurs véritables. Ils échappent à la critique faute de corps de délit; il faut les deviner, on ne peut les saisir. Évidemment ce ne sont ni des Huns, ni des Goths, ni des Hérules, qui ont mis la main à ces mosaïques, dessiné ces figures, taillé ces cubes, ajusté ces incrustations; à ne prendre les choses qu'au point de vue de la main-d'œuvre, ceux qui adoptent la thèse d'une origine purement latine peuvent donc avoir matériellement raison; il est possible, il est même probable qu'au plus fort de cette décadence les ouvriers à Rome fussent encore, pour la plupart, Latins; mais là n'est pas la question. C'est l'esprit de l'œuvre dont il s'agit de s'enquérir. Or l'élément le moins apparent, le moins en relief, le plus sacrifié de tous, est ici l'élément latin. C'est même, il faut le dire, cet effacement, cette disparition presque totale de toute physionomie romaine qui, à partir surtout du sixième et du septième siècle, donnent à ces monuments un cachet si étrange, et cet aspect insolite, anomal, qu'à défaut d'autre terme on désigne du nom de byzantin. Le travail peut donc être de main latine, si l'on veut, il n'en est pas pour cela plus latin. Il est barbare, vraiment barbare, enté sur vieux fond romain et miparti de byzantin, voilà ce qui ressort aussi bien des détails que de l'ensemble de ces mosaïques. Quant au mot byzantin, pour l'expliquer tel que nous l'entendons, pour en déterminer le sens complexe et presque contradictoire, il faudrait tout un commentaire. Nous en reparlerons bientôt. Insistons tout d'abord sur le point capital, sur le rôle, à la fois indirect et prépondérant, qui appartient aux barbares.

Rien ne s'explique mieux que cette prépondérance. Par qui les arts furent-ils patronnés à Rome dès le milieu du cinquième siècle et dans les siècles suivants? Aux frais de qui continuèrent-ils à travailler? A qui s'adressait l'Église pour décorer ses temples, pour subvenir à la dépense de ces revêtements splendides dont il nous reste à peine d'incomplets fragments? Elle s'adressait à ceux qui avaient la force et la richesse. Ce n'était pas l'ancienne société qui pouvait lui venir en aide : il n'en restait que de pauvres débris; les puissants, les heureux du jour n'étaient plus les Latins. Seuls, les barbares regorgeaient d'or, et, à mesure qu'ils se convertissaient, ils devenaient, d'assez bonne grâce, les trésoriers des monuments qui, bien ou mal, se bâtissaient encore. Par zèle ou par ostentation, seuls ils entretenaient dans l'ancien domaine de l'art un simulacre de vie. Or, quelque que fût leur docilité vis-à-vis de l'Église, vis-à-vis des moindres survivants de l'ancienne civilisation, ces nouveaux maîtres, ces possesseurs du sol, avaient cependant des goûts à eux, des habitudes; en travaillant à leurs gages, il fallait bien s'accommoder un peu à leurs idées, à leurs lumières, se mettre à leur niveau, se plier à leur intelligence. Or les peuples incultes sont, en ce qui concerne le sentiment des arts, de véritables enfants. Ce qui veut dire qu'ils ont des marottes, des routines dont il est difficile de les déshabituer. Les enfants, comme on sait, à de très-rares exceptions près, ne naissent pas artistes; on peut même dire que, livrés à eux-mêmes, avant toute leçon, ils ont une méthode naturelle d'une remarquable fausseté. Hors d'état non-seulement d'exprimer ce qu'ils voient, mais même de voir ce qui est, les premières fois qu'ils s'emparent d'un crayon, c'est pour en faire le plus étrange usage. Ils ont des partis pris, des conventions qu'ils se transmettent, on ne sait comment, d'âge en âge, et en tout pays. Ils sont systématiques par instinct, comme le deviennent par calcul certains artistes raffinés. Nous n'en voulons pour preuve que la manière invariable dont ils expriment les traits de la figure humaine et l'œil en particulier. Dans une tête de profil ils donnent à l'œil exactement le même ovale que si la tête se présentait de face. Or les peuples encore incultes, les artistes primitifs, les archaïques en un mot, dans tous les pays du monde, n'ont-ils pas pratiqué cette méthode des enfants? Voyez les monuments de l'Égypte, de la Perse, de l'Assyrie, et même de la Grèce au berceau, les yeux des têtes de profil n'ont-ils pas tous la forme d'une amande? Que ces sortes de naïvetés ne manquent pas de charme, qu'elles plaisent aux savants et aux esprits blasés, nous ne le contestons pas; nous voulons même qu'elles proviennent, comme on le dit, d'un excès de conscience et de sincérité; que ces jeunes intelligences reproduisent ainsi les objets tels qu'ils sont et non tels qu'ils se modifient par la diversité des poses; il n'en est pas moins vrai que cette irrévérence envers les lois les plus vulgaires du modelé et de la perspective constituent ce que, bon gré mal gré, dans la langue des arts, il faut appeler barbarie.

Eh bien, c'est dans cet esprit grossièrement enfantin qu'allait désormais marcher, ou, pour mieux dire, rétrograder, cette population d'affranchis et d'esclaves qui, au cinquième siècle, à Rome, gagnait encore sa vie à travailler le stuc, le marbre et la couleur. A peine réveillés de leur léthargie païenne par le nouveau principe d'inspiration sorti des catacombes, les artistes et manœuvres romains, pour ne pas mourir de misère, pour plaire à leurs nouveaux patrons, à leurs Mécènes à demi sauvages, allaient se mettre à désapprendre le peu qu'ils savaient encore, à rompre de leurs mains, pièce à pièce, la chaîne traditionnelle, la savante série d'observations, d'expériences, de procédés et de combinaisons que leur avait transmis la Grèce comme un merveilleux héritage.

Voilà comment s'explique cet abaissement subit, cette chute précipitée qui n'a d'exemple dans aucune autre décadence. Pour tomber aussi bas en moins d'un demi-siècle, il fallait cette circonstance unique qu'il y eût profit à déchoir, que chacun se crût intéressé à jeter à la mer la meilleure part de son savoir, qu'une sorte d'émulation à rebours s'emparât des esprits et les fît aspirer à descendre. En un clin d'œil, pour se mieux conformer au genre d'optique des vainqueurs, pour s'en faire mieux comprendre et pour en être mieux traité, ce fut à qui renoncerait plus vite, l'un aux effets de perspective, l'autre aux mystères du clair-obscur, celui-ci aux artifices de la composition, celui-là au jeu des clairs et des ombres. De là ces brusques platitudes qui nous confondent d'étonnement, ce prompt retour à l'archaïsme, et à un archaïsme lourd, épais, fatigué, sans grâce, sans jeunesse et sans vie; de là ces juxtapositions de personnages, ou plutôt d'automates, les uns pétrifiés, immobiles, les autres agités de convulsions mécaniques; de là, pour tout dire en un mot, la misère et le néant de l'art.

Si, du moins, ce n'eût été qu'une surprise et l'affaire du premier moment! mais non, l'impulsion rétrograde une fois acceptée, s'arrêter n'était plus possible. Nos mosaïques en font foi : chaque siècle enchérit l'un sur l'autre. Et cela se comprend : le seul pouvoir alors en situation de résister, l'Église, avait fait, elle aussi, son pacte avec les barbares. Elle tenait trop à conquérir leurs âmes pour ne pas éviter de contrarier leurs goûts. Au lieu de mettre, dès l'abord, obstacle aux complaisances dont ils étaient l'objet; au lieu d'arrêter l'invasion de ces œuvres informes dont ses temples se tapissaient, de déclarer sacrés et immuables les types du quatrième siècle, le style de Sainte-Pudentienne, par exemple, et, au besoin, de s'armer de ses foudres contre les novateurs; elle avait mieux aimé fermer les yeux et laisser prudemment s'introduire, sur les parois de ses chapelles, ces grossières figures, ces yeux hagards, ces expressions outrées, ces types scandinaves et teutons, portraits plus ou moins fidèles de ses redoutables alliés; puis, cela fait, qu'arriva-t-il? La piété des fidèles prit au sérieux les nouvelles images, les adopta, les consacra, leur prêta d'autant plus de vertus qu'elles étaient moins humaines, de sorte que la barbarie, s'identifiant avec la sainteté, devint bientôt presque article de foi. Comment, dès lors, revenir en arrière, comment se rattacher aux traditions brisées? La moindre tentative d'étudier la nature eût fait crier au sacrilége. Ni le génie d'un saint Grégoire ni les efforts d'un Adrien Ier ne pouvaient y suffire. Leurs essais impuissants ne firent que ranimer, après leur mort, le flot qu'ils voulaient arrêter. Il fallait que la décadence suivît sa voie, la suivît jusqu'au bout, et descendît sans s'arrêter au degré le plus bas qu'elle pouvait atteindre, aux œuvres que nous ont laissées le neuvième et le dixième siècle.

Ajoutons que, dans ces tristes jours, l'Église d'Occident, tout en se séparant franchement des iconoclastes, et sans pencher le moins du monde vers leur sombre manie, n'avait au fond qu'un médiocre souci des beautés de la forme. Pourvu qu'un profond respect s'attachât aux images des saints et qu'elles inspirassent aux fidèles confiance et soumission, il lui importait peu qu'elles fussent plus ou moins conformes aux principes de l'art. Peut-être même le mépris des préceptes de l'antiquité était-il accueilli par elle avec une faveur secrète. Les séductions du paganisme étaient de date encore récente : rappeler trop au vif l'esprit de ses chefs-d'œuvre, en côtoyer de trop près les contours, n'était-ce pas risquer de raviver son souvenir? Ce genre de crainte, en ce temps-là, pouvait avoir quelque à-propos et n'être pas encore un pur anachronisme. La plupart des croyants étaient d'ailleurs prédisposés à ne rien voir en beau, ni ce monde ni ses habitants; le spectacle des calamités déchaînées sur la terre, les terreurs de tout genre qui obsédaient les âmes, je ne sais quoi de morose et de désespéré au fond des meilleurs esprits, tout contribuait alors à pousser à l'extrême les principes de la foi chrétienne, à faire de la matière non-seulement un principe inférieur et subordonné, mais un objet de mépris et de haine. Aussi quel enthousiasme pour les excès de la spiritualité! quelle déification de ses plus disgracieux indices, de la maigreur, de la longueur démesurée des corps, des formes décharnées, des yeux caves et des airs moribonds! quel oubli du savant équilibre qui préside à l'ensemble des deux natures de l'homme! Pour que l'image d'un saint ou d'un martyr parût chose sacrée et vraiment vénérable, la condition première, indispensable, était que cette image n'eût pas figure humaine.

On voit donc que, si les barbares sont les premiers, les vrais coupables, ils n'ont pas manqué de complices dans l'ancien monde civilisé. Cette décadence, que les vainqueurs ont provoquée et patronnée, les vaincus ne se sont pas fait faute d'y travailler à qui mieux mieux. C'était comme un complot universel pour l'anéantissement des principes du beau. Chez les uns le délire de l'esprit, l'extase, l'ascétisme, le rêve apocalyptique; chez les autres l'ignorance puérile, la sauvage rudesse de la matière à peine dégrossie, c'en est assez pour éclaircir l'énigme dont nous cherchons le mot, pour expliquer cette persévérante progression dont le dernier terme et, si l'on peut ainsi parler, le hideux idéal se révèle dans l'œuvre de Pascal Ier et dans l'abside de *San-Marco*.

Était-il donc vrai, comme on l'a prétendu, que ces ténèbres fussent un mal nécessaire, et que les conquêtes de l'art moderne ne pussent être achetées qu'à ce prix? Est-il vrai que, pour purger notre sol des derniers restes de l'art antique dégénéré, pour l'amender, le rajeunir, le préparer à nos propres moissons, il fût bon que pendant des siècles on n'en tirât plus rien que des chardons et des ronces? Nous doutons fort, quant à nous, de ce consolant fatalisme. Dites plutôt qu'à force de jachères, nous avons dû subir l'ingrate et pénible tâche d'un second défrichement. Et que de peines, que d'efforts, pour rapprendre ce qu'on a désappris! L'A B C, les principes, n'entrent bien dans l'intelligence qu'avec la fraîcheur du jeune âge; ils ne s'y logent qu'à grand'peine quand vient la maturité. Ne le voyons-nous pas? N'est-ce pas en partie de cette seconde éducation que proviennent pour nous, sur les principes en matière d'art, la fluctuation, l'arbitraire et l'instabilité dont nous nous ressentons aujourd'hui? Sans doute, il y a dans le réveil du onzième siècle, dans l'épanouissement du treizième, des trésors d'originalité qui auraient pu rester enfouis, si l'art antique n'eût pas sombré, si le monde n'eût pas été livré aux misères de la barbarie; mais le génie du Nord, le génie de l'ogive, eût bien fini par se faire jour de quelque autre façon, et dans des conditions peut-être plus parfaites, avec moins de labeurs et de tâtonnements, puisqu'il eût profité de la puissance acquise, de l'expérience et du savoir d'un art rival, d'un art traditionnel et en pleine vigueur. Quant à la Renaissance et aux trois siècles qui l'ont continuée, est-il besoin de dire que leur œuvre eût été, selon toute apparence, plus franche, plus complète, moins incertaine dans sa marche, moins éphémère dans ses perfections, si, au lieu d'avoir à réagir contre le mouvement chrétien du moyen âge, elle n'eût fait que continuer avec encore plus d'ampleur, avec un supplément de force emprunté à l'esprit moderne, l'alliance solennelle et publique commencée sous Constantin et brusquement interrompue par l'intervention des barbares? A quelle indicible puissance aurait pu s'élever l'art antique ainsi purifié, ennobli, régénéré de siècle en siècle au souffle fortifiant de l'inspiration chrétienne! Mais ce sont là de simples rêves, des utopies rétrospectives. Laissons ces fantaisies, retournons à la réalité : aussi bien l'art, en définitive, s'est affranchi, tant bien que mal ; il a fini par sortir de prison. Comment et par quel secours? C'est ce qu'il nous reste à indiquer.

La transition s'est opérée pendant les siècles qui n'ont produit à Rome aucune mosaïque, ou du moins, qui n'y sont représentés aujourd'hui par aucun fragment de ce genre. A comparer les points extrêmes de cet espace de deux cent soixante ans, on remarque entre les deux styles une telle différence, qu'une lacune encore plus grande semble les séparer. Et, en effet, sans être des chefs-d'œuvre dans la moderne acception du mot, ce sont au moins des œuvres d'art que les mosaïques de *Santa-Maria-in-Trastevere*, l'église qui par ordre de date se présente à nous la première dans la série nouvelle où nous allons entrer.

Ces mosaïques n'ont pas toutes même âge et même caractère. Celles du quatorzième siècle, œuvre de Pietro Cavalini, sont des compositions d'un ordre très-élevé, et, pour le dire en passant, remarquablement supérieures aux tableaux, même aux fresques les plus connues, les plus célèbres, de cette même époque. Ce n'est pas de celles-là que nous parlons, quant à présent du moins ; nous ne songeons qu'à celles du commencement du douzième siècle[1], à celles qui décorent l'abside et le grand arc intérieur, voire même une partie extérieure de l'église. En jetant en effet les yeux sur la façade vous êtes tout d'abord frappé d'une large frise colorée se prolongeant sur toute la paroi supérieure, et représentant la paraboles des vierges folles et des vierges sages. Exposée à l'injure du temps, cette mosaïque a dû subir, pour se maintenir depuis le douzième siècle, d'assez nombreuses restaurations, souvent inintelligentes : l'œuvre en a plus ou moins souffert, sans compter que, de son propre fonds, elle donne prise assurément à plus d'une critique. Il n'en est pas moins vrai qu'elle est sagement conçue, avec une simplicité toute monumentale. L'ordonnance, bien que trop symétrique encore, ne tourne pas à la roideur : les poses sont variées, les mouvements naturels ; ces dix jeunes femmes et la madone qui semble les présider, assise au milieu d'elles sur un siège d'honneur, ne manquent ni de charme ni d'élégance : en un mot, vous êtes devant une œuvre qui satisfait suffisamment vos yeux et votre raison.

Ces qualités moyennes, ces dons modestes et nécessaires, que doit posséder tout artiste sans même qu'on lui en sache gré ; ces dons, l'apanage obligé des temps de civilisation, les voilà donc revenus ! Comment ? par quel chemin ? En peut-on suivre la trace ? Ont-ils reparu peu à peu ou d'un seul coup, pour ainsi dire ? Répondre n'est guère possible, même en consultant hors de Rome quelques rares monuments de

[1] De 1130 à 1145.

date assez douteuse. On ne peut avec certitude que mesurer l'espace parcouru. Ne prenons même pas pour point de comparaison le terme extrême de la barbarie, l'abside de *San-Marco*; passons à l'autre abside, postérieure de si peu d'années, d'après le formel témoignage du Livre pontifical [1], à l'abside de *Santa-Francesca-Romana*. On se souvient que dans cette mosaïque nous avons constaté des promesses inattendues, certaines lueurs d'espoir, certain germe d'amélioration ; eh bien, ces expériences sont plus que réalisées dans la frise du douzième siècle : elles le sont mieux encore si vous entrez dans l'église elle-même, dans la partie décorée presque en même temps que la façade par le même pape, Innocent II, de 1130 à 1143 [2]. Remarquez surtout, au centre de l'abside, cette sainte Vierge splendidement vêtue, en vraie reine d'Orient, assise à la droite de son fils et sur le même trône. C'est une de ces figures qui restent dans la mémoire : sa

[1] La distance est en réalité si grande entre le style de ces deux mosaïques (celle de *San-Marco* et celle de *Santa-Francesca-Romana*), qu'on est, malgré soi, tenté de ne pas trouver suffisant l'intervalle chronologique qui les sépare (vingt-huit ans au maximum), mais le témoignage d'Anastase est si formel, il attribue si clairement la restauration et la décoration de cette église au pape Léon IV (858-868), qu'on est forcé de se rendre à son autorité. Voici les termes du Livre pontifical : « Ecclesiam autem Dei genitricis semperque virginis Mariæ quæ primitus antiqua nunc nova vocabatur, quam Dominus Leo IV papa a fundamentis construxerat, sed et picturis eam decoratam iste beatissimus præsul pulchris et variis depingi coloribus, augens decorem et pulchritudinem, corde puro ornavit speciebus. »

[2] Le nom d'Innocent II est écrit sur la mosaïque même dans une inscription dont voici les deux derniers vers :

> Quum moles ruitura vetus foret, hinc oriundus
> Innocentius hanc renovavit papa secundus.

pose est vraiment belle, et son visage, d'une suavité toute chrétienne, a presque la pureté de traits d'une tête antique. C'est un type de l'ancienne Grèce sous la parure de la Grèce nouvelle. Pour comprendre notre étonnement, il faut se reporter à la Vierge de *Santa-Francesca Romana*, la plus sauvage, il est vrai, de toutes les figures qui l'entourent; tandis qu'ici c'est le contraire, les autres personnages ne sont pas tous peut-être d'un aussi haut style que cette Vierge. N'importe, ils sont tous affranchis de la rouille barbare : ils ont vraiment figure humaine. Encore un coup, le contraste est frappant, la distance est immense. Et songez que vous n'êtes pas même à la moitié du douzième siècle, c'est-à-dire que cent trente ans encore vous séparent de Cimabuë, et cent cinquante de Giotto ! Comprenez-vous cette précocité ? Pourquoi cet art de la mosaïque se relève-t-il ainsi presque subitement ? Pourquoi prend-il l'avance sur la peinture elle-même ? D'où lui vient la lumière ? La cause plus ou moins cachée des effets les plus inexpliqués doit toujours se trouver quelque part. Si nous tournons les yeux vers l'Orient, n'entreverrons-nous pas le guide mystérieux de cette renaissance, phare lointain, inégal et souvent éclipsé, mais qui, seul néanmoins, d'un jet de sa lumière, pouvait encore dissiper nos ténèbres.

C'est ici, comme on voit, que le mot byzantin revient prendre sa place. Il s'agit d'apprécier à sa juste valeur l'art que ce mot désigne : problème compliqué, que nous n'avons la prétention ni de résoudre, ni même de poser dans toute son étendue. Il demande des soins, des précautions, des peines, qu'en général on lui accorde peu. C'est pour les écrivains qui traitent de ces matières un vrai souffre-douleur, et presque l'âne de la fable, que cet art byzantin; ils lui font porter les méfaits, les iniquités de la décadence tout entière. Connaissez-vous une histoire de la peinture en Italie qui n'affirme que jusqu'à Cimabuë, ou du moins jusqu'à son époque, la péninsule était encore en pleine barbarie, et qui n'en attribue la faute exclusivement aux Byzantins? Sienne, Pise, Florence, se disputent entre elles : sur quoi? pour décider si c'est bien Cimabuë, si ce n'est pas Guido, ou peut-être Giunta, qui a vaincu le premier les barbares. Elles ne s'entendent que sur un point, le nom de l'ennemi commun : toutes trois c'est des Byzantins qu'elles disent avoir triomphé.

Sans doute il y a du vrai, beaucoup de vrai dans ce concert réprobateur. De même qu'à Athènes, pour quelques philosophes, on comptait d'innombrables sophistes, de même, dans l'empire d'Orient, où les peintres ne manquaient pas, le plus grand nombre, et de beaucoup, étaient de pauvres barbouilleurs. Peut-être même a-t-on raison de dire que, vers le temps de Cimabuë et de ses précurseurs siennois et pisans, l'Italie était comme envahie par des nuées de ces indignes successeurs de Parrhasius et de Zeuxis. L'état de leur patrie, de jour en jour plus misérable, devait tout à la fois les pousser à l'émigration, et faire descendre leur talent à un ro...nier mécanisme.

Mais le problème n'est pas là. Plus d'un siècle avant l'époque dont on parle, ne voyons-nous pas à Rome une œuvre de peinture, œuvre considérable, où tout à coup se trouvent observées les conditions fondamentales de ce grand art? Dessin, couleur, action, composition, ajustement des draperies, mouvement des corps, expression des visages, tout dans cette mosaïque fait supposer une certaine étude de la nature, ou tout au moins la connaissance des lois du style antique, deux choses alors aussi extraordinaires l'une que l'autre, pour peu qu'on se reporte aux œuvres du même genre dans tous les siècles précédents. A qui donc appartient l'honneur de cette nouveauté? Est-ce à un Florentin, à un Siennois, à un Pisan? Non, puisque cent ans plus tard, à Pise, à Sienne et à Florence, on regardait encore comme miraculeuses et l'on portait en triomphe des œuvres incomparablement moins animées, moins expressives et plus conventionnelles que celle dont il s'agit ici. Est-ce donc à Rome même qu'était né ce respect imprévu des exemples de la nature et des leçons de l'antiquité? Rien n'autorise à le croire. Depuis la fin du neuvième siècle jusqu'au commencement du douzième, pendant cet intervalle où non-seulement les mosaïques, mais les monuments de tout genre, font à Rome absolument défaut, on sait trop bien quelles furent les causes de cette stérilité. Ce temps n'est-il pas celui des premières, des plus ardentes luttes de l'empire et de la papauté? N'est-il pas plein de troubles et de ravages? Les Normands de Robert Guiscard n'ont-ils pas sur ce sol romain fait plus de ruines, jeté plus de stupeur, que les hordes réunies des Genséric et des Totila? Ce n'est donc pas à Rome qu'il faut chercher l'explication qui nous manque; ce n'est pas là qu'a pu naître l'exemple initiateur servant de transition entre le style ultra-barbare de la mosaïque de *San-Marco*, et le style presque régénéré de *Santa-Maria-in-Trastevere*.

A défaut de preuves directes, voici peut-être un document

dont sortira quelque lumière, document bien connu, produit déjà plus d'une fois, et qu'il faut cependant citer encore ici. C'est le récit du chroniqueur du Mont-Cassin, Léon, évêque d'Ostie, racontant que, vers la seconde moitié du onzième siècle, en 1066, lorsque l'abbé Didier voulut décorer l'intérieur de sa grande basilique et en paver le sol en marbre de divers tons, il fallut envoyer jusqu'à Constantinople pour trouver des ouvriers habiles en l'art des mosaïques et des incrustations. Ces étrangers firent merveille, nous dit le chroniqueur. « Les figures de leurs mosaïques semblent « vivantes, et les pavés, par la diversité des pierres de toute « nuance, imitent un parterre de fleurs. » Puis il ajoute que le génie de ces deux arts était éteint en Italie depuis plus de cinq cents ans, et que, voulant le faire revivre ou empêcher que la pratique n'en disparût complétement, l'abbé, dans sa prudence, avec l'aide et l'inspiration de Dieu, s'attacha les maîtres qu'il avait fait venir et les chargea d'instruire de leurs secrets quelques enfants du monastère.

Que conclure de ce récit d'une authenticité certaine? Que, même en l'interprétant dans le sens le plus large et sans prendre à la lettre les paroles de l'historien, même en ne croyant pas, contrairement à ce qu'il dit, que l'art de la mosaïque fût, au milieu du onzième siècle, depuis longtemps éteint dans toute l'Italie, et en supposant qu'à Rome, par exemple, la pratique n'en eût pas complétement péri, il n'en est pas moins impossible d'admettre qu'il y fût alors florissant. L'abbé Didier n'aurait pas pris la peine d'envoyer jusqu'à Constantinople, s'il eût pu avec même avantage s'adresser simplement à Rome. Si peu avisé qu'on le suppose, et il paraît l'avoir été beaucoup, il n'eût pas fait en pure perte une telle dépense et de temps et d'argent.

D'autre part, cependant, le récit de l'évêque d'Ostie nous apprend qu'une école de mosaïque a dû prendre naissance dans le cloître du Mont-Cassin. Cette école aura pu prospérer et, peut-être, au bout d'un certain temps, répandre sur l'Italie des mosaïstes italiens. Nous voulons bien l'admettre. Allons même plus loin : supposons qu'un disciple de cette école, cinquante ou soixante ans après sa fondation, se soit trouvé chargé de décorer l'église de *Santa-Maria-in-Trastevere*, hypothèse toute gratuite et qui n'est appuyée sur rien, s'ensuivra-t-il que cette décoration soit purement italienne? L'enseignement, la tradition, seront-ils estimés pour rien ? N'y aura-t-il pas un compte à faire pour donner à chacun sa part? La véritable initiative de l'esprit byzantin, dans ce travail précoce, en sera-t-elle moins clairement établie ?

Le point essentiel, c'est qu'en 1066 le couvent d'Italie le plus riche et le plus éclairé se soit déclaré hors d'état d'orner dignement son église sans faire appel à l'art des Byzantins. Cet aveu d'impuissance tranche d'un mot la question. Et ce n'est pas seulement le récit de notre chroniqueur qui fait ici autorité; le témoignage de l'histoire en dit encore plus que lui. A voir l'état du monde à cette époque, et l'évidente inégalité de l'aptitude aux travaux d'art, de luxe et d'industrie, dans l'Orient et dans l'Occident, on peut hardiment conclure que l'Italie se berce d'une patriotique chimère en s'attribuant ici, sur tous les autres peuples, une sorte de droit d'aînesse.

Sans doute la plupart de ses villes, surtout celles que nous avons citées, les plus justement jalouses de ce genre de noblesse, ont, dès le treizième siècle, fait de vaillants efforts pour affranchir les arts de la roideur hiératique, des types conventionnels, des servitudes de tout genre qui les étouffaient encore; mais ces efforts n'étaient pas les premiers, ils avaient eu des précurseurs. Ce n'est pas seulement du treizième, c'est du douzième et même du onzième siècle qu'il est ici question : or cherchez, dans le monde entier, peu de temps après l'an 1000, à ce moment encore si proche de notre plus grande barbarie, cherchez un lieu où la figure humaine soit librement imitée et noblement comprise, sans grossier parti pris, avec un sentiment d'idéal et cependant de vie, où les arts du dessin, par une sorte de résurrection ou de tradition successive, revêtent, sous la forme chrétienne, ce même caractère intelligent et délicat qui distinguait les œuvres de la Grèce idolâtre, cherchez ce lieu, cette oasis, vous ne le trouverez que chez un peuple où jadis éclata entre la force et la grâce, entre l'esprit dorique et l'esprit ionien, cette féconde lutte d'où sortirent d'incomparables œuvres; sur ce petit coin de terre marqué par la Providence pour initier la race humaine aux principes du beau ; et ce n'est pas vers sa nouvelle capitale, vers la grande et bruyante cité, que devront se porter vos yeux, c'est seulement sur de pieux asiles, cachés, impénétrables, où semblent s'être réfugiés, loin du monde, l'esprit, la grâce, les dons exquis de l'antique Hellénie. Byzance a beau se préserver encore de l'affront que Rome a subi, ses murailles ont beau rester vierges; si les barbares n'ont pas foulé ses rues et ses portiques, elle est en contact avec eux et depuis trop longtemps, elle en a reçu trop souvent des secours pour n'avoir pas aussi accepté leurs caprices, leurs grossières et bizarres fantaisies. Vrai caravansérail de toutes les nations et des hordes qui la menacent, ni son goût ni ses mœurs ne pouvaient rester purs. Tandis que ces nids d'aigles, ces solitudes aériennes, ces inaccessibles retraites qui couronnent le mont Athos, voilà peut-être les seuls lieux de l'ancien monde civilisé où ne devait pas pénétrer la contagion des barbares.

Ceux d'entre nous qui ont conservé souvenir de nos expositions de peinture remontant à douze ou quinze années ont encore présents à la mémoire certains dessins qu'un jeune artiste, un pensionnaire de Rome, mit au salon à son retour de Grèce, et qui pour la première fois révélèrent au public le nom de Papety, connu seulement jusque-là par des travaux d'école, et dont la célébrité naissante allait bientôt s'éteindre dans une mort prématurée. Ces dessins coloriés étaient des copies faites au mont Athos, conciencieuses études, représentant des figures de saints du plus beau, du plus grand caractère, fièrement et simplement posées, vraiment chrétiennes, et conservant pourtant certain air de famille avec les dieux du Parthénon. Nous les voyons encore, tant fut vive et profonde l'impression qui nous en resta; et ce qui ajoutait à la surprise que par leur propre beauté ces peintures nous avaient causée, c'étaient les inscriptions, les témoignages authentiques, attestant que, sur les murailles où l'artiste les avait relevées, elles existaient depuis le onzième siècle. Qu'on ne fasse pas au copiste l'honneur de croire qu'il les eût embellies; tous ceux qui ont après lui fait ce pèlerinage attestent sa fidélité, et disent seulement que, dans ces mêmes lieux, beaucoup d'autres peintures pourraient être l'objet de semblables études.

Dès qu'on a vu ces figures, la Vierge et la mosaïque entière de *Santa-Maria-in-Trastevere* cessent d'être une énigme; on comprend d'où elles viennent, sinon directement, du moins par transmission, de main en main; et, malgré soi, on se prend à sourire de ce dédain si général pour le style byzantin. Jusqu'à ce qu'on trouve en Italie un groupe de couvents où soient conservées des peintures d'aussi grand âge, de date aussi certaine, et, dès le onzième siècle, s'élevant, non pas même à la hauteur de ce style si voisin de l'antique, si noblement chrétien, mais seulement au charme juvénil, à la gracieuse inexpérience des premiers maîtres toscans du treizième et du quatorzième siècle, nous dirons que la cause est jugée, qu'il n'y a pas de question, et que l'honneur d'avoir allumé même le flambeau de l'art moderne, c'est à la Grèce qu'il est échu comme dernier complément de sa poétique destinée. Le temps n'était pas loin sans doute où, passé sous le joug à son tour, sous une barbarie plus lourde et plus tenace que celle des Huns et des Vandales, ce noble peuple allait, pour quatre siècles, être effacé du rang des nations; mais plus il fut alors durement éprouvé, plus il est juste de ne rien oublier de son illustration passée et de lui restituer tous ses titres d'honneur.

Seulement on se demande quelle est donc cette école, quels sont ces maîtres du mont Athos? Sont-ils les inventeurs du style qu'ils ont pratiqué, n'en sont-ils que les héritiers et les dépositaires? en d'autres termes, est-ce vraiment une renaissance, une éclosion nouvelle que l'apparition de ce style au onzième siècle, est-ce, au contraire, un souvenir, une conservation traditionnelle et continue? S'il y a renaissance, il faut que, sur leurs rochers, ces religieux aient reçu l'inspiration du ciel; comment comprendre que d'un seul bond ils aient franchi tous les intermédiaires qui séparent le cinquième et le seizième siècle? Que, par eux-mêmes et de leur propre fonds, ils aient trouvé ce que l'auteur de l'*École d'Athènes* et des *Sibylles* n'a découvert qu'en s'aidant des efforts successifs de dix générations de peintres? Il y a là quelque chose qui touche au surnaturel. Et, d'un autre côté, s'ils ne sont que gardiens et que conservateurs, le miracle est presque aussi grand. Ils auront donc, pendant la crise, échappé à toute contagion? Ni les violences des iconoclastes, ni les subtilités du schisme, ni les corruptions de la capitale, n'auront pu les atteindre? Leur trésor se sera conservé intact pendant six siècles! Autant vaut dire que ces couvents, comme une autre arche de Noé, ont servi de refuge au génie du grand art chrétien, et que, suspendus à ces pics de la montagne sainte, ils ont dominé le déluge qui couvrait le reste de la terre!

Entre ces hypothèses également merveilleuses comment choisir? Les faits manquent pour traiter la question. Au dire de tous les voyageurs qui ont visité ces solitudes, on n'y trouve, ni sur les murailles ni dans les archives des couvents, rien qui soit antérieur à l'an 1000. Pour la partie de leur histoire qu'on tiendrait le plus à éclaircir, on en est donc réduit aux conjectures. On ne peut affirmer ni que les peintures copiées par Papety sont le début et tout ensemble l'apogée de cet art monacal, ni qu'elles sont, au contraire, la simple continuation du style des premiers temps chrétiens, et par conséquent quelque chose qui, sur le sol de la Grèce, serait à peu près l'équivalent de ce qu'aurait pu être, dans un couvent des environs de Rome, une répétition de la mosaïque de Sainte-Pudentienne, exécutée, par impossible, dans le courant du onzième siècle.

A défaut de véritable certitude, nous penchons par instinct à croire que le mont Athos a plutôt conservé qu'innové. Les éclosions spontanées, aussi bien dans les arts qu'en histoire naturelle, nous semblent volontiers suspectes; tandis que les longues persévérances, la fidélité aux *canons*, aux préceptes traditionnels, sont plus conformes qu'on ne pense à l'esprit hellénique secondé de l'esprit religieux. Nous serions bien surpris, si, du cinquième au onzième siècle, il n'eût pas existé dans les monastères de la Grèce quelques dépôts mystérieux, non pas des types mythologiques des anciennes écoles, mais des principes d'où ces types procédaient, des notions de rhythme, de mesure, d'équilibre, d'intelligente imitation, qui sont l'essence même de l'art grec. Ce qui nous porte à le supposer, c'est qu'au plus épais des ténèbres du Bas-Empire, au septième, au huitième et même au neuvième siècle, les influences néo-grecques qui par moment pénètrent en Italie semblent trahir des origines différentes, tant elles offrent entre elles de disparates et de contradictions. Ce sont, pour la plupart, des œuvres conventionnelles et purement symboliques, où l'oubli et le travestissement de la nature sont érigés en systèmes, œuvres inspirées en général par l'action pétrifiante de l'Église d'Orient, surtout après le schisme; mais, au milieu de ces grossiers exemples, on voit se glisser parfois, comme à la dérobée, d'autres œuvres, grecques aussi et d'un tout autre caractère, plus souples, plus vivantes, surtout mieux composées; rares éclairs, dont nous avons signalé des exemples soit dans la sacristie de *Santa-Maria-in-Cosmedin*, soit dans l'abside de *Santa-Francesca-Romana*. Ces souvenirs de style, comme égarés en pleine barbarie, ne sont-ils pas l'indice que, même avant le onzième siècle, le culte du passé, les primitives traditions, avaient dans ces contrées quelques adorateurs, quelque asile fidèle, et que les maîtres de la montagne sainte étaient déjà probablement les chefs de cette œuvre de régénération?

Nous ne hasardons ces conjectures que pour faire mieux sentir combien il importerait que des recherches sérieuses, une sorte d'enquête officielle, missent enfin au grand jour tous les mystères du mont Athos. Le vœu que nous formons là est le complément d'un autre souhait que déjà, dans le cours de ce travail, nous nous sommes permis d'émettre. Peut-être en demandant davantage aurons-nous chance d'être mieux écouté. Cette fois la mission serait plus difficile, surtout plus compliquée; il ne s'agirait pas seulement, comme à Sainte-Pudentienne, de copier exactement une grande page de mosaïque, le travail serait double : il y faudrait l'artiste et le paléographe. De nombreuses peintures à calquer, et, autant que possible, à reproduire trait pour trait; des inscriptions à relever, des manuscrits à compulser, des témoignages de tous genres, écrits ou figurés, à découvrir et à interroger; en un mot, une investigation complète et définitive : voilà la tâche que nous offrons à nos jeunes adeptes des écoles de Rome, d'Athènes et de Paris; voilà l'œuvre qu'il s'agit d'accomplir, et sans tarder par trop, sous peine d'en laisser l'honneur au *British Museum*, qui sait même, au *Palais de Cristal*, ou à quelque touriste anglais.

Si, par malheur, après bien des recherches, les faits paléographiques étaient sans importance, s'il fallait renoncer à de sérieuses découvertes, ce serait déjà quelque chose que d'avoir constaté ce mécompte; et les copies des peintures n'en resteraient pas moins, au point de vue de l'art, comme autant de conquêtes d'un prix inestimable. Mais la science, elle aussi, nous en avons le ferme espoir, serait payée de ses peines et obtiendrait un de ces succès féconds et décisifs qui récemment, sous le ciel de Syrie, ont couronné les efforts de deux savants explorateurs non moins courageux qu'éclairés. Ce sont aussi des questions byzantines que MM. de Vogué et Waddington, après un an de séjour en Asie, viennent de résoudre de la façon la plus claire et la plus triomphante. Qui aurait pu supposer que l'état de l'art en Orient, dans la période réputée la plus obscure, la plus inaccessible à la science, dans l'intervalle du quatrième au septième siècle, serait tout à coup mis en lumière, pris sur le fait, pour ainsi dire, par l'apparition imprévue de monuments innombrables encore debout dans le désert, et, depuis douze cents ans, inhabités, bien qu'à peine en ruines. Le goût, le style, le luxe architectonique, l'imagination novatrice de ces populations chrétiennes supposées jusqu'ici à demi barbares, par fausse analogie avec notre Occident, les voilà désormais attestés par des preuves aussi réelles, aussi palpables que ces témoins géologiques qui révèlent et décrivent les révolutions successives que notre globe a subies[1]. Il nous souvient qu'à propos de ces mêmes questions, nous soutenions, il y a quelques années, que notre style roman ne nous appartient pas en propre, qu'il n'est pas né spontanément chez nous, que les caractères de son ornementation lui assignent une origine nécessairement orientale, bien qu'en partie mêlée d'éléments indigènes[2]. Aux yeux de nos contradicteurs, nous passions, ce nous semble, non-seulement pour mauvais prophète, mais pour assez mauvais Français : et voilà que ces inductions deviennent des vérités, incontestables, péremptoires et victorieusement démontrées. Pourquoi ne pas compter sur une semblable fortune aussi bien au sommet des monts de Macédoine que sur les versants du Liban?

Notre intention n'est pas d'achever avec détail l'examen de toute la série de ces mosaïques romaines qui commencent avec le douzième siècle, et dont nous n'avons cité jusqu'à présent que les premières par ordre chronologique, celles de *Santa-Maria-in-Trastevere*. Si nous négligeons les autres, ce n'est pas par dédain, tant s'en faut. Il en est dans le nombre, il en est trois surtout, qui nous semblent hors ligne : ce sont celles qui décorent l'abside de Saint-Jean de Latran, l'abside de Sainte-Marie-Majeure, l'abside et l'arc de la tribune de Saint-Clément. Ces œuvres monumentales sont d'une rare magnifi-

---

[1] Voyez la communication faite par M. de Vogüé à l'Académie des inscriptions et belles-lettres, en mars 1863, et insérée dans la *Revue archéologique*.
[2] Voir plus loin p. 302, l'étude sur *l'Architecture byzantine en France*.

cence ; et après nous être attristé les yeux devant la série précédente, volontiers nous nous consolerions à contempler enfin d'harmonieuses lignes, d'élégantes symétries et d'angéliques expressions; mais ces trois grandes pages appartiennent à une époque où la question dont il s'agit ici commence à perdre toute opportunité. Elles sont de la fin du treizième siècle, par conséquent contemporaines de Cimabuë et presque de Giotto. Dès lors ce n'est plus merveille qu'elles aient cessé d'être barbares. La surprise qu'on ressent à rencontrer à certain jour certaines qualités de style s'atténue et s'efface, lorsque ces qualités, même avec un degré de perfection de plus, apparaissent cent ans ou deux cents ans plus tard. Il faut pourtant le dire, ou plutôt il faut répéter ce que déjà nous avons dit à propos d'une autre œuvre encore un peu plus récente [1], ces mosaïques sont d'un tout autre effet que les peintures contemporaines. Nous parlons en particulier de celles de Saint-Jean de Latran et de Sainte-Marie-Majeure, commencées vers 1288 par Jacques de Torrita, et terminées par Gaddo Gaddi.

N'est-il pas évident qu'il y a dans ces deux œuvres les signes d'un art plus avancé, quelque chose de mieux conçu, de mieux drapé, de plus souple, que dans les meilleures peintures à nous connues de Cimabuë, de ses émules et de Gaddo Gaddi lui-même ! Cet art de la mosaïque est par essence éminemment décoratif : il ennoblit et relève ce qu'il traduit, sans compter que l'éclat, la richesse, la solidité de la matière, se

---

[1] Voyez plus haut, page 281, ce qui concerne les mosaïques de Pietro Cavalini à *Santa-Maria-in-Trastevere*.

marient admirablement aux lignes architecturales. Mais ce n'est pas seulement là ce qui donne à ces deux œuvres une sorte de supériorité sur toutes les peintures, soit à détrempe, soit à fresque, exécutées presque au même moment. Qu'on y fasse attention, elles sont pleines de souvenirs, nous dirions presque d'imitations directes de l'art antique; on y trouve une foule d'allégories presque mythologiques, comme on en voit aux catacombes, et, par exemple, des génies, des enfants entièrement nus jouant sur le bord d'un fleuve, et le fleuve lui-même couché dans les roseaux et penché sur son urne, et maintes autres répétitions de motifs symboliques familiers aux anciens. Nous sommes pourtant dans une église et même au fond du sanctuaire; d'où vient cette tolérance? Et pourquoi, à cette même époque, sous peine de profanation, le pinceau ne se fût-il permis ni sur bois ni sur pierre de semblables témérités? C'est que ces mosaïques du treizième siècle ont remplacé, selon toute apparence, les décorations primitives du quatrième et du cinquième, tombant de vétusté, et que les nouveaux artistes ont pu, sans irrévérence et même à titre de respect et de fidélité, mêler à leurs propres idées, ou plutôt au programme que les progrès du temps et les changements de la liturgie devaient leur imposer, ces reproductions littérales du style et de la grâce antiques. C'est par ce genre d'emprunt et de réminiscence que ces deux absides prennent un caractère de noblesse presque classique, et une élévation de style dont au premier coup d'œil on a peine à se rendre compte. A Saint-Clément, au contraire, vous ne voyez rien de tel, soit que la décoration primitive, celle qui devait aussi porter la trace du style des catacombes, eût disparu dans les temps barbares, et ne fût plus là pour servir de modèle, soit que toute autre cause ait conseillé un système différent; vous êtes en plein moyen âge, sans mélange d'antiquité. Costumes, expressions, ornements, tout appartient à l'époque où le travail a été fait. L'abside de Saint-Clément est une immense miniature d'un manuscrit du treizième siècle.

On le voit donc, sûr quelques mosaïques de cette seconde série, il y aurait encore lieu de faire ici plus d'une observation qui ne manquerait pas d'intérêt, mais qui serait presque étrangère au but que nous nous proposons. Ajoutons qu'à partir de l'œuvre de Cavalini, dès le milieu du quatorzième siècle, une semblable étude se bornerait à constater un déclin de plus en plus rapide. Le réveil de la mosaïque au cœur du moyen âge, au moment où l'Église tendait à se séculariser et où commençait déjà l'éclosion des idées modernes, ce réveil était une méprise, et la supériorité passagère sur la peinture proprement dite que nous venons de constater devait se transformer bientôt en infériorité radicale. Cet art majestueux, cette façon de peindre, lente et traditionnelle, suppose une constance, une fixité d'idées, une unité de goût et de principes, qu'on ne rencontre guère que dans des sociétés presque sacerdotales, ou bien encore dans les époques où l'art, après avoir jeté le feu de sa jeunesse, commence à se calmer et à s'éteindre. C'est en Asie, c'est en Égypte, dans ces patries des dogmes immobiles, que la mosaïque a pris naissance : elle ne s'est acclimatée en Grèce qu'assez tard, lorsque le grand mouvement des écoles de peinture touchait presqu'à son terme, et lorsqu'il s'agissait, à défaut de nouveaux chefs-d'œuvre, d'honorer ceux des âges précédents, d'en multiplier les images, d'en perpétuer le souvenir. A Rome, c'est seulement vers le temps de Sylla, nous dit Pline[1], qu'on en vit les premiers essais, et pour les pavages seulement. Elle ne passa du sol sur les murailles que grâce aux folies de Scaurus. Mais bientôt le luxe impérial et la stérilité de l'art en firent le revêtement habituel des palais même des maisons, la décoration nécessaire de tout édifice public. Aussi, quand les Barbares veulent singer l'Empire, ils s'emparent de la mosaïque, ils la conservent avec respect, ils s'y attachent avec superstition. Plus l'art languit et devient infécond, plus ce signe de richesse, de grandeur, de puissance, est recherché, plus il se multiplie. Mais le jour où la lumière renaît, où la sève bouillonne, où le printemps, le vrai printemps commence en Italie, au quatorzième, au quinzième siècle, lorsque la peinture chaque jour invente, imagine, improvise, alors la mosaïque est impuissante à la suivre, ou, si l'envie lui prend de lutter avec elle, d'imiter ses dégradations, ses insensibles nuances, il faut qu'elle descende aux tours de force, aux procédés microscopiques, qu'elle abdique sa vraie puissance, qu'elle s'amollisse, s'effémine, et tombe à ces froids trompe-l'œil qu'on vous montre à Saint-Pierre de Rome comme les miracles du genre.

C'est à cet emploi subalterne qu'est réduit aujourd'hui ce grand art. Mais si, quant à présent du moins, son rôle actif semble achevé, il lui en reste un dans le passé encore plein de grandeur. Plus résistant et plus durable que tout autre genre de peinture, lui seul peut dire à l'archéologue cer-

---

[1] XXXVI, 60, 1 — Ibid., 64, 1.

tains mystères à jamais perdus. Nous n'avons ici soulevé qu'un faible coin du voile qui le couvre : nous avons fait seulement pressentir le genre de révélations qu'on peut s'en promettre encore, en le suivant de près sur tous les points où jadis il brilla. L'étude de la mosaïque, aussi bien dans les temps modernes que dans l'antiquité, est une première assise, une pierre angulaire de toute histoire de l'art.

IX

DE L'ARCHITECTURE BYZANTINE
EN FRANCE

I

A-t-il existé en France une architecture byzantine? Le goût, le style, les usages de la Rome orientale se sont-ils, à certaines époques, introduits dans notre art de bâtir? Comment et dans quelle mesure cette influence s'est-elle manifestée? N'en trouve-t-on la trace que sur quelques points de notre sol, à l'exclusion de tous les autres? Peut-on la reconnaître, au contraire, un peu partout, bien qu'à des degrés différents? Telles sont les questions assez complexes, assez obscures, mais dignes d'attention, que nous voulons plutôt exposer que résoudre.

On sait qu'il fut un temps où tous nos monuments du moyen âge dont les arcades s'arrondissent en plein cintre étaient, chez nous, baptisés byzantins. Cela voulait-il dire qu'on les crût précisément d'origine orientale, de style et de travail néo-grecs? Nous ne l'affirmerions pas : personne, en ces matières, ne se piquait alors d'exactitude et de précision. Byzantin signifiait romain dégénéré, contemporain du Bas-Empire; c'était une idée générale de décadence plutôt qu'une indication d'origine qu'on pensait exprimer par ce mot. Plus tard, il y a vingt-cinq ans environ, on imagina d'emprunter à la philologie une manière nouvelle de désigner cette famille de monuments; on l'appela *romane*, et le mot fit promptement fortune. Il existe, en effet, une certaine analogie entre la décomposition du latin d'où est sorti notre idiome vulgaire depuis le neuvième jusqu'au douzième siècle, et la transformation qu'a subie, dans nos contrées, l'architecture antique pendant la même période. Mais cette analogie, jusqu'où va-t-elle? La langue et l'architecture ont-elles suivi les mêmes phases? obéi aux mêmes influences? Est-ce des mêmes principes que procède leur transformation? Si, d'un côté comme de l'autre, le fondement principal, l'élément dominant, est sans contredit romain, les éléments accessoires ne sont-ils pas de nature et d'origine différentes? Sans insister quant à présent sur ces questions, nous nous bornerons à constater que, si le mot *byzantin*, pris à la lettre, donne lieu aux plus lourds contre-sens, le mot *roman*, quoique moins inexact, n'est pas non plus irréprochable : il a trop l'air de nier absolument ce que l'autre affirme outre mesure.

Un archéologue habile et consciencieux, M. de Verneilh, en composant un livre intitulé *l'architecture byzantine en*

France, a-t-il eu dessein de rajeunir, de reprendre à son compte le vieux mot, le vieux système? Tant s'en faut, il se hâte de le dire. L'école à laquelle il appartient revendique sans cesse en faveur de la France, et souvent à juste titre, l'initiative de presque tous les styles qu'a vus fleurir notre moyen âge. Elle n'a donc aucun penchant pour les termes qui expriment l'idée d'une influence étrangère, et le mot *byzantin* lui paraît aussi impropre à caractériser notre architecture à plein cintre, que les mots *tudesque* ou *moresque* à qualifier notre style à ogives. La tendance naturelle de M. de Verneilh serait, à coup sûr, de ne voir du byzantin en aucun lieu de France; mais il habite et il connaît à fond une province où, pour n'en point voir, il faudrait fermer obstinément les yeux. Quiconque a seulement traversé le Périgord sait à quoi s'en tenir sur cette question, puisqu'il a nécessairement rencontré des monuments, encore debout et en plein soleil, qui reproduisent de la façon la moins équivoque quelques-uns des principaux caractères des types architecturaux favoris à l'Orient. C'est là un fait que M. de Verneilh se garde bien de méconnaître. Non-seulement il l'admet; il en proclame les plus extrêmes conséquences : il croit, en Périgord, à l'influence des idées byzantines, il croit même à leur importation directe : il signale un édifice, un seul à la vérité, la cathédrale, ou si l'on veut, la grande mosquée de Périgueux, qui lui paraît si complétement inspiré par les souvenirs d'Orient, qu'il le suppose de construction véritablement byzantine, c'est-à-dire bâti par des artistes *nés ou entièrement formés en Orient*. Mais il ne fait cette concession que pour en venir plus sûrement à ses fins; l'exception confirme la règle : il se croit mieux en mesure de nier l'existence d'un élément byzantin dans tout le reste de la France, après l'avoir ainsi affirmé sur un seul point. Il veut bien reconnaître que ce monument unique a, soit dans son voisinage immédiat, soit dans les provinces limitrophes, donné naissance à des imitations; mais il trace le rayon au delà duquel ces imitations incomplètes et partielles cessent de se montrer, et il en conclut qu'en dehors de ce rayon, c'est-à-dire sur tout le reste du sol français, on chercherait vainement un exemple d'architecture byzantine proprement dite ; que tout au plus, çà et là, rencontre-t-on quelques traces extrêmement rares de l'esprit oriental dans les parties purement accessoires de l'architecture, dans les détails de l'ornementation.

Ce sont là des conclusions qu'on ne peut accepter sans réserve. Nous partageons, sur beaucoup de points, les idées de l'auteur, nous sommes tout aussi pénétré que lui du caractère évidemment exotique de la cathédrale de Périgueux, mais nous ne saurions en faire le type unique et nécessaire du style byzantin ; encore moins pouvons-nous admettre que la configuration, le plan des édifices, constituent seuls l'architecture proprement dite, et que l'ornementation, surtout quand il s'agit de la classification des styles, ne soit qu'un accessoire secondaire et insignifiant. Nous croyons donc qu'en adoptant de confiance les conclusions de M. de Verneilh on risque, dans un sens, de dépasser un peu le but, et dans l'autre, de rester un peu en deçà. Mais, avant d'expliquer notre pensée, ne faut-il pas avoir fait mieux connaître les idées de l'auteur ? Il a droit qu'on en use sérieusement avec lui. Il n'écrit sur ces matières qu'avec conscience et réflexion. Les essais détachés qu'il a déjà publiés sont tous marqués à ce cachet, entre autres une excellente étude sur la cathédrale de Cologne, véritable service rendu à l'histoire archéologique. Ce n'est pas seulement l'antériorité de nos premiers monuments à ogives sur ceux de l'Allemagne que cet écrit démontre avec clarté, il établit la provenance directe et incontestable du chef-d'œuvre si justement cher à nos voisins : ce que le rapprochement des dates et la simple comparaison du dôme de Cologne avec la Sainte-Chapelle de Paris et la cathédrale d'Amiens permettaient jusque-là d'affirmer, M. de Verneilh est parvenu à le prouver péremptoirement. Voyons donc si, dans ce nouvel ouvrage, produit de dix années d'études, il a donné d'aussi solides bases aux conclusions que nous venons d'indiquer.

Son premier soin est de définir ce qu'il entend par architecture byzantine. C'est, dit-il, l'architecture de l'ancien empire grec. « Les églises byzantines sont celles qui furent bâties, depuis Justinien, là où régnaient les empereurs grecs, là où dominait la civilisation byzantine [1], » c'est-à-dire non-seulement en Orient, mais sur une partie des côtes d'Italie. Quel est le caractère distinctif de ces édifices ? Selon M. de Verneilh, « ce qu'ils ont de commun entre eux et d'exceptionnel à l'égard des autres monuments chrétiens, ce qui leur assigne une place et un style à part dans l'histoire de l'architecture, c'est avant tout LA COUPOLE. Ils ont tous, et sauf des exceptions infiniment rares, ils ont seuls, dans l'architecture chrétienne, la coupole pour principe générateur.

---

[1] Introduction, page 5.

La coupole n'y est point un accident, une simple modification de la voûte... : elle est constamment, systématiquement employée ; elle fait la base de toutes les combinaisons architecturales [1]. »

Ainsi, selon l'auteur, le signe caractéristique du monument byzantin, c'est la coupole. Mais il y a bien des genres de coupoles : les unes sont hémisphériques, les autres surbaissées ; quelques-unes s'élèvent et s'enflent jusqu'à simuler une sphère tronquée seulement à sa base. Sans parler de ces différences de forme, il existe pour les coupoles un autre cause de diversité : elles se distinguent essentiellement par la nature de leurs supports. Les unes sont assises tout simplement sur un plan circulaire, ce qui n'exige aucun artifice de construction ; d'autres reposent sur un octogone, quelques-unes sur un hexagone, d'autres enfin sur un carré. L'octogone offrant des points d'appui multipliés, les porte-à-faux intermédiaires n'ont jamais une portée très-grande, et sont faciles à racheter. La difficulté augmente avec l'hexagone, elle s'accroît considérablement avec le carré ; en effet, dans cette dernière combinaison, la coupole ne repose directement que sur un seul point de chacune des faces du carré, et toutes les autres parties de son périmètre sont suspendues dans le vide : il faut donc que des quatre angles du carré s'élancent des encorbellements triangulaires, très-justement nommés pendentifs, lesquels se projettent sur le vide et saisissent, en s'épanouissant, toutes les parties de la coupole qui ne sont pas directement soutenues. Ces diverses espèces de coupoles

[1] Introduction, page 6.

sont-elles toutes également byzantines? M. de Verneilh ne le croit pas : il ne reconnaît véritablement pour telles que les coupoles inscrites dans un carré, les coupoles à quatre pendentifs en sections de sphère. Celles-là seules, selon lui, dénotent dans un monument l'origine byzantine. Il ne va pas jusqu'à prétendre que, sous les empereurs grecs, on n'en ait jamais construit d'autres : ce serait, chose impossible, rayer de la liste des édifices byzantins et Saint-Vital de Ravenne, dont la coupole repose sur un octogone, et le Saint-Sépulcre, et bien d'autres constructions, soit d'Asie, soit d'Europe, qui appartiennent authentiquement au style oriental, et dont les coupoles s'élèvent sur un plan polygonal ou circulaire. Ce que M. de Verneilh se borne à soutenir, c'est que, postérieurement à la construction de Sainte-Sophie, les usages changèrent en Orient; que cette immense coupole, soutenue dans les airs par ces quatre pendentifs les plus évidés et les plus hardis qui se puissent voir, frappa d'une telle admiration les architectes grecs, que tous ils s'attachèrent à l'imiter, et que, depuis cette époque, ils en ont constamment et fidèlement reproduit, bien qu'à une échelle généralement plus petite, le plan et le mode de construction [1].

[1] On pourrait objecter que Saint-Vital de Ravenne ne passe pas pour avoir été bâti antérieurement à Sainte-Sophie. La tradition la plus généralement établie veut que Saint-Vital ait été fondé en 547. Or la première dédicace de Sainte-Sophie eut lieu vers l'an 538, cinq ans, onze mois et dix jours après la pose de la première pierre. Justinien avait commencé les travaux quarante jours après l'incendie de la primitive église, dédiée à Sainte-Sophie, incendie qui éclata pendant la grande émeute des bleus et des verts. Cette émeute remonte aux premières années du règne de Justinien, environ à l'an 532. (V. Procope

Cette opinion doit s'être formée chez l'auteur, nous le supposons du moins, à la vue d'un assez grand nombre de coupoles à pendentifs sphériques dessinées récemment en Grèce par quelques explorateurs habiles, entre autres par M. Albert Lenoir[1]. Nous reconnaissons toute la valeur de ces exemples, et nous penchons à croire exacte l'assertion de M. de Verneilh; mais, si, dans tous ces dessins, la coupole est inscrite dans un carré, s'ensuit-il que ce soit là, en Orient, depuis le règne de Justinien, une règle générale et sans exception? Nous ne saurions le dire, et nous aurions voulu que, sur ce point, M. de Verneilh ne fût pas seulement affirmatif et nous donnât plus explicitement les motifs de sa conviction.

Voici un second point qui nous inspire des doutes plus sérieux, et au sujet duquel le défaut d'explications nous semble encore plus regrettable. Pour qu'une coupole soit vraiment byzantine, il ne suffit pas, selon M. de Verneilh, qu'elle soit inscrite dans un plan quadrangulaire, et qu'elle repose sur

et Paulus Silentiarius.) L'esprit d'imitation dont parle M. de Verneilh n'avait donc pas fait de très-rapides progrès, puisque, au bout de dix ans, il n'était pas encore parvenu à Ravenne, malgré les rapports continuels qu'entretenait cette ville avec Constantinople. La coupole de Saint-Vital diffère essentiellement de celle de Sainte-Sophie, quant à la manière dont elle est soutenue. Le fait est certain, mais l'une est-elle plus byzantine que l'autre? Voilà ce qui peut sembler douteux.

[1] Voyez, dans la collection de M. Jules Gailhabaud (*Monuments anciens et modernes*), quelques-uns de ces dessins de M. Albert Lenoir reproduits avec finesse et précision par la gravure. Voyez notamment trois planches sur l'église du *Théotocos*, à Constantinople; deux planches sur le *Catholicon*, ancienne cathédrale d'Athènes; une planche sur l'église de Saint-Taxiarque, à Athènes.

des pendentifs ; il faut surtout qu'elle ne soit pas unique. Une seule coupole dans un édifice, cela, dit-il, se rencontre partout en Occident. Lors donc que, dans l'intérieur d'une église, vous voyez, soit à la base d'une tour, soit à l'interjection des nefs, une coupole ou calotte hémisphérique plus ou moins prononcée, il ne faut pas vous imaginer qu'il y ait là le moindre indice d'une influence orientale. Les coupoles ne sont byzantines que quand elles se multiplient dans un même édifice, quand elles forment une série. Cette seconde condition, M. de Verneilh la croit plus essentielle encore que la première : il connaît, dans le Périgord et dans l'Angoumois, d'innombrables coupoles à pendentifs sphériques; mais, attendu qu'elles sont isolées et ne forment pas une série, il n'en tient aucun compte, ou, du moins, il les regarde comme purement occidentales.

Nous devons l'avouer, les preuves nous manquent absolument pour justifier cette théorie. Nous savons bien qu'il n'y a pas la moindre analogie entre la coupole byzantine et ces simulacres de coupoles produits dans un grand nombre de nos églises d'Occident par l'évidement de la base des clochers ou par l'intersection des nefs. Supposer à ces accidents de nos constructions indigènes une origine orientale, ce serait la plus évidente méprise ; mais, dans un monument couronné par une véritable coupole, par une coupole ne servant point de base à une tour, reposant sur quatre grands arcs et sur quatre pendentifs, rappelant, en outre, par d'autres signes extérieurs, les constructions d'Orient, faut-il refuser d'admettre la moindre influence orientale par la seule raison que cette coupole n'a point de compagne et ne fait pas partie d'une série? voilà la question. Or, sur quoi se fonder pour soutenir l'affirmative? est-ce encore sur l'exemple de Sainte-Sophie? Mais ce type vénérable de l'architecture byzantine est précisément surmonté d'une coupole unique suspendue entre deux absides : il faut donc mettre de côté Sainte-Sophie. S'autorise-t-on des églises plus récemment construites et encore debout en Orient? Mais les dessins qui nous les font connaître, ceux-là mêmes qu'on invoquait tout à l'heure, sont ici des témoins incommodes. Ils nous montrent sans doute quelques églises à plusieurs coupoles; mais combien n'en reproduisent-ils pas qui n'en ont qu'une seule, placée généralement au centre de l'édifice, et, dans ce nombre, il faut ranger un des plus intéressants monuments de la Grèce chrétienne, la cathédrale d'Athènes!

Il n'est donc pas possible d'accepter comme nécessaire une loi si souvent, transgressée; jusqu'à preuve contraire nous la tenons pour douteuse. Qu'une série de coupoles dans un même édifice soit l'indice à peu près infaillible d'une influence orientale, nous en tombons d'accord, mais que cette influence ne puisse jamais se révéler, sans l'accomplissement rigoureux de cette condition, voilà ce qui nous semble contestable, et ce qui aurait besoin d'être établi plus solidement.

Sans insister davantage sur le côté hasardé de cette théorie, achevons d'en suivre le développement.

L'auteur, après avoir posé la règle, passe à l'application : il cherche un monument où soient fidèlement observées les deux conditions sans lesquelles il n'est point, selon lui, d'architecture byzantine; et il s'arrête devant Saint-Marc de Venise.

D'où vient ce choix? nous le dirons tout à l'heure. Saint-Marc n'est assurément pas, aux yeux de M. de Verneilh, le type par excellence des monuments byzantins, puisque, d'après sa propre définition, les églises byzantines sont celles qui furent bâties, depuis Justinien, dans les lieux où régnaient les empereurs grecs; telle n'était pas Venise au dixième siècle. Il est bien vrai, comme une note nous le rappelle, que, jusqu'en 998, les doges envoyèrent tous les ans un manteau de drap d'or aux empereurs de Constantinople; mais c'était un tribut de pure déférence, à peine commémoratif d'une ancienne domination. Dès le temps de Charlemagne, et, à plus forte raison, sous les Othon, l'État de Venise ne relevait en réalité que de l'empire d'Occident. Seulement on peut dire qu'à défaut d'une domination réelle, Byzance, par sa civilisation et par son mouvement commercial, exerçait encore à Venise une influence presque souveraine au temps où le doge Orseolo relevait de ses ruines la chapelle ducale. Venise avait, en grande partie, hérité de Ravenne. Depuis un siècle environ, depuis la chute définitive de l'exarchat, l'ancienne métropole de l'empire grec en Italie avait vu son port s'envaser, son commerce décliner, ses liens avec l'Orient se briser et son gouvernement tomber aux mains de factions intérieures animées d'un esprit purement local; Venise, au contraire, était devenue pendant ce temps un des principaux entrepôts des richesses et des idées de l'Orient. Mais ce n'était pas un privilège qu'elle seule possédât: bien d'autres cités maritimes de la Péninsule entretenaient avec les rives du Bosphore des relations également actives, et la civilisation byzantine était en ce temps-là à

Ancône, à Pise, à Gênes, presque en même faveur qu'à Venise. Les monuments que ces diverses villes ont construits à peu près vers l'époque où s'élevait Saint-Marc pourraient donc bien aussi avoir reçu leur part des influences orientales qui régnaient incontestablement à Venise; mais ni dans le dôme de Pise, ni dans Saint-Cyriaque d'Ancône, il n'y a de coupoles en séries, tout au plus la coupole s'y montre-t-elle isolée et à l'intersection des nefs. Dès lors, M. de Verneilh, fidèle à son principe, n'a que faire de ces monuments, et peu lui importe de savoir s'il s'y rencontre quelque part la trace de l'esprit oriental; il s'attache exclusivement à Saint-Marc, parce que là se présentent des coupoles à pendentifs, des coupoles en séries, et, avant tout, parce que les dispositions essentielles du plan et la manière dont sont groupées les coupoles se trouvent exactement reproduites dans le monument que M. de Verneilh a principalement en vue, dans la cathédrale de Périgueux.

Voilà pourquoi, au lieu de prendre pour modèle un édifice d'Orient, il choisit de préférence la chapelle des doges de Venise. Il n'a pas, encore un coup, la prétention d'en faire le *spécimen* accompli de l'architecture byzantine; tout au contraire, il convient que le plan de Saint-Marc, quoique beau et régulier, est en quelque sorte exceptionnel, et que les architectes néo-grecs ne doivent pas en avoir fait grand usage, puisque, dans toutes les constructions encore debout sur le sol de l'ancien empire grec, on n'en saurait trouver une entièrement semblable à Saint-Marc, c'est-à-dire composée de cinq coupoles rangées dans le même ordre. C'est là pour M. de Verneilh un argument qui l'autorise à voir dans la cathédrale de Périgueux la copie pure et simple de Saint-Marc de Venise; plus le plan est exceptionnel, moins la ressemblance entre les deux édifices lui semble fortuite ; elle ne peut provenir, selon lui, que d'une imitation directe et spéciale, de même que toutes les églises à coupoles plus ou moins voisines de notre cathédrale n'en peuvent être à leur tour que des imitations. Par là M. de Verneilh exclut toute idée d'une influence, même faible et éloignée, mais générale, de l'Orient sur l'Occident, et il circonscrit la question de l'architecture byzantine en France dans les limites où il veut la tenir. Il insiste donc sur ce fait que Saint-Marc, tout en étant d'architecture essentiellement byzantine, est un édifice à part, dont le plan n'a rien de banal ni d'ordinaire en Orient.

Bien des gens croient le contraire par cette seule raison que les coupoles de Saint-Marc sont disposées en forme de croix grecque; mais M. de Verneilh ne tombe pas dans cette erreur. En admettant qu'il y eût véritablement une croix grecque, ce ne serait point celle qui est ainsi dénommée, mais bien plutôt la croix à double croisillon, cette croix que, depuis le seizième siècle, on s'est accoutumé, chez nous, à nommer la croix de Lorraine. Celle-là est d'un constant usage en Orient, non pas dans les plans d'églises, mais dans les cérémonies du culte; tandis que la croix à quatre branches égales n'apparaît guère que comme motif d'ornementation, ce qui rend difficile à comprendre d'où lui est venu ce nom si généralement admis de croix grecque. On peut voyager longtemps en Grèce et visiter beaucoup d'églises sans en rencontrer une dont les parois extérieures figurent la croix grecque. Il s'en trouve pourtant, seulement leur aspect est tout autre que celui de Saint-Marc, car, au lieu d'avoir une coupole pour chaque branche de la croix, plus une coupole centrale au point d'intersection, elles ne sont, en général, surmontées que d'une seule coupole placée soit à l'extrémité, soit au centre de l'église.

Est-ce donc à Venise, et quatre siècles après Justinien, que ce plan de Saint Marc est apparu pour la première fois dans le monde? Ce n'est pas là ce qu'entend M. de Verneilh : autant il a pris soin de faire de la chapelle ducale un édifice à part et unique en son genre, autant il tient à ne laisser aucun doute sur sa légitimité byzantine. Il se hâte donc de rappeler qu'à défaut d'exemples encore debout, l'idée mère, le prototype de Saint-Marc, a survécu dans les écrits de Procope. L'historiographe de Justinien ne nous parle pas seulement de Sainte-Sophie : il décrit une autre église dédiée par l'empereur aux saints apôtres, et bâtie sous ses yeux avec presque autant de soins et de dépenses. La description de Procope est conçue en termes intelligibles, chose assez rare dans les anciens écrits parlant d'architecture : elle nous montre le centre de l'édifice recouvert, comme à Sainte-Sophie, d'une coupole de même forme, mais de moindre dimension [1]; puis à l'est, à l'ouest, au midi et au nord de cette partie centrale, quatre autres coupoles semblables à la première [2]; c'est bien là, comme à Saint-Marc, une croix à

---

[1] Τῆς δὲ ὀροφῆς τὰ μὲν τοῦ ἱερατείου καλουμένου καθύπερθεν τῷ τῆς Σοφίας ἱερῷ κατά γε τὰ μέσα ἐμφερῆ εἴργασται, πλήν γε δὴ ὅτι ταῦτα ἐκείνων ἐλασσοῦσθαι μεγέθει συμβαίνει. *Procopii de ædificiis*, I, 4. (Édition de Bonn, t. III, p. 188.)

[2] Τὸ μὲν οὖν τῆς ὀροφῆς μέσον τῇδε πεποίηται· κατὰ δὲ τὰς πλευρὰς

quatre branches. Les deux branches transversales, dit aussi Procope, sont de même longueur, mais celle qui se dirige vers l'occident est un peu plus allongée que les autres, tout juste assez pour qu'il y ait forme de croix [1]. D'où il suit qu'au temps de Justinien l'idée d'une croix à quatre branches absolument égales n'existait pas chez les Grecs : ils donnaient au pied de la croix moins de longueur que dans les églises latines ; mais, à Constantinople aussi bien qu'à Rome, toute croix devait avoir un pied.

Cette légère différence de longueur, signalée par Procope dans une des branches de l'église des Saints-Apôtres, se retrouve à Saint-Marc de Venise. On ne s'en aperçoit pas, au premier coup d'œil, en entrant dans l'église, mais, à la vue du plan, il est clair que la coupole de l'ouest, égale à celle du centre, est d'un diamètre plus grand que les trois autres. M. de Verneilh trouve dans cette particularité même un motif de plus d'étroite parenté entre l'église de Justinien et la chapelle d'Orseolo ; mais en même temps il convient qu'en traversant les siècles l'idée première a dû s'abâtardir, car Procope tombe en extase devant la grandeur et la hardiesse du temple des Saints-Apôtres, devant la légèreté de ses coupoles poussée jusqu'au manque apparent de solidité [2], et

τέσσαρας οὔσας, ἥπέρ μοι εἴρηται, κατὰ ταὐτὰ τῷ μέσῳ τὸ μέγεθος εἴργασται... *Id. loc. cit.*

[1] Καὶ αὐτοῦ αἱ μὲν ἐφ᾽ ἑκάτερα πλευραὶ τῆς ἐν τῷ ἐγκαρσίῳ κειμένης εὐθείας ἴσαι ἀλλήλαις τυγχάνουσιν οὖσαι, τῆς μέντοι ὀρθῆς ἡ πρὸς δύοντα ἥλιον ἐς τόσον τῆς ἑτέρας πεποίηται μείζων ὅσον ἀπεργάσασθαι τὸ τοῦ σταυροῦ σχῆμα. *Id. id.*

[2] Τό τε σφαιροειδὲς κυρτούμενον ὕπερθεν πετεωρίζεσθαί που δοκεῖ καὶ οὐκ ἐπὶ στερρᾶς τῆς οἰκοδομίας ἑστάναι, καίπερ ἀσφαλείας εὖ ἔχον. *Id., id.*

telles ne sont pas assurément les coupoles de Saint-Marc ; elles ont peu de grandeur, et les arcs qui les soutiennent sont suffisamment épais pour convaincre le plus timide spectateur de leur évidente solidité. Il y a donc lieu de croire; ou que des copies successives, aujourd'hui disparues, ont modifié peu à peu le type primitif et qu'il est arrivé ainsi altéré à Venise, ou que, faute d'avoir été copiée pendant plus de quatre siècles, l'œuvre d'Anthémius de Tralles et d'Isidore de Milet n'a pu être, à si longue distance, qu'imparfaitement comprise et imitée.

Quoi qu'il en soit, le plan de Saint-Marc, tel qu'il est, n'en doit pas moins passer pour byzantin le plus légitimement du monde. A défaut du texte de Procope, le monument lui-même nous dirait son origine. Aussi, tout en nous réservant de signaler, même dans ses parties primitives, bien des caractères mixtes, bien des signes d'une influence étrangère à l'Orient, nous ne croyons pas que, dans l'Europe occidentale, il y ait un monument qui, par son aspect général et l'ensemble de sa structure, se rapproche davantage de la véritable architecture byzantine.

Si donc un édifice presque en tout point semblable à celui-là, à la seule exception de la qualité des matériaux et de la richesse de la décoration, un monument vêtu de bure au lieu de drap d'or, mais de même stature, de même forme, de même caractère, se présentait à vous, non plus aux bords de l'Adriatique, et sous l'éclat de ce soleil qui est déjà le soleil d'Orient, mais au milieu de la France, au cœur de l'Aquitaine, à l'ombre des noyers et des châtaigniers, pourriez-vous en croire vos yeux? Eh bien, ce n'est ni un rêve ni un jeu d'imagination : ce monument existe. Nous nous portons volontiers garants de M. de Verneilh et de sa description : le patriotisme local n'a point altéré sa vue. Voilà bientôt trente ans que pour la première fois nous entrâmes dans cette cathédrale de Périgueux, et aucun souvenir ne nous est plus présent, tant fut grande notre surprise à l'aspect de ces coupoles et de cette ordonnance si insolite dans nos climats. Ce qui n'est guère moins étonnant, c'est qu'un fait si étrange et si visible soit aujourd'hui presque entièrement inconnu ! Encore s'il n'était question que d'un seul monument, isolé, perdu dans le fond d'une province, on comprendrait qu'il échappât à l'attention ; mais, outre cette abbaye de Saint-Front, aujourd'hui cathédrale, une autre église à Périgueux est également couronnée de coupoles, moins nombreuses, mais de même caractère ; puis, dans tout le voisinage, des monuments de second ordre se conforment aussi à ce genre de construction ; puis, enfin, on en trouve des exemples plus éclatants et sur une plus vaste échelle dans des villes importantes et souvent visitées, à Cahors, à Angoulême. Il y a là tout un ensemble, tout un groupe de faits aussi curieux que rares, n'attendant que des observateurs pour devenir un sujet inépuisable de recherches, d'études et de comparaisons. Eh bien, nous le demandons, combien de gens sont dans le secret ? combien, non-seulement en France, mais dans les pays voisins où cette branche de la science historique est plus cultivée que chez nous ?

C'est pour remplir cette lacune que M. de Verneilh s'est mis courageusement à l'œuvre. La partie théorique de son livre n'en est pas, à vrai dire, la partie principale : son but, sa véritable ambition, est de décrire et de mettre en lumière des monuments qui lui sont chers et dont il comprend l'inestimable prix. Il s'attache naturellement de préférence à celui qui domine tous les autres, qui est à la fois le plus complet et le plus original. La monographie de Saint-Front, voilà le fond de son ouvrage, monographie méthodique, patiente, aussi claire que peuvent l'être les descriptions d'architecture, et rendue de temps en temps d'une lucidité parfaite par quelques planches finement touchées, que l'auteur entremêle à son texte. Quand il nous a ainsi décrit, dans tous les sens et sous toutes ses faces, ce vaste monument, il passe à ceux qui lui font cortége, et nous donne des descriptions moins détaillées, mais suffisantes, soit des grandes églises de Cahors, d'Angoulême, de Souillac, de Fontevrault, soit d'un très-grand nombre d'autres moins importantes, moins connues parce qu'elles sont moins accessibles, et dont la révélation n'est due qu'à son zèle et à la persévérance de ses investigations.

Nous perdrions de vue notre but, nous qui ne voulons ici que tracer quelques vues sommaires et générales, si nous suivions pas à pas l'auteur dans cette copieuse moisson de faits particuliers. Il faut pourtant, dans l'intérêt même des observations que nous aurons à présenter, signaler les traits principaux et de Saint-Front et des églises qui l'environnent, et de celles qui, plus au loin, semblent encore l'avoir pris pour exemple.

II

Saint-Front, dans son état actuel, ne laisse voir extérieurement ni la forme de son plan, ni la proéminence de ses coupoles. Une ceinture de maisons, de jardins, de hangars, l'enveloppe de tous côtés, ou peu s'en faut; à peine aperçoit-on çà et là quelques pans de ses hautes murailles lourdement et tristement coiffées d'une grande toiture à deux étages, dérobant entièrement aux yeux la partie supérieure du monument. Ce n'est qu'en montant sous la charpente de ce toit, en pénétrant dans ses cavités, qu'on aperçoit, au-dessus de l'extrados des voûtes, les tambours des cinq coupoles. Les pierres qui forment ces tambours sont en partie calcinées par le feu, en partie rongées par la pluie et la gelée; mais leur forme est encore très-accusée et très-reconnaissable. Les calottes sont légèrement aiguës, elles n'ont pas cette courbe élégante qui caractérise presque toutes les coupoles d'Orient; On pourrait souhaiter aussi plus de style et plus d'accent dans les tambours; au lieu de s'élever perpendiculairement, ils vont en se rétrécissant de la base au sommet, ce qui leur donne un aspect conique et alourdit leur profil. Néanmoins, malgré ces défectuosités, si les coupoles de Saint-Front étaient débarrassées de l'enveloppe de poutres, de charpentes et d'ardoises, qui les cache et les emprisonne; si leur silhouette se dessinait sur le ciel, ce serait, dans nos climats, un rare et curieux spectacle fait pour donner le change à bien des voyageurs revenus d'Orient.

Aussi formons-nous le vœu qu'on restitue à cette antique église son primitif couronnement. Il était sérieusement question de ce travail, en 1847; la proposition allait même en être faite, lorsque la plus brusque des catastrophes vint arrêter et suspendre toute entreprise de ce genre. Nous espérons que le projet n'en est pas abandonné, et, comme il y a nécessité de reprendre en sous-œuvre une partie des piliers, en apparence si robustes, qui portent les coupoles, ce sera tout profit que de les soulager en même temps du poids additionnel de cette immense toiture. Reste seulement à savoir si les raisons qui firent substituer, il y a déjà plusieurs siècles, un toit à double égout, un toit septentrional à ces coupoles pseudo-orientales, ne se feront pas encore sentir, et si, après avoir rétabli le monument dans son premier état, nous ne serons pas forcés, nous ou nos descendants, de le défigurer une seconde fois. Point de doute qu'il n'en soit ainsi, si l'on n'apporte pas à la restauration plus de soin qu'à la construction première. Il faut à ces coupoles, pour braver l'intempérie de notre ciel, ou des feuilles de plomb bien soudées, ou des tuiles bien cimentées, ou un revêtement de pierres du meilleur grain et parfaitement jointoyées. Telles ne sont pas les pierres du Périgord, en général, et celles qui paraissent avoir formé jadis le revêtement de ces coupoles sont de la pire espèce. La négligence et l'impéritie des constructeurs primitifs éclatent, comme nous le verrons bientôt, dans presque tout le monument, mais particulièrement à son sommet. Il n'est donc pas étonnant qu'au bout de peu de temps des accidents sérieux se soient manifestés, et qu'après de vains essais pour rester dans la donnée première, on ait eu recours d'abord à des toitures partielles, puis, comme remède héroïque, à la couverture en ardoise du monument tout entier.

Ce n'est là qu'un exemple entre mille de cette éternelle vérité que l'architecture n'est point un art nomade ; qu'elle a, comme les plantes, ses zones et ses climats, qu'on ne la fait pas émigrer à volonté, et que ces sortes d'importations, même soutenues par la mode, ne tardent pas à succomber devant la raison. Les constructions à coupoles, malgré certains avantages qui leur sont propres, ne devaient pas plus s'acclimater en France que les terrasses et les balustres à l'italienne ne s'y naturaliseront. En dépit de Louis XIV et de Perrault, de David et de Napoléon, nos édifices commencent à reprendre et reprendront de plus en plus leurs couvertures naturelles et nationales ; ce qui n'empêche pas que, par exception, à titre de rareté archéologique, il ne soit très-désirable de restaurer les coupoles de Saint-Front, puis de les laisser bravement exposées à ciel ouvert. Grâce aux moyens perfectionnés dont on dispose aujourd'hui et à un léger surcroît de soins et de dépense qu'on pourrait se permettre en pareille occasion, il serait aisé de procurer à cette restauration fidèle du passé de très-bonnes chances de durée dans l'avenir, et nous ne doutons pas que l'architecte habile auquel était destinée cette tâche ne s'en acquittât heureusement. Les avis de M. de Verneilh ne seraient pas d'un médiocre secours. Un chapitre entier de son livre, et des plus judicieux, est consacré à cette restauration probable de Saint-Front. Il la désire, il la demande, tout en priant que le zèle ne soit pas poussé trop loin. Point de ravalement, dit-il, point d'ornements nouveaux, surtout point d'hypothèse. L'ancienne physonomie du monument restituée dans ses traits principaux et incontestables, voilà tout, sans le moindre rajeunissement des parties solides. Cette façon prudente de restaurer les œuvres de nos pères est la seule bonne, la seule vraie : son grand mérite, sa perfection habituelle, est de ne pas se laisser voir, de prolonger la vie d'un édifice sans qu'on s'en aperçoive; mais ici, par extraordinaire, la restauration la plus sage et la plus modérée serait visible à tous les yeux ; ce serait une métamorphose, un coup de théâtre, un changement à vue. Le voyageur, l'habitant de Périgueux lui-même, apprendraient qu'il y a des coupoles à Saint-Front, tandis qu'aujourd'hui il n'en existe extérieurement que pour l'architecte et l'antiquaire.

Rien de semblable à l'intérieur du monument : on n'y peut espérer ni découvertes, ni surprises. La partie concave des coupoles est parfaitement dégagée. Dès le premier pas sur le seuil de l'église, on voit, en levant la tête, la succession de ces larges dômes hardiment suspendus sur leurs fuyants supports. C'est un effet qui nous étonne et nous déroute, accoutumés que nous sommes à la perspective ordinaire de nos églises, à ces berceaux continus se prolongeant, s'enfonçant sous nos regards. Mais d'où vient qu'en entrant à Saint-Front, ceux qui connaissent Saint-Marc, qui l'ont présent à la pensée, ne sont pas immédiatement frappés de la ressemblance des deux édifices? L'aspect est tout différent et l'impression tout autre : à Saint-Marc, ce n'est pas la forme géométrique de la construction qui vous saisit tout d'abord, vous ne regardez pas si vous êtes sous des coupoles ou sous des voûtes; vous vous sentez sous un ciel d'or dont les rayons, rembrunis par le temps, colorent chaudement ces luisantes murailles tapissées du haut en bas de mosaïques et de marbres; à vos pieds le porphyre et le vert antique se jouent et s'entrelacent en capricieux méandres; de tous côtés des colonnes de la matière la plus fine, du travail le plus varié, des couleurs les plus diverses, et tout cela doucement éclairé par une mystérieuse lumière qui s'échappe de rares et étroites ouvertures, au travers d'un vitrage d'albâtre transparent : en un mot, la partie purement décorative tient, à Saint-Marc, une si grande place, qu'elle absorbe l'attention; on ne songe au monument lui-même, à sa forme, à sa structure, qu'avec le temps et par réflexion. A Saint-Front, au contraire, comme la partie décorative est absolument nulle, comme le monument se montre à nu, sans le moindre revêtement, sans la moindre moulure, laissant à peine apercevoir de loin en loin quelques maigres chapiteaux perdus et clair-semé dans d'immenses surfaces de maçonnerie raboteuse, il n'y a que les lignes et la configuration générale de la construction qui attirent les regards. Pour compléter la dissemblance, la lumière inonde Saint-Front; de grandes et nombreuses fenêtres, vitrées de verre non coloré, laissent passer un jour éblouissant. En voilà bien assez pour qu'à première vue on soit loin d'imaginer des liens de ressemblance et de parenté entre choses si diverses; ce n'est qu'à tête reposée et le compas à la main que l'analogie devient évidente et la parenté presque certaine.

Non-seulement il y a dans ces deux édifices cinq coupoles à peu près de même diamètre, rangées dans le même ordre, s'appuyant sur des arcs d'épaisseur et de hauteur presque égales, mais, ce qui rend la similitude plus directe et plus intime, les piliers qui soutiennent ces arcs sont évidés à Périgueux comme ils le sont à Venise, et nous ne croyons pas qu'on pût trouver ailleurs un autre exemple de cette combinaison.

Il faut pourtant, même sur ce point, constater une différence : à Venise, les piliers sont tellement évidés, que le vide l'emporte de beaucoup sur le plein, de telle sorte que dans l'intérieur du pilier est pratiquée une petite coupole à laquelle on accède par quatre larges arcades ; les grands piliers, les piles maîtresses qui soutiennent les grands arcs se trouvent ainsi complétement à jour à leur base, et chacun d'eux ne repose que sur quatre jambages d'une assez faible épaisseur. A Périgueux, c'est le même principe, mais une autre mise en œuvre : le plein l'emporte sur le vide ; les arcades qui percent de part en part les piliers dans les deux sens sont trois fois plus étroites qu'à Venise, tandis que les jambages sont deux fois plus épais, d'où résulte, on le conçoit, un effet tout différent. Cette différence, il est vrai, serait bien moins sensible, si une opération à peu près semblable à celle que le Panthéon de Soufflot a dû subir presque aussitôt après sa construction n'était venue épaissir considérablement les jambages de ces piliers de Saint-Front. Il y a tout lieu de croire que, soit en cours d'exécution, soit immédiatement après, on s'aperçut que les coupoles écrasaient les piliers : pour prévenir une catastrophe, les piliers furent radoubés, ou, pour mieux dire, renforcés ; on augmenta leur diamètre extérieur par un placage ou revêtement dont la trace est encore visible ; puis, pour que la consolidation fût plus complète, on prit la même précaution à l'intérieur, en ajoutant aux faces internes de chacun des jambages un empâtement égal au placage extérieur des piliers ; de cette façon, l'évidement fut diminué et les arcades se trouvèrent réduites aux dimensions si étrangement étroites qu'elles conservent aujourd'hui. Mais leur rendît-on par la pensée ce qu'elles ont ainsi perdu, elles seraient encore bien loin d'égaler en largeur les arcades de Saint Marc. Malgré cette différence, la seule identité du principe, c'est-à-dire l'ouverture de quatre arcades dans l'épaisseur des piliers destinés à servir de supports, est une étrange similitude, qui, jointe à tant d'autres traits communs et exceptionnels, constitue entre les deux monuments une telle affinité, qu'il est bien difficile de l'attribuer seulement au hasard. M. de Verneilh met en regard sur une même planche la coupe en travers des deux églises, abstraction faite de toute décoration : ce sont vraiment les mêmes lignes ; tous les membres principaux des deux constructions sont conçus et combinés de la même manière : comment donc ne pas supposer que l'une des deux a servi de modèle à l'autre ? Sans doute il serait possible qu'une troisième église, aujourd'hui démolie et oubliée, leur eût donné naissance à toutes deux ; mais la question, quant à Saint-Front, resterait toujours la même. Que la cathédrale périgourdine soit sœur de la vénitienne au lieu d'en être fille, peu importe, car il est évident que l'initiative d'un tel style n'est point partie de Périgueux ; reste donc à trouver dans les deux cas par quel concours de circonstances il y est parvenu; comment, au fond d'une province si reculée, dans une ville de médiocre importance, a pu naître l'idée de copier, même en le simplifiant, un édifice si splendide et si peu conforme aux traditions du pays.

Deux hypothèses seulement se présentent à M. de Verneilh : ou bien c'est un Français, un clerc architecte, qui, porté par le grand courant des pèlerinages, s'arrête à Venise, assiste à la construction de Saint-Marc et se hasarde, une fois de retour dans sa patrie, à reproduire pour les moines de Saint-Front le monument qu'il a vu bâtir ; ou bien c'est un des constructeurs de la chapelle ducale, grec ou vénitien, peu importe, qui, poussé vers la France par un courant moins facile à expliquer, pénètre jusqu'à Périgueux et y construit un nouveau Saint-Marc.

De ces deux hypothèses M. de Verneilh préfère la seconde, et cela se comprend. Son but est d'établir que Saint-Front ne peut avoir été bâti que par un artiste byzantin, sinon de naissance, du moins de fait, c'est-à-dire parfaitement versé dans toutes les pratiques de l'art néo-grec : il doit donc supposer que les moines de Périgueux ont eu pour architecte non pas un simple spectateur des travaux de Saint-Marc, mais un des constructeurs eux mêmes.

Quant à nous, s'il nous fallait choisir entre ces deux versions, nous pencherions pour la première, et même en la modifiant un peu. Pas plus que M. de Verneilh nous ne saurions deviner pourquoi les moines de Saint-Front ont cru devoir chercher un modèle en si lointain pays. Ils avaient tant d'autres façons plus usitées de prolonger leur église ! car il ne s'agissait que d'un prolongement : ces cinq coupoles, pour le dire en passant, ne forment pas un édifice isolé ; elles viennent à la suite d'une ancienne basilique à trois nefs, aujourd'hui presque démolie, église qui pendant cinq ou six siècles a subsisté comme annexe ou plutôt comme *atrium* de l'église encore debout. Pour prolonger cette vieille basilique devenue insuffisante, il avait fallu choisir un plan. Ce qui fait croire à M. de Verneilh que le plan qui a prévalu n'est pas l'œuvre d'un Français essayant de reproduire les idées d'autrui, mais qu'il a dû être apporté et exécuté par un Grec ou par un Vénitien, c'est de voir dès cette époque Venise entretenir des relations commerciales avec une province française limitrophe du Périgord, ce sont surtout les voyages et les fondations que plusieurs seigneurs vénitiens passent pour avoir faits vers ce même temps dans la même contrée.

Il s'agit là, comme on voit, de cette question de la colonie vénitienne de Limoges déjà traitée par M. l'abbé Texier[1], et reproduite par M. de Verneilh non sans quelques arguments nouveaux. Que des marchands de Venise aient formé, avant l'an 1000, des établissements dans la capitale du Limousin, qu'ils y aient apporté cette belle industrie des émaux qui devait bientôt y fleurir comme sur son sol natal ; que les difficultés de la navigation et la piraterie aient rendu, à cette époque, le détroit de Gibraltar impraticable, et que les Levantins, forcés de s'arrêter à Aigues-Mortes aient envoyé par convois leurs marchandises à Limoges pour les faire ensuite

---

[1] *Essai sur les argentiers et les émailleurs de Limoges*, par M. l'abbé Texier ; 1 vol. in-8°. Poitiers, 1843.

rayonner jusqu'aux rives de l'Océan, il n'y a rien là que de très-possible, et nous ne voulons nullement infirmer les preuves indirectes sur lesquelles, à défaut de textes précis, sont fondées ces traditions. N'y eût-il d'autre indice que de trouver encore aujourd'hui à Limoges *une rue des Vénitiens* dans ce quartier presque désert où jadis étaient, dit-on, le bourg de Venise, le port de Venise, l'éperon de Venise, c'en serait assez pour ne pas traiter ces vieux souvenirs de chimères. Mais fussent-ils clairs et certains, comme il n'y a pas aujourd'hui, dans tout le Limousin, une seule église à coupoles, ou plutôt comme il n'y en a qu'une [1] et aux confins du Périgord, nous ne voyons pas en quoi l'existence de la colonie de Limoges peut servir à établir que ce sont des Vénitiens ou des Grecs qui ont bâti Saint-Front.

Si ces marchands étrangers avaient songé à transplanter l'architecture de leur pays comme la fabrication de leurs émaux, s'ils avaient fait venir des architectes, il serait vraiment étrange qu'ils ne s'en fussent servis ni dans la ville ni dans la province qu'ils habitaient, et qu'ils ne les eussent appelés que pour les envoyer bâtir à Périgueux. N'est-il pas plus naturel de penser que des moines de Saint-Front, moines artistes ou non, seront allés s'embarquer à Venise comme tant d'autres pèlerins, et que c'est d'eux que sera partie l'idée de reproduire dans leur couvent l'église alors en construction sur l'emplacement de l'ancien Saint-Marc? En auront-ils levé et rapporté les plans eux-mêmes, ou bien ne serait-ce pas plutôt par transmission que ces plans seraient parvenus à Péri-

---

[1] L'abbaye de Solignac.

gueux, avec la chance de n'être pas toujours très-bien interprétés, comme il arrive à tous les plans exécutés à distance et de seconde main? De là, dans la construction de Saint-Front, cette imitation, pour ainsi dire littérale, des formes et des lignes de Saint-Marc mêlée à tant d'hésitation, de gaucherie, de tâtonnement. M. de Verneilh reconnaît bien tous ces défauts, il les signale même avec beaucoup de liberté d'esprit; mais il se contente d'en conclure que son architecte vénitien devait avoir affaire à des ouvriers maladroits, à des maçons du pays, inexpérimentés à ce genre de bâtisse et ne comprenant point ses ordres. Ce n'est pas là, selon nous, une explication suffisante. Si les ouvriers même les plus novices avaient à leur tête un artiste initié à ce genre d'architecture, à sa pratique, à ses ressources, et pouvant modifier sur place les détails du plan selon les exigences du terrain ou des matériaux, ils auraient peut-être fait encore bien des bévues, mais pas de la nature de celles qu'on leur a laissé commettre; nous ne verrions pas de si étranges défauts de liaison et d'homogénéité dans les parties les plus essentielles de l'édifice. Il y a des fautes en architecture qui ne sont pas le fait des manœuvres. L'architecte de Saint-Front pouvait être un habile homme, autant qu'on l'était en son temps et dans son pays, peut-être même avait-il visité et Venise et l'Orient; mais, s'il y avait pris le goût des formes byzantines, il n'en avait pas rapporté tous les secrets, et ce n'est qu'en s'aidant de dessins, en suppléant comme il pouvait à leurs lacunes, car, si parfaits qu'ils soient, des dessins ont toujours des lacunes, qu'il a mené à fin cette œuvre au-dessus de ses forces, idée savante traduite en une sorte de patois.

Ce qui nous confirme dans cette conjecture, ce qui rend plus probable encore cette transmission de dessins vénitiens interprétés en Périgord, c'est une observation très-ingénieuse de M. de Verneilh lui-même. « Par un hasard étrange, dit-il [1], ces deux édifices (Saint-Marc et Saint-Front) sont inégaux entre eux comme le pied français et le pied italien, de telle sorte que, si les dimensions de Saint-Marc sont évaluées en pieds italiens et celles de Saint-Front en pieds français, elles seront exprimées à peu près par les mêmes chiffres. » Comment, nous le demandons, ne pas conclure de là que les plans seront partis de Venise cotés à l'italienne, et qu'arrivés à Périgueux ils auront été compris à la française? Si un architecte italien eût été sur les lieux, de sa personne, on n'eût pas fait cette méprise : il se serait attaché non pas au mot, mais à la chose; il eût fait tracer devant lui, son pied national à la main, les véritables mesures de Saint-Marc, et Saint-Front ne serait pas, dans toutes ses parties, un peu moins grand que son modèle.

Reste enfin, pour appuyer notre hypothèse, un argument plus décisif encore. Ce qui révèle dans un monument, mieux que le texte le plus clair, quelle est la main qui l'a construit, c'est le caractère des moulures et des parties décoratives, si rares qu'elles soient. Or l'ornementation de Saint-Front, quoique M. de Verneilh n'en convienne qu'à demi, est essentiellement latine, et telle que la pratique s'en était conservée dans nos provinces du centre au déclin de l'époque carlovingienne. Jamais un étranger ne se fût plié à ce style, et les

[1] Pages 44-45.

Périgourdins qui taillaient ces sculptures obéissaient assurément à un compatriote ou tout au moins à un Français. C'est là un point sur lequel nous aurons lieu bientôt de revenir et d'insister : pour le moment, il nous faut achever cet examen sommaire de la partie descriptive du travail de M. de Verneilh. Laissons donc là Saint-Front, et passons rapidement en revue les principaux monuments qui se groupent autour de lui.

Pour établir que la grande église abbatiale de Périgueux est le patron et le type de tous les autres monuments à coupoles de l'Aquitaine, il faut d'abord bien constater sa date. Cette question chronologique nous en rappelle une autre, qui n'est pas non plus sans intérêt, et qu'il faut vider la première. Quelle est au juste la date de Saint-Marc? Les chroniques vénitiennes nous disent toutes que l'église, bâtie en 829 pour recueillir les reliques de saint Marc, fut détruite par un incendie en 976, et que l'année suivante le doge Orseolo posa solennellement la première pierre d'une nouvelle église. Mais, comme pour assister à la dédicace de cette église, il faut franchir, selon les uns, soixante-six ans, et, selon d'autres, plus d'un siècle, voire même jusqu'à cent trente-quatre ans [1], on s'est demandé si le travail entrepris en 977 n'était pas tout simplement une restauration de l'édi-

---

[1] Dans un ouvrage in-folio, publié en français et en italien, et dédié à Sa Sainteté Léon XII, sous ce titre : *Les églises principales de l'Europe*, on trouve une description de Saint-Marc où sont rapportées (page 5) les diverses opinions sur l'époque de la dédicace de cette église : selon Zanetti, elle aurait eu lieu en 1085 ; selon Carli, en 1094 ; selon *l'Anonyme*, en 1111.

DE L'ARCHITECTURE BYZANTINE EN FRANCE. 333

fice à demi brûlé, et si la fondation de la nouvelle église ne devait pas être portée plus près de sa dédicace, et par exemple, au commencement du onzième siècle. Cette opinion a été adoptée par plusieurs archéologues italiens; mais M. de Verneilh la combat à coups de textes et de bonnes raisons. Combien d'églises dont la dédicace et la fondation sont séparées par de tels intervalles? les exemples en abondent. Puis l'église brûlée en 976 était en bois, par conséquent peu réparable après un incendie. Enfin le doge Dandolo nous apprend expressément qu'Orseolo construisit à neuf, *renovavit*, l'église détruite par le feu [1]. Ce passage, et beaucoup d'autres [2] non moins concluants, nous semblent trancher la question : c'est donc en 977 que fut fondé le Saint-Marc actuel, et bien qu'il ait fallu plus d'un siècle pour le décorer, l'achever et bâtir les additions qui l'enveloppent, il est permis de supposer que, dès les premières années qui suivirent sa fondation, l'édifice principal était non-seulement sorti de terre,

[1] Ce mot est tiré d'un édit du 17 juin 1353, adressé par Dandolo aux chanoines de Saint-Marc. Voici la phrase entière : « Per Petrum Orseolo qui ecclesiam ipsam, in occasu Petri Candiani ducis, prædecessoris sui, exustam incendio, *renovavit*. » (Muratori, *Rer. ital. script.*, t. XII, p. 9.)

[2] Dans la grande salle du palais des doges, au-dessous du portrait d'Orseolo, on lit cette inscription, citée par Sansovino : « Ecclesiam Sancti-Marci prior ædificavi. » Une chronique citée dans l'ouvrage intitulé *Le fabbriche più cospicue di Venezia* (1815), dit, en parlant d'Orseolo : « Inter cætera decoritatis opera, dedalico instrumento, capellam construere fecit. » Enfin Paolo Morosini, dans son histoire *della città di Venezia* (lib. IV, p. 92), nous dit que : « da Pietro Orseolo, per la reedificatione, da Constantinopoli furono chiamati architecti più eccellenti che vi fossero. »

19.

mais assez élevé pour qu'on pût en comprendre et en copier les plans et les dispositions générales. Cette supposition est pour M. de Verneilh d'une extrême importance, car sans elle Saint-Front ne peut plus être la copie de Saint-Marc. On est serré de près par les dates. De graves autorités fixent à l'an 984 la fondation de la grande église de Périgueux [1], et nous ne voyons pas moyen de lui donner une origine beaucoup plus récente, car tous les documents s'accordent à dire que les travaux ont commencé sous l'épiscopat de Frotaire, lequel n'a vécu que jusqu'en 991. Il faut donc qu'en six années, ou tout au plus en dix, les grosses constructions de Saint-Marc aient été à peu près terminées et la physionomie des coupoles bien dessinée. Cela n'est pas impossible. La marge est un peu juste, mais elle est suffisante. Il n'y a donc pas à épiloguer sur ce point.

Reste à voir si les églises à coupoles, bâties, selon M. de Verneilh, à l'imitation de Saint-Front, sont toutes incontestablement de date postérieure; et d'abord est-il bien sûr qu'à Périgueux même, Saint-Étienne, l'église de la cité, l'ancienne cathédrale, soit plus jeune que Saint-Front? Nous parlons, bien entendu, de la première coupole de cette église, puisque la seconde est incontestablement du douzième siècle; mais cette coupole, plus basse, un peu plus petite, et encore moins ornée que celles de l'abbaye, cette coupole, seul débris de l'ancien monument, qui en comprenait deux autres précédées d'un clocher aujourd'hui démoli, à quels indices juge-t-on qu'elle est, non pas un premier

---

Gallia christiana, t. II, p. 1459.

essai mal réussi du type byzantin, mais une mauvaise copie d'un original si voisin et si facile à consulter? On est forcé de reconnaître que les deux édifices sont presque contemporains, et, en effet, d'après une indication de Dupuy dans son *Estat de l'église du Périgord*[1], Saint-Étienne et Saint-Front ont dû être consacrés le même jour. Il est vrai que les dédicaces, comme nous le disions tout à l'heure, se font attendre plus ou moins, et que deux monuments dédiés le même jour ne sont pas pour cela du même âge. Mais ici, dans le silence absolu des documents écrits, sur quoi fonder le droit d'aînesse? Saint-Étienne est moins ancien, dit-on, parce qu'il s'écarte déjà du type byzantin. Qu'est-ce à dire? Ses coupoles ne sont pas disposées en croix grecques, elles sont un peu moins grandes que celles de Saint-Front, elles ne reposent pas sur des piliers évidés : voilà par quels côtés on trouve que Saint-Étienne s'éloigne du type byzantin. Du type de Saint-Marc à la bonne heure, mais non du type byzantin. N'avons-nous pas constaté que le plan de Saint-Marc en forme de croix grecque était plutôt exceptionnel qu'ordinaire en Orient, que les piliers évidés ne s'y rencontraient guère, et quant aux coupoles, celles de Saint-Étienne ont des tambours perpendiculaires, ce qui n'est assurément pas un signe de décadence et un oubli des vraies formes orientales. Rien n'empêcherait donc que l'église de la cité, la cathédrale, n'eût été un premier et timide essai du style à coupoles, et qu'immédiatement après on n'en eût tenté un second dans l'abbaye, sur une plus grande échelle, avec des

[1] Page 12.

moyens d'exécution un peu moins grossiers, et en s'aidant des plans et des dessins envoyés de Venise. Hypothèse pour hypothèse, nous trouvons dans celle-ci un degré de plus de probabilité que dans l'autre [1], et, sans insister autrement, il nous semble qu'on en peut conclure que Saint-Front n'est pas nécessairement le prototype de tous nos monuments à coupoles par cela seul qu'il ressemble à Saint-Marc, et que, dans certaines localités, voire même à Périgueux, l'idée de ce genre d'architecture a pu s'introduire directement et provenir de sources plus éloignées.

Au reste, il n'y a guère en Périgord que Saint-Étienne dont l'origine, chronologiquement parlant, semble se confondre avec celle de Saint-Front ; pour tous les autres monuments de cette province, la filiation est sinon certaine, au moins possible. Les abbayes de Saint-Astier, de Brantôme, de Saint-Jean de Côle, de Saint-Avit, de Trémollac, de Boschaud, les églises de Verteillac et de Brassac-le-Grand, ne remontent, en général, qu'au onzième siècle, et la plupart appartiennent au douzième. Il en est de même des prieurés et des paroisses d'Agonac, de Bourdeille, de Peaussac, de Saint-Martial de Viveyrols, de Mareuil, du Vieux-Mareuil, de Thiviers, constructions moins importantes et moins bien conservées. Toutes ces églises sont à série de coupoles sur pendentifs ; mais il n'en est pas une qui ait

---

[1] Elle a, d'ailleurs, l'avantage d'être conforme à cette observation, bien rarement démentie par les faits, que, dans les innovations architecturales, l'initiative est presque toujours partie des cathédrales. Les abbayes n'étaient pas novatrices : elles acceptaient les changements, elles ne les provoquaient pas.

encore ou qui ait jamais eu cinq coupoles disposées dans le même ordre qu'à Saint-Front : ce sont, en général, des coupoles rangées à la file les unes des autres, formant, en plan, la grande branche d'une croix latine, avec des transepts assez courts, voûtés en berceau et séparés par une abside tantôt semi-circulaire, tantôt carrée.

Si donc les fondateurs de tous ces édifices, grands et petits, ont eu en vue d'imiter Saint-Front, la grande abbaye, la reine de la contrée, ce qui est tout à fait conforme aux habitudes du moyen âge, ils ne lui ont emprunté, comme on voit, que la seule idée des coupoles, et nullement la façon de les grouper et de les agencer. Ils se sont servis de la coupole comme d'une manière nouvelle de couvrir la nef de leurs églises, se privant ainsi des avantages d'une circulation latérale, puisqu'il n'y a pas de bas-côtés possibles le long d'une nef ainsi couverte d'une série de coupoles, mais obtenant par compensation une grande solidité de construction, car, si la coupole exige des points d'appui robustes, elle a cette supériorité sur la voûte en berceau, et même sur la voûte d'arêtes, qu'elle charge directement ses supports sans aucun risque de les pousser au vide. La coupole permet de couvrir le plus large vaisseau sans l'aide de contre-forts extérieurs ; les contre-forts sont en dedans. C'est donc en grande partie comme procédé de construction que la coupole aura fait fortune en Périgord. Le plan compliqué de Saint-Marc n'a pas eu même succès : il n'a été emprunté qu'une fois pour Saint-Front, puis on l'a laissé là. La coupole, au contraire, s'est rapidement propagée, à la seule condition de devenir pratique, c'est-à-dire de s'adapter à la nef latine comme une simple modification des formes et des plans usuels en Occident : nouvelle preuve, à notre avis, que ce ne sont ni des Grecs ni des Vénitiens qui ont bâti Saint-Front. S'ils étaient venus en Périgord de leur personne, ils y auraient fait école, ils auraient construit d'autres églises, toujours sur le même plan, sans en démordre, tandis que, une fois arrivée par transmission anonyme et abstraite, la donnée orientale a pu se transformer sans résistance et se fondre presque immédiatement dans les usages locaux.

Maintenant, si nous passons dans l'Angoumois et de là dans la Saintonge, nous allons trouver encore des églises à coupoles en grand nombre, et d'abord celle qui les domine toutes, cette noble cathédrale d'Angoulême. Là aussi nous voyons une croix latine et une série de quatre coupoles à la suite les unes des autres. Malgré cette diversité du plan, est-ce encore à l'imitation de Saint-Front que Saint-Pierre a été bâti? La question n'est guère moins embarrassante, ou plutôt elle est la même que pour Saint-Étienne de Périgueux. Il y a dans ces deux églises une coupole, la première en entrant dans la nef, qui appartient évidemment à une autre époque que les autres et qui, comparée à celle de Saint-Front, paraît sans contredit moins châtiée et moins élégante; nous ne pouvons nous décider à voir dans ces défauts, comme le veut M. de Verneilh, la preuve d'une construction plus récente. Cette thèse un peu paradoxale n'est pas toujours la sienne. Dans un autre passage, en parlant [1] de deux monuments bâtis presque en

[1] Page 279.

même temps et à peu près semblables, il consent, comme tout le monde, à donner la présomption d'antériorité à celle des deux constructions qui est la moins perfectionnée. Pourquoi donc n'en serait-il pas ainsi de Saint-Front, et par quelle étrange exception serait-il plus ancien que des monuments de construction analogue mais plus grossière?

Au reste, s'il est au moins douteux que Saint-Front ait donné naissance à Saint-Pierre, il est hors de contestation que Saint-Pierre a servi de modèle à toutes les églises à coupoles de l'Angoumois et de la Saintonge, à commencer par la cathédrale de Saintes elle-même, bien que, dans cette église, aujourd'hui défigurée, il y eût, par exception, quatre coupoles sur la nef et une sur chacun des transepts. A la porte d'Angoulême, la petite église du Roulet est un Saint-Pierre en miniature; puis à Cognac, on le retrouve encore dans l'ancien prieuré de Saint-Liguaire, église pleine de distinction, qui est elle-même devenue un centre d'où le style à coupoles a rayonné ; c'est ainsi que se rattachent indirectement à la cathédrale d'Angoulême et l'église de Bourg-Charente et celles de Cherves-Cognac, de Gensac, de Mesnac, de Chastres, de Pérenil, de Fléac, de Beaulieu, du Peyrat, etc., etc.

Pour compléter ce tableau abrégé des constructions à coupoles de la France, il faudrait jeter encore les yeux çà et là, non plus sur des provinces tout entières, mais sur des localités isolées. En Périgord, en Angoumois et dans une partie de la Saintonge, ces églises se présentent par groupes ; hors de là elles ne s'offrent qu'une à une. Ainsi, le Quercy n'en compte que deux [1], mais deux de premier ordre, la cathédrale de Cahors et l'abbaye de Souillac. Ces deux églises, chacune dans leur genre, sont du plus haut intérêt, et peuvent prendre place à côté de Saint-Pierre d'Angoulême et de Saint-Front lui-même. La cathédrale de Cahors est très-ancienne, probablement du commencement du onzième siècle. Nous n'osons pas contredire M. de Verneilh, qui la classe, elle aussi, parmi les imitations de Saint-Front. Matériellement, l'imitation est possible, puisque Saint-Front est peut-être plus ancien de quelques années ; mais, comme le plan n'est pas le même, comme l'imitation n'a pu porter que sur les coupoles, il est juste de dire que celles de Cahors ont plus d'ampleur et surtout un meilleur galbe que celles de Périgueux, et qu'à l'extérieur la hauteur des tambours et leur forme perpendiculaire sont du plus majestueux effet. Quant à Souillac, M. de Verneilh n'en fait peut-être pas tout le cas qu'il mérite. On ne saurait trouver un plus riche et plus élégant exemple de l'état où l'architecture à coupoles était parvenu au douzième siècle, sous l'influence des idées de transition, et déjà mariée complétement avec l'ogive, c'est-à-dire ne l'admettant pas seulement, comme à Saint-Front, dans les grands arcs des coupoles, afin de les rendre plus solides et plus résistants, mais dans les parties accessoires et purement décoratives de la construction.

Nous ne dirons rien de la cathédrale du Puy-en-Velay,

[1] Outre ces deux monuments connus de tout le monde, il peut y en avoir d'autres dans la province. M. de Verneilh se hâte de dire qu'il ne l'a pas encore explorée, et il donne d'excellentes raisons pour supposer qu'on peut y faire des découvertes.

église si curieuse à tant de titres, mais dont les coupoles, flanquées latéralement de bas-côtés, ne sont vraiment coupoles que de nom ; il en est de même de Saint-Hilaire de Poitiers, cette imposante basilique à demi détruite : là aussi la coupole n'est, à vrai dire, qu'une modification de la voûte. Nous devons enfin reconnaitre avec M. de Verneilh qu'on ne saurait comprendre dans la catégorie des églises à coupoles la charmante collégiale de Loches, bien que la série de clochers qui surmonte la nef en guise de voûtes, et qui fait de cette église un exemple peut-être unique, ait une certaine analogie avec les séries de coupoles. Mais, si nous nous transportons jusqu'en Anjou, nous retrouvons dans la nef de la grande et splendide abbaye de Fontevrault de véritables coupoles, aussi pures, aussi franchement dessinées que peut le souhaiter M. de Verneilh ; il les reconnaît pour légitimes, et les fait descendre aussitôt, non de Saint-Front directement, mais, ce qui revient au même, de Saint-Pierre d'Angoulême. Il faut avouer que les analogies sont grandes entre certaines parties de ces deux monuments, et que les raisons historiques dont s'appuie notre auteur donnent beaucoup de vraisemblance à son opinion. Quoi qu'il en soit et de quelque origine que soient venues les coupoles de Fontevrault, leur influence s'est fait sentir dans la province, notamment à Saumur et à Angers. Mais les imitations sont devenues bien vite des transformations ; et, comme le fait très-bien observer M. de Verneilh, dans l'intérieur même de Fontevrault, la coupole du chœur n'est déjà plus celle de la nef, et de cette coupole sans pendentifs distincts on passe, à Saumur à la coupole renforcée de nervures, puis, dans la cathédrale d'Angers, à la voûte d'arêtes surhaussée en coupole.

Nous nous sommes laissé aller, plus que nous n'en avions dessein, à suivre l'auteur dans la partie descriptive de son œuvre, travail attrayant et utile, collection laborieuse de faits précieux pour la science ; il nous faut maintenant revenir à notre point de départ et poursuivre notre but.

Saint-Front et les édifices à coupoles du Périgord et des provinces voisines sont-ils des monuments d'architecture byzantine proprement dite?

Ces monuments sont-ils les seuls en Occident dans lesquels se manifestent les signes d'une influence byzantine ou orientale?

Voilà ce qu'il reste à examiner.

III

Pour M. de Verneilh, tout est byzantin dans Saint-Front, tout, depuis la base jusqu'au sommet. Pour nous, le plan, la coupe, la géométrie du monument, sont d'origine byzantine ; son esprit et sa vie appartiennent à nos climats.

Qu'est-ce donc que l'esprit et la vie d'un monument? Nous l'avons déjà dit, c'est sa partie décorative, son ornementation, ses moulures; c'est aussi, dans certains cas, son mode de construction, son appareil. Supposez un édifice dont tous les revêtements extérieurs soient rongés par le temps ou détruits par la main des hommes : s'il n'en reste pas un profil, pas une pierre sculptée, pas même la disposition apparente des matériaux, que pouvez-vous savoir de ce monument? Rien. Vous avez beau retrouver sur le sol la configuration du plan, ce n'est qu'un renseignement abstrait, une lettre morte. Vous êtes devant un squelette qui ne peut rien vous dire ni de son âge ni de son histoire. Rendez-lui, au contraire, quelques parcelles de sa primitive enveloppe, de ses revêtements ; retrouvez parmi ces blocs informes quelques débris de chapiteaux, de corniches, de chambranles, ou seulement quelques échantillons d'appareil, aussitôt vous êtes sur la voie de conjectures fécondes : le monument vous parle, il ressuscite.

Eh bien, prenons l'une après l'autre toutes les pierres de Saint-Front portant trace de sculpture : en est-il une qui simule franchement le travail et l'esprit byzantin? Dès les premiers pas dans l'église, sous la première coupole, comment ne pas reconnaître l'aspect tout romain et de ces pilastres plaqués contre les murs latéraux, et de ces chapiteaux qui les surmontent, maigres corbeilles d'acanthes étiolées? Des pilastres au moyen âge, cela ne se rencontre guère ; on n'en voit, par exception, que dans l'ancienne Gaule narbonnaise, ou çà et là dans quelques-unes de nos cités les plus riches en monuments romains. De ce nombre était Périgueux, l'antique Vésone. L'habitude de construire et de sculpter à la romaine avait dû se perpétuer en Périgord, comme sur les bords du Rhône, longtemps après la chute de l'empire d'Occident. Ravivée sous Charlemagne et sous ses premiers successeurs, elle n'était pas encore éteinte vers la fin du dixième siècle, au moment où s'édifiait Saint-Front : de là ces chapiteaux soi-disant corinthiens, derniers efforts d'une routine exclusivement romaine. Et, à l'extérieur du monument, ces nombreux modillons taillés plus ou moins grossièrement, ne sont-ce pas des copies dégénérées d'un type tout romain? Et, sous les corniches du clocher, ces petits sujets sculptés, flanqués de deux modillons, ne sont-ce pas des métopes latines maladroitement imitées? M. de Verneilh a trop de clairvoyance pour ne le point voir, et trop de bonne foi pour n'en pas convenir[1]; seulement il se rejette sur un petit nombre de chapiteaux qui, dans quelques parties accessoires de l'église, laissent voir une certaine apparence de fantaisie orientale. Mais le plus gracieux, le plus original de ces chapiteaux, celui qu'il signale de préférence, ne se trouve même pas dans l'église ; il faut l'aller chercher en dehors, dans cette ancienne construction latine à laquelle évidemment il

---

[1] Voici comment il résume son opinion sur l'ornementation de Saint-Front : « Affirmerons-nous, en terminant, que l'ornementation de Saint-Front soit byzantine purement et simplement? nous ne l'osons pas, car, si l'architecture de ce nom est fort nettement caractérisée par la coupole sur pendentifs et par les combinaisons neuves et tranchées qui en résultent, il n'en est pas de même de la décoration sculptée, qui s'écarte moins des types romains du Bas-Empire. » (Chap IV, n° 3, p. 77-78.) Après cet aveu sincère et presque complet, on est étonné de lire, quelques lignes plus bas, toujours à propos de l'ornementation de Saint-Front : « Rien n'empêche de croire, si rien ne le prouve positivement, qu'elle ne soit l'œuvre d'un artiste grec. » Ce qui empêche de le croire, c'est la première observation de l'auteur lui-même, observation qui ne peut manquer d'être confirmée par quiconque verra le monument d'un œil non prévenu.

n'appartenait pas. Du moment qu'il n'est point à sa place, qui nous dit d'où il vient? Qui sait s'il n'est pas étranger à Saint-Front et d'un travail postérieur? Une exception isolée ne changerait rien, dans tous les cas, au caractère général de l'ornementation inhérente au monument. Cette ornementation, selon nous, est exactement celle qu'on eût donnée, dans la même province et à la même époque, à tout édifice construit n'importe sur quel plan. Supposez Saint-Front bâti en croix latine, avec nef et bas-côtés : nous y verrions les mêmes pilastres, les mêmes chapiteaux, les mêmes modillons, les mêmes rinceaux, les mêmes moulures. Tout cela est de l'ornementation latino-carlovingienne pure et simple; l'influence orientale n'a pas encore passé par là.

Pour mieux vous en convaincre, transportez-vous à Saint-Marc, et voyez si, malgré l'identité des deux plans, malgré la similitude des lignes, vous trouverez dans les deux édifices la moindre analogie d'ornementation. Nous ne parlons, bien entendu, ni des mosaïques, ni des fonds d'or, ni des marbres précieux : la différence de richesse n'est pas ce qui nous occupe. Mais toutes les colonnes de Saint-Marc sont ornées, à leur base, sur les quatre angles de la plinthe, de ces pattes ou palmettes dont l'usage devait se répandre si généralement chez nous vers la fin du onzième siècle et dans le cours du douzième. Cet ornement n'a rien de dispendieux; nous le trouvons dans nos plus modestes églises. Si l'architecte de Saint-Front se fût proposé d'imiter aussi bien l'ornementation que le plan de Saint-Marc, il n'eût pas négligé ce détail d'une importation si facile. Dira-t-on qu'à défaut de ressemblance dans les bases il y en a dans le reste des colonnes; qu'on voit, à l'intérieur de Saint-Marc, des chapiteaux pseudo-corinthiens comme à Saint-Front? Sans doute; mais quelle prodigieuse différence, moins encore dans la qualité du travail, due en partie à la finesse de la matière, que dans la disposition de la corbeille et dans la forme libre et presque capricieuse du feuillage! Il s'en faut, d'ailleurs, que ces chapiteaux à feuilles d'acanthe règnent seuls à Saint-Marc : sans parler de ceux qui soutiennent les archivoltes des grandes portes de la façade, et de ceux qui servent à l'ornement du porche ou vestibule, véritables chefs-d'œuvre de décoration fantastique et de fines broderies, sans sortir de l'église elle-même, de la construction primitive, nous en trouvons, et dans la principale abside et dans les deux culs-de-four latéraux, qui ne sont ni moins riches, ni moins évasés, ni moins capricieux. Puis, au second étage, sous la retombée des grands arcs qui supportent les coupoles des transepts, quoi de plus accentué dans le goût oriental que ces chapiteaux géminés dont l'évasement est si extraordinaire par rapport à leur hauteur, et qui, taillés en biseau à leurs quatre angles, représentent sur leurs quatre faces une pyramide renversée sur sa pointe! c'est la même donnée qu'à Saint-Vital de Ravenne, avec un peu plus d'exagération. Les chapiteaux de Saint-Vital sont aussi des pyramides renversées, mais la pointe en est tronquée; ici elle est aiguë. Trouve-t-on à Saint-Front un seul exemple qui, même de très-loin, rappelle ces combinaisons hardies, bizarres, si peu conformes aux traditions de l'architecture romaine? Non certes; pas plus qu'on ne découvre à Saint-Marc soit de fausses métopes, soit des semblants de modillons. Ce sont deux mondes différents, deux systèmes de décoration étrangers l'un à l'autre par l'esprit, par l'accent, par le caractère, encore plus que par la nature des matériaux.

Existe-t-il au moins quelque similitude dans le mode de construction, dans l'appareil des deux édifices? Pas davantage. Saint-Marc est bâti en briques; chaque lit de briques est séparé par une couche épaisse de mortier. Il en est de même à Saint-Vital de Ravenne. Cette façon de noyer dans un bain de chaux et de ciment soit des briques, soit des moellons non équarris, pour les revêtir ensuite de stuc ou de plaques de marbre, c'est le système de construction commun à presque tous les édifices chrétiens de l'Orient. Rien de pareil à Saint-Front de Périgueux : toutes les murailles sont bâties en pierres de taille appareillées à la romaine. Les pierres des soubassements sont même d'une taille si parfaite, si bien dressées et d'échantillon si égal, que M. de Verneilh se demande avec raison si elles ne proviennent pas soit de l'amphithéâtre, soit de quelque autre grand monument construit à Périgueux dès les premiers siècles de la domination romaine. Sans une légère trace de ciment qui sépare chaque assise, l'illusion serait complète; on pourrait croire ces soubassements de construction antique. Au-dessus de cette partie inférieure, les pierres sont taillées avec moins de précision et par des mains moins habiles, mais elles conservent toujours d'assez grandes dimensions et sont rangées par assises régulières; en un mot, le monument a un aspect de grand et de moyen appareil; la forme des pierres est apparente, elle se dessine aux yeux : d'où il suit que, par le mode de construction aussi bien que par la décoration sculptée, il y a dissemblance complète entre Saint-Front et la plupart des édifices chrétiens d'Orient.

Que faut-il en conclure? Rien qui atténue le moins du monde notre première impression : nous persistons à reconnaître ce qu'il y a d'essentiellement byzantin dans la silhouette et dans la configuration générale de l'église de Périgueux ; mais nous constatons en même temps ce qui lui manque pour être, comme le voudrait M. de Verneilh, un type complet d'architecture byzantine.

Quant aux autres églises à coupoles du Périgord et des provinces environnantes, nous n'avons pas besoin de démontrer qu'elles aussi ne sont qu'à demi byzantines; M. de Verneilh le reconnaît comme nous. Peut-être même leur fait-il la part trop petite, après l'avoir faite si grande à Saint-Front. La seule différence, à vrai dire, entre Saint-Front et ces églises, c'est que, n'étant pas bâti comme elles en croix latine, il a un plan plus franchement oriental; du reste, par l'appareil et par le mode de construction, il n'est ni plus ni moins byzantin qu'elles. Leurs coupoles, nous l'avons constaté à Cahors, sont de forme généralement plus pure que les siennes, et la plupart de ces églises, grâce à la date plus récente de leur construction, sont décorées dans un style sinon complétement byzantin, du moins beaucoup plus empreint de l'esprit d'Orient qu'une pure et simple imitation des formes latino-carlovingiennes. Nous ne pensons donc pas qu'entre Saint-Front et les monuments de sa famille, si l'on peut ainsi parler, la distinction soit aussi profonde et aussi tranchée que l'indique M. de Verneilh. Toutes ces constructions, aussi bien le modèle que les copies, ne sont, chacune à sa manière et dans des proportions diverses, byzantines qu'à demi, c'est-à-dire en partie indigènes, en partie exotiques. Voilà, selon nous, ce qu'il faut répondre à la première question que nous nous sommes posée.

Passons maintenant à la seconde.

N'y a-t-il en France que les monuments cités par M. de Verneilh, les monuments couronnés de coupoles, qui soient marqués, à un degré quelconque, d'un certain cachet byzantin? N'en est-il pas dont le plan, la coupe, la structure, toute la géométrie, en un mot, sont d'origine purement indigène, mais dont pourtant l'esprit et la vie n'appartiennent qu'en partie à nos climats?

N'hésitons pas à le dire, la plupart de nos églises à plein cintre du onzième et du douzième siècle, églises à nefs latines avec absides et transepts, celles-là, du moins, dont l'ornementation a quelque importance et quelque originalité, doivent être rangées dans cette catégorie.

On va sans doute nous répondre, et M. de Verneilh nous le dit d'avance dans son livre : A quoi songez-vous? Cette ornementation est *romane*, ces églises sont *romanes*; le *roman* peut-il être le byzantin?

Mais, à notre tour, nous demandons : Qu'est-ce que le *roman*? Ce mot est-il autre chose qu'une pétition de principe? Répondre ainsi, n'est-ce pas résoudre la question par la question?

Pour qu'il y eût précision dans la réponse, il faudrait que le mot *roman*, appliqué à l'architecture, eût un sens précis, scientifique, incontestable; qu'il fût d'une exactitude non pas seulement approximative, mais rigoureuse. Allons droit à la difficulté. Quand on parle de la langue *romane*, tout le monde sait ce que le mot *roman* veut dire. Ce terme est admis; il a cours légal, pour ainsi dire, non-seulement en France, mais dans toute l'Europe savante, en Allemagne, en Angleterre, en Italie. Nos voisins n'ont point d'autre manière de qualifier l'idiome que ce mot désigne. Et pourquoi? Parce que cet idiome n'a jamais existé chez eux ; parce qu'il n'a régné, sous deux formes différentes, il est vrai, mais avec une évidente communauté d'origine, que dans une portion circonscrite de l'Occident, sur un sol dont on connaît les limites, en deçà et au delà de la Loire. En peut-on dire autant de l'architecture que nous appelons *romane*? Où commence et où finit son domaine? N'a-t-elle régné que dans les lieux où naquirent les deux dialectes de notre langue maternelle? Assurément non ; cette même architecture apparaît au delà du Rhin, au delà de la Meuse, au delà des Alpes on pourrait presque dire dans l'Occident tout entier. Elle revêt sans doute, selon les pays qu'elle habite, certains caractères particuliers, de même qu'elle se diversifie chez nous de province à province; mais, malgré ces variétés, c'est au fond partout la même architecture. Est-il donc étonnant que nos voisins ne l'appellent pas romane? Ils n'ont point de motif de s'approprier un terme qui n'a pour eux aucun sens national; ils se servent de mots qui leur sont propres. Chaque pays désigne à sa manière cette sorte d'architecture : les Italiens la qualifient lombarde, les Anglais l'appellent saxonne [1], les Allemands byzantine. Ces dénomi-

---

[1] *Saxonne* pour l'époque antérieure à la conquête, et *normande* après 1066. Cette dernière dénomination est historiquement vraie : c'est aux Normands, sans contredit, que l'Angleterre doit ses monuments à plein cintre postérieurs à la conquête; mais, si les Normands en ont été les constructeurs, s'ils les ont élevés dans le même style et quelquefois avec les mêmes matériaux que ceux de leur patrie, il ne

nations, à coup sûr, sont toutes plus ou moins inexactes : on ne peut pas dire qu'en Allemagne l'architecture des onzième et douzième siècles soit, à proprement parler, byzantine; encore moins peut-elle passer pour lombarde en Italie et saxonne en Angleterre. La moindre critique suffit pour démontrer que jamais ni Saxons ni Lombards n'ont inventé un genre d'architecture qui pût légitimement porter leur nom; mais s'ensuit-il que nous soyons en droit de dire à nos voisins : Prenez le mot que nous avons choisi?

Pour l'imposer aux autres, il faudrait que ce mot eût la propriété d'exprimer exactement et dans sa généralité, c'est-à-dire pour tous les pays, le genre d'architecture qu'il s'agit de dénommer. Or, loin de là, il n'a pas même une justesse satisfaisante à l'intérieur de nos frontières. En effet, décomposez la langue romane : sur cent mots, vous en trouverez quatre-vingt-cinq ou quatre-vingt-dix dont la racine est évidemment latine; quant aux dix ou quinze autres, ils sont en partie celtiques, en partie germains [1]. Ces mots étrangers au latin, les celtiques surtout, bien qu'en minorité dans le nouveau langage, y jouent un rôle capital : c'est en imitation de leurs désinences que toutes les désinences latines sont alté-

---

s'ensuit pas qu'ils soient les créateurs de ce genre d'architecture. Le mot *normand* n'a donc en Angleterre qu'une justesse relative : il y indique la provenance, non la véritable origine du style que chez nous on nomme aujourd'hui *roman*.

[1] Voyez, pour évaluer dans quelle proportion l'élément celtique et l'élément germanique, c'est-à-dire l'idiome des Gaulois et celui des Francs, figurent dans notre langue française les intéressantes recherches de M. A. de Chevallet, intitulées : *Origine et formation de la langue française*. Ouvrage qui a obtenu, en 1850, le prix de linguistique fondé par M. de Volney. Paris, in-8°, 1853.

rées; c'est par cet élément nouveau, par son influence indigène et populaire, que l'économie grammaticale, le système inversif du langage romain, est bouleversée; en un mot, la langue romane est comme un tissu dont la chaîne est latine et la trame indigène. En est-il donc ainsi de l'architecture romane? Elle aussi est un composé, elle aussi a pour élément principal et dominant l'antique architecture latine; mais cet autre élément qui l'anime et la vivifie, qui lui donne son caractère de nouveauté, l'élément régénérateur, quel est-il? Ni gaulois, ni germain, nous l'affirmons.

Remarquez qu'il n'est ici question que des temps postérieurs à l'an 1000. Jusque-là, lorsque tout dégénère et se corrompt, la grossièreté maladroite qui chaque jour altère un peu plus les traditions romaines peut passer à bon droit pour gauloise; l'élément indigène aide à la décadence. Mais, avec le onzième siècle, cette décadence continue, s'interrompt tout à coup; une sorte de renaissance lui succède, une lueur nouvelle commence à poindre. D'où vient-elle? La même cause ne peut avoir produit les ténèbres et la lumière. Ces perles, ces galons, ces pierreries que le ciseau commence alors à exprimer, ces délicates broderies qui semblent empruntées au manteau de quelque impératrice de Byzance, ces rinceaux formés de plantes à demi fantastiques que les rayons d'un soleil ardent peuvent seuls avoir fait éclore, toutes ces transformations, tous ces rajeunissements des formes latines, veut-on nous les donner pour un réveil du goût gaulois, pour un retour à de vieilles habitudes indigènes? N'est-il pas évident, au contraire, que ces effets nouveaux supposent un principe nouveau lui-même, nouveau du moins pour notre pays, ou, en d'autres termes, exotique? Le contraste est donc complet entre la langue et l'architecture romane : l'élément qui, dans l'une et dans l'autre, se marie au latin est de nature et d'origine entièrement opposée. Et c'est pour exprimer des choses aussi contraires qu'on emploie le même mot! Et on voudrait que ce mot fût consacré partout et devînt d'une application universelle!

Si, du moins, tout en nous servant d'un terme impropre, nous avions quelque bonne raison de le faire accepter et d'en généraliser l'usage; si nous pouvions établir que c'est chez nous, sur le sol où nos pères parlaient *roman*, que cette architecture du onzième et du douzième siècle a pris naissance; que c'est nous qui l'avons portée au midi comme au nord de l'Europe; peut-être alors semblerait-il naturel que nous en fussions les parrains.

Mais pareille prétention serait impossible : comment la justifier? Autant l'initiative de la France nous semble claire, nous dirions presque incontestable, dans le domaine du style à ogives, autant elle est chimérique quand il s'agit du style antérieur. Nous sommes prêt à rompre autant de lances qu'on voudra pour soutenir que, dès la seconde moitié du douzième siècle, lorsque Frédéric Barberousse construisait à Gelnhausen ce palais où le plein cintre règne exclusivement, où rien ne signale ni ne laisse entrevoir l'apparition prochaine de l'ogive, lorsque les évêques de Mayence et de Spire continuaient les parties inachevées de leurs cathédrales sans s'aviser d'y introduire aucune autre innovation qu'un peu plus de richesse et de broderies, lorsque toute l'Europe septentrionale, enfin, semblait vouloir rester fidèle aux formes architectoniques du siècle précédent, chez nous, au cœur de l'Ile-de-France, l'ogive apparaissait, non-seulement sous les voûtes de quelques monuments de transition, mêlée timidement à des séries de pleins cintres, mais dans des églises entièrement conformes au système dont l'arc brisé est le générateur, dans des églises homogènes, comme Saint-Yved de Braisne et Notre-Dame de Paris. A l'appui de cette thèse, les arguments ne manquent pas : on peut interroger les textes aussi bien que les monuments; on est armé de toutes pièces; et M. de Verneilh l'a bien fait voir dans sa lumineuse polémique au sujet du dôme de Cologne. Mais, si vous prétendez que, dès le début du onzième siècle, nos pères ont enseigné à l'Europe cette façon de bâtir qui n'était plus le style latin dégénéré, et qu'aujourd'hui nous appelons *romane*, à quels textes, à quels monuments irez-vous en demander la preuve ?

Ce style, déjà reconnaissable à ses traits les plus saillants, ne se montre-t-il pas aux bords du Rhin sous l'empire des Othon, avant la fin du dixième siècle, à un moment où, chez nous, on ne saurait citer encore aucune fondation importante, si ce n'est peut-être celle de Saint-Front et de quelques rares églises toutes aussi peu romanes que celle-là. Les cathédrales de Worms, de Mayence et de Spire, authentiquement bâties vers cette époque, sont trois témoins que nous ne pouvons récuser. Nos voisins d'outre-Rhin, ces Germains à demi barbares, nous ont donc devancés dans cette carrière; mais y seraient-ils entrés si tôt sans le voisinage, sans l'exemple de l'Italie, sans de continuelles communications avec Trente, avec Vérone, avec Monza? Cette ceinture de villes qui bordait le revers des Alpes leur offrait des modèles dont l'imitation perce à travers la rudesse des trois grandes constructions germaniques. Si donc il est un pays d'Europe qui ait inauguré, avant tous les autres, le style dont nous parlons, ce pays ne peut être que l'Italie. Comparez avec les moins grossiers de nos monuments du onzième siècle des monuments non pas même exactement contemporains, comme le dôme de Pise, mais tant soit peu antérieurs et moins parfaits, Saint-Zénon de Vérone, par exemple, ou Saint-Michel de Pavie, églises ou tous les éléments décoratifs de notre style roman sont déjà mis en œuvre avec une habileté, une finesse et une abondance, qu'on ne trouve guère chez nous que dans nos créations les plus raffinées du commencement du douzième siècle : ce simple rapprochement vous donnera la preuve que, dans la pratique de ce genre d'architecture, l'Italie a sur nous une avance de près d'un siècle. Reste à savoir comment elle-même s'y est initiée : c'est un point que nous toucherons tout à l'heure; il ne s'agit, quant à présent, que de constater un droit d'aînesse qui ne peut évidemment lui être disputé.

Ainsi, ni la propriété du terme, ni l'antériorité d'invention, n'assurent à notre mot *roman* ce crédit, cette autorité, cette signification absolue, qu'on semble lui attribuer, à la façon dont on s'en sert chez nous. Est-ce à dire qu'il faille ne s'en plus servir, le répudier, en inventer un autre? à quoi bon? Nous en pourrions trouver un pire. La seule chose importante, c'est que l'on soit bien averti que ce mot est un terme de convention et non une définition; que, par sa propre vertu, il ne résout aucun problème, qu'il laisse en question ce qui est en question, et que tout n'est pas dit quand, à

propos d'un monument du onzième siècle, on nous répond :
il est *roman*.

Laissons donc de côté le mot ; ne voyons que les choses,
de quelque façon qu'on les dénomme : cherchons quel est
l'élément étranger qui, par son adjonction à l'élément latin,
donne à cette architecture un caractère si neuf et si original.
Pour procéder rigoureusement, il faudrait étudier l'un après
l'autre chaque détail, chaque motif décoratif, chaque membre
essentiel de l'architecture romaine, telle que les Gaules l'ont
connue au temps de sa plus grande splendeur ; il faudrait
constater quelle était, au premier et au deuxième siècle de
notre ère, l'ornementation, généralement reçue, des corniches,
des archivoltes, des chambranles, la forme des chapiteaux,
des bases de colonnes, des rinceaux et de toute cette catégorie
d'ornements non empruntés à la végétation, tels que rais de
cœurs, oves, denticules, etc. Ces types bien établis, on en sui-
vrait l'histoire à travers la décadence; on les verrait s'énerver
et s'amaigrir peu à peu, se déformer ensuite et se décom-
poser jusqu'à devenir à peu près méconnaissables. Puis, le
jour où l'Occident s'éveille, c'est-à-dire vers la première moitié
du onzième siècle dans nos provinces du Midi, et cinquante ans
plus tard dans les autres, ces types réapparaissent, non pas
tous, entendons-nous ; un bon nombre a définitivement disparu, ou du moins ne reverra le jour sur notre sol que cinq
cents ans plus tard, au seizième siècle; tels sont les ordres
proprement dits, les entablements complets et réguliers, les
chambranles, les chapiteaux franchement romains : de tout
cela rien n'est conservé : mais on remet en usage certains
rinceaux, certaines palmettes, certains ornements courants

d'origine latine ; seulement, le ciseau qui les taille au lieu de les copier froidement et mollement, les modifie tant soit peu, en accuse plus fièrement les arêtes, leur donne un accent nouveau ; ils sont comme rajeunis dans leurs formes et surtout par le voisinage d'autres ornements tout nouveaux, tels que zigzags, bâtons rompus, dents de scie, damiers, têtes de clous, pointes de diamants, cordes tressées, entrelacs irréguliers et autres fantaisies avec lesquelles, au temps de leur premier règne, jamais on les avait mariés.

Ce mélange de nouveautés et de rajeunissements, la France, nous l'avons déjà dit, en faisait à peine l'essai, lorsque déjà l'Italie en possédait de brillants modèles. Mais l'Italie, à qui les devait-elle? Étaient-ce des créations spontanées, des produits de sa propre séve? Nous voici, comme on voit, au nœud de la question.

Pour la résoudre, il ne faut que jeter les yeux, du cinquième au dixième siècle, sur ce vieux sol romain épuisé, engourdi, couvert de cendres et de ruines. Y voit-on germer quelque chose ? en sort-il spontanément la moindre nouveauté ? Le peu de vie que révèle alors l'Italie, c'est à l'extrémité de ses rivages qu'il faut l'aller chercher, au fond des golfes, dans des lieux comme Amalfi, comme Atrani, où s'abritent quelques colonies orientales. L'Orient seul conserve encore un certain don de produire, non plus de belles et nobles choses, mais de brillantes subtilités. Ce génie hellénique, qui jadis avait porté dans Rome, une première fois, le culte des arts et de la beauté, ne croyez pas qu'il soit mort avec sa patrie : même quand il n'y a plus de Grèce, l'esprit grec vit encore, ou du moins conserve assez de souffle inspirateur pour faire une seconde fois l'éducation de l'Occident. Réfugié sur les bords du Nil, errant sur les côtes d'Ionie, son antique berceau, il donne libre carrière à ses instincts capricieux, s'affranchit de la règle, s'épuise en combinaisons sophistiques et raffinées, et entasse monuments sur monuments dans ces riches cités qui étonnent encore de leurs fastueux débris les rives désertes de l'Asie Mineure. C'est là qu'il jette ses dernières lueurs, puis, avant de s'éteindre, il devient tout à la fois le promoteur du style arabe et le rénovateur du goût italien.

Ses infiltrations en Italie sont lentes et insensibles; mais, par moments, à de longs intervalles, il y fait, pour ainsi dire, invasion : la première fois, c'est avec Bélisaire et Narsès, à la suite de leurs armées victorieuses; la seconde, sous le coup des persécutions iconoclastes; la troisième, au temps du schisme, à la séparation des deux églises. Ces grands événements sont comme autant d'alluvions qui déposent successivement sur le sol italique le goût, les procédés, les modes de l'Orient. La première tentative, celle du sixième siècle, n'a pas grands résultats : le terrain était trop peu préparé, trop encombré de barbares. Les artistes de Byzance ne pénètrent pas loin, et sont refoulés, comme les armées de l'empereur, dans la zone étroite de l'exarchat; mais ils y bâtissent Saint-Vital, et l'ornementation de Saint-Vital, notons-le bien, contient déjà tous les principes novateurs qui imprimeront plus tard à l'architecture occidentale sa nouvelle physionomie. Vous y trouvez, non-seulement le premier galbe du chapiteau cubique des bords du Rhin, mais les plus subtils entrelacs, les découpures les plus fines et les mieux accentuées de nos plus délicats chapitaux du douzième siècle. Rien de tout cela cependant n'avait encore été imité ni même remarqué : c'était pour Rome et pour presque toute l'Italie des formes absolument nouvelles, lorsque Léon l'Isaurien, deux cents ans après la construction de Saint-Vital, au commencement du huitième siècle, prit fantaisie d'anéantir le culte des images. Ses fureurs mirent en fuite des légions d'artistes et de moines suspects de savoir peindre ou sculpter. Ces pauvres gens firent voile vers l'Italie, et cette fois l'émigration byzantine ne s'arrêta pas sur un point du littoral ; elle couvrit le pays tout entier. La peinture et la sculpture, comme arts isolés et indépendants, n'y gagnèrent pas grand'chose : ces imaginations néo-grecques, si libres et si inventives dans la partie décorative de l'art, s'étaient déjà soumises, pour la représentation de la figure humaine, à des types de convention. L'Italie, au contraire, si dégénérée qu'elle fût, avait encore cet avantage de conserver quelques traces de ses traditions des catacombes, entées elles-mêmes sur celles de l'art antique : elles les échangea contre ces malheureux types byzantins ; et, une fois engagée dans cette voie, elle fut hors d'état d'en sortir pendant plus de cinq siècles, jusqu'au temps des Cimabuè et des Giotto. Mais, ne l'oublions pas, ces mêmes étrangers qui, dans la partie la plus haute, dans la partie humaine de l'art, allaient l'entraîner à cet abaissement, à cette servitude, lui apportaient en revanche, pour la sculpture architecturale, des éléments rénovateurs, d'inépuisables trésors d'invention, de grâce, de fantaisie.

C'est dans ces circonstances, au milieu des premières émotions de cette grande invasion byzantine, que Charlemagne visita l'Italie. Il en rapporta le goût des nouveautés qu'il avait vues; mais, si, dès cette époque, il fit franchir les monts au style oriental, ce ne fut que dans une mesure très-restreinte. Des objets portatifs, des bijoux, des œuvres d'orfévrerie, des manuscrits couverts d'enluminures, des broderies, des étoffes, voilà ce qui, chez nous, commence à prendre, dès le neuvième siècle, une certaine physionomie byzantine : l'Architecture reste en dehors. Le dôme d'Aix-la-Chapelle n'est qu'une exception isolée, un exemple sans imitateurs; il n'y a, d'ailleurs, de byzantin dans ce monument que la donnée générale, la coupole et le plan circulaire. Quant aux détails, si défigurés aujourd'hui, rien n'indique qu'ils aient jamais eu le caractère oriental ; le peu qui en reste n'est qu'une restauration impuissante des traditions romaines : telles sont particulièrement ces deux portes de bronze placées à droite et à gauche de l'entrée principale. Rien de plus mou, de plus indécis, de plus irrégulier, que les ciselures de ces deux portes, et en même temps rien de plus servilement calqué sur les riches modèles du temps des Antonins : c'est là le double caractère de l'art sous Charlemagne, exécution à demi barbare, imitation superstitieuse de la forme romaine.

En Italie, au contraire, la reproduction routinière des types purement latins est à peu près abandonnée vers cette époque; le mouvement d'innovation et de transformation commencé au huitième siècle se continue au neuvième, et va même en s'accélérant aussitôt après le grand schisme, à la suite des orages qu'il soulève en Orient. Une nouvelle émigration fait affluer de nouvelles recrues d'artistes dans ces villes italiennes déjà surexcitées par leurs rivalités, par leurs tentatives d'émancipation, par leurs premiers essais d'activité commerciale; elles sont alors saisies d'une fièvre de bâtir, d'une passion architecturale qui se perpétue durant tout le moyen âge. Mais, hâtons-nous de le dire, l'influence prédominante des ornemanistes byzantins ne se maintient pas longtemps. On respecte d'abord les écarts de leur imagination, on les laisse accumuler tant qu'ils veulent et dans un ordre un peu incohérent ces décorations à la fois bizarres et gracieuses qui constitueront bientôt, nous l'avons déjà dit, les combinaisons principales de notre style roman; mais les monuments de cette sorte, Saint-Michel de Pavie, Saint-Zénon de Vérone, Saint-Étienne de Bologne, ne font pas, à proprement parler, école : les nouveautés qu'ils révèlent ne sont adoptées qu'en partie. Ainsi, le chapiteau cubique de Saint-Étienne n'est imité nulle part ; on ne le retrouve plus qu'au fond de la Souabe : c'est là qu'il va se multiplier et se répandre ensuite jusqu'aux bouches du Rhin. Un sort encore moins heureux attend le chapiteau de Saint-Zénon, ce chapiteau d'un évasement si extraordinaire, et qui, par son profil, simule si étrangement le chapiteau persépolitain. Ces hardiesses devaient effaroucher les populations italiennes. En sortant de leur léthargie, en se régénérant peu à peu, elles reprenaient leurs premiers instincts : un penchant naturel, involontaire, les ramenait au sentiment de la règle, de la symétrie, de l'ordonnance, aux formes pondérées, à leurs vieilles formes nationales; de là, un rôle à part pour l'Italie pendant le moyen âge. Dès le onzième siècle, et à plus forte raison au douzième, elle écarte, elle élague ce qu'il y a de plus hardiment capricieux, de plus anticlassique, dans l'ornementation latino-byzantine; elle ne va pas jusqu'à restaurer encore les anciens ordres : il faudra près de deux siècles avant d'en venir à cette rigoureuse pureté ; mais, si la fantaisie gouverne encore, c'est une fantaisie régulière et châtiée. Dans les villes surtout, cette tendance à la correction s'étend et se propage; ce n'est que loin des grands centres de population, dans les lieux écartés, dans de modestes bourgades, que les licences primitives osent encore se montrer. Ainsi, Sainte-Marie de Toscanella, quoique bâtie plus d'un grand siècle après les Saint-Zénon et les Saint-Michel, est conçue dans le même esprit : c'est la même naïveté, le même mélange irrégulier des palmettes les plus fines et de zigzags presque grossiers ; en passant sous les archivoltes de ce charmant édifice, on croit entrer sous le portail d'une église romane du Poitou. C'est là une exception : pas une ville de quelque importance n'eût voulu construire, à cette époque, un monument ainsi conçu.

Mais ce qui était arriéré pour l'Italie ne l'était pas dans le reste de l'Europe. Cette ornementation variée et incohérente, qu'on épurait, qu'on passait au crible de l'autre côté des Alpes, on l'accueillit de ce côté sans réserve et sans restriction ; seulement, elle ne fut ni bien comprise ni bien traduite du premier coup : les débuts furent timides et grossiers. Selon les lieux, selon les climats, selon la nature des matériaux, selon le degré d'aptitude et d'instruction des ouvriers, les nouvelles idées s'introduisirent plus ou moins promptement et furent diversement mises en œuvre. Dans nos provinces du Midi, la révolution opéra presque comme en Italie : les souvenirs antiques prédominèrent, et soumirent à leur discipline les caprices de la nouvelle ornementation. Dans le centre, la liberté fut plus grande, l'exécution souple et facile, le luxe exubérant ; au Nord, et dans quelques régions écartées, comme la Bretagne, il y eut plus de sobriété, mais aussi plus de froideur et souvent de rudesse. Ces différences, subdivisées elles-mêmes en une foule de nuances, caractérisent l'architecture à plein cintre de nos diverses provinces. Est-il besoin de dire que, dans les pays voisins, elles se modifient encore d'après les circonstances particulières à chaque peuple ? Il y aurait là matière à toute une histoire, pleine d'intéressantes recherches et digne de tenter la patience de quelque artiste érudit.

Quant à nous, pour la question qui nous occupe, il nous suffit d'avoir sommairement indiqué que l'ornementation de nos églises romanes, prise dans sa généralité, n'appartient pas exclusivement à notre sol ; que presque toutes les contrées de l'Europe occidentale l'ont connue comme nous, et quelques-unes avant nous ; que des deux éléments principaux dont cette ornementation se compose, un seul, l'élément romain, le plus considérable à tous égards, est, sinon indigène, du moins naturalisé chez nous ; que l'autre est nécessairement de provenance étrangère, que, selon toute apparence, il nous vient d'Italie, et que l'Italie elle-même doit l'avoir en partie emprunté à l'Orient : d'où il suit, que par voie indirecte, dans une mesure variable et par un côté seulement, mais d'une façon à peu près générale, l'ornementation de nos églises du onzième et du douzième siècle se rattache à l'Orient.

Nous n'avons tant insisté sur ce point que parce que M. de Verneilh, sans traiter explicitement la question, la résout dans un sens tout contraire, puisque, à chaque page de son livre, on voit, sans qu'il le dise, que notre style roman est, à ses yeux, un produit exclusivement national, pur de tout mélange étranger; et il dit tout haut, voire même à plusieurs reprises, que l'influence de l'Orient a été nulle ou imperceptible durant toute la période romane, non-seulement en France (Périgueux excepté), mais en Allemagne et même dans l'Italie supérieure : voilà ses conclusions, voilà le but théorique de son livre.

Il est vrai qu'il faut tenir compte d'une sorte de malentendu entre M. de Verneilh et nous : il n'admet pas dans le domaine de l'architecture tout ce que nous y plaçons. L'ornementation, c'est-à-dire les moulures et la sculpture décorative, cette partie essentielle et adhérente, nous dirions presque cette épiderme nécessaire, des constructions qui ne sont pas uniquement l'œuvre de l'industrie ou de l'instinct, des constructions tant soit peu monumentales, il la met en dehors; il n'y voit qu'un accessoire, une annexe, une sorte d'intermédiaire entre l'art du statuaire et l'art du constructeur. Faut-il donc s'étonner qu'ayant ainsi fait deux parts de ce qui est indivisible, il soit conduit à laisser de côté et à mettre dans l'ombre ce qui lui semble subalterne, pour ne s'attacher qu'à ce qu'il appelle l'architecture proprement dite, c'est à savoir, au plan, aux proportions, à la disposition des masses. De là vient qu'il est si peu sensible à ces émanations plus ou moins indirectes de l'Orient qui s'entremêlent à l'ornementation de nos églises romanes, tandis qu'il est si vivement frappé des traces d'influence byzantine empreintes sur le plan et sur la configuration générale de l'église de Périgueux. S'il consentait à modifier un peu les bases de son système, s'il accordait une importance moins exclusive à la partie géométrique de l'architecture, s'il rendait à sa partie expressive le rang qui lui appartient, il y a tout lieu de croire que ses pparéciations changeraient et se rapprocheraient des nôtres.

Nous ne contestons certes pas que, dans l'art de bâtir, le plan ne joue le premier rôle; c'est par le plan que tout commence, il est le fondement de tout : sans lui point d'édifice; mais ceux qui veulent étudier à fond le génie architectural, soit d'un même peuple aux diverses phases de son histoire, soit d'une même époque chez des peuples divers, ne doivent s'attacher qu'avec réserve à l'étude des plans. Pourquoi? parce que les plans ne sont par eux-mêmes que des figures mathématiques, des conceptions abstraites; que le même plan peut produire, dans des temps et dans des lieux divers, vingt édifices différents, à la seule condition d'une certaine diversité dans le mode de construction, dans la nature des matériaux, dans le style de la décoration, dans la forme des ouvertures et des supports, dans le nombre et la proportion des étages, en un mot dans toutes les circonstances par lesquelles un édifice se manifeste aux yeux et prend une existence réelle. D'où résulte que tout système de chronologie et d'histoire monumentale qui repose principalement sur l'étude et la comparaison des plans considérés en eux-mêmes, est nécessairement plein de piéges et d'erreurs.

Cela est vrai non-seulement au moyen âge, mais dans l'antiquité. Chez tous les peuples de la Grèce, le périmètre, le tracé extérieur des temples, est à peu près le même, malgré la différence de race, d'esprit et de goût des divers membres de la famille hellénique; et ce type consacré ne subit aucun changement notable depuis l'époque de Périclès jusqu'au temps d'Hadrien, malgré les phases successives que l'art a parcourues dans ces cinq ou six siècles. A Rome, au contraire, les exceptions se multiplient, et la divinité est adorée dans des rotondes, dans des hémicycles, dans des octogones, tout comme dans des carrés longs. Est-ce à dire que chacune de ces formes ait un sens historique, que les rotondes, par exemple, appartiennent exclusivement à telle époque ou à tel style? Ne voit-on pas, sous Auguste aussi bien que sous Dioclétien, bâtir des temples circulaires en même temps que des temples oblongs, et les uns comme les autres participer du caractère propre à ces deux époques, élégants et corrects au début de l'empire, raffinés et presque barbares à son déclin?

Puis, lorsque la foi chrétienne a conquis le monde romain, que fait l'Église? elle persiste, à l'égard des plans, dans cette voie de tolérance. Elle brise les idoles, mais ne renverse pas les temples quand elle peut s'en accommoder. Son choix, sa préférence, la portent vers les basiliques, parce que le plan et les divisions de ces édifices se prêtent admirablement aux besoins du nouveau culte; mais, tout en propageant cette forme, elle admet et tolère toutes les autres [1]. Les saints mystères sont célébrés sous la coupole du Panthéon, dans la ro-

---

[1] Dans les catacombes, qu'il faut toujours prendre pour point de départ dès qu'il s'agit des règles chrétiennes, les *cubicula* sont indifféremment circulaires, semi-circulaires, carrés, triangulaires, pentagones, hexagones et octogones.

tonde d'Agrippa, comme dans la *Cella* rectangulaire de la *Fortune virile*, et, dès le cinquième siècle, on édifie presque en même temps, et à peu de distance, la basilique de Saint-Clément et les colonades circulaires de Saint-Étienne-le-Rond.

Il faut donc se garder de trop interroger les plans, d'en attendre trop de lumières, d'en tirer trop d'inductions. Nous ne prétendons pas qu'il y ait toujours meilleure chance à consulter le mode de construction, ni même que le mode d'ornementation procure infailliblement des indices toujours exacts ; mais nous ne savons pas un plus sûr moyen de s'égarer que de dire : voilà un plan originaire de tel pays, donc un artiste de ce pays a dû bâtir cet édifice, donc l'édifice est conçu et exécuté dans le style de ce pays. Qu'on nous permette un seul et court exemple des méprises auxquelles on s'expose en procédant ainsi.

A Montmajour, près d'Arles, il existe deux églises : l'une est l'ancienne basilique de la célèbre abbaye, grande nef latine, terminée par deux transepts et une abside ; l'autre est beaucoup plus petite, d'un aspect tout différent, et en forme de croix grecque. Une rotonde est au centre, flanquée de trois culs-de-four ; et, du côté de l'entrée, comme quatrième branche de la croix, on voit un narthex ou vestibule, à la manière orientale. Ne comparez que les plans et la configuration générale de ces deux édifices : vous allez être convaincu qu'ils sont d'origine diverse, qu'ils représentent deux arts et deux climats différents, que c'est l'Orient et l'Occident en présence ? Eh bien, les documents les plus dignes de foi disent le contraire. Une charte contemporaine et une histoire manuscrite de la ville d'Arles, conservées jadis dans l'abbaye, racontent de la façon la plus précise et la plus détaillée la fondation et la construction des deux églises [1] : elles sont toutes deux de la même époque, à trois ans près (1016 et 1019), fondées par le même abbé, bâties par les mêmes mains, et ne différant l'une de l'autre d'une façon si marquée, que par cette seule raison que la grande église, commencée la première, exigeait pour être achevée d'énormes sacrifices, que l'abbaye était à sec, qu'il y avait hâte de donner aux moines une église complète et consacrée, si bien que l'abbé Rambert, pour répondre à l'impatience de sa communauté, abandonna momentanément la grande église et en entreprit une nouvelle, qui, par ses dimensions réduites, par sa forme ramassée, pouvait être conduite à terme en moins de temps et à moins de frais. Voilà uniquement d'où provient, entre ces deux constructions, une si profonde dissemblance. Qui nous dit que des motifs plus ou moins analogues n'ont pas déterminé souvent l'adoption de ces plans exceptionnels qu'on se hâte involontairement d'attribuer à des importations étrangères ?

Pour tout résumer en terminant, nous ne croyons pas qu'en France il y ait jamais eu, à proprement parler, une architecture byzantine, c'est-à-dire une famille de monuments entièrement conçus, bâtis et décorés à l'orientale ; mais nous croyons que l'Orient a exercé sur nos artistes et sur notre

---

[1] On trouvera des fragments de cette charte et de ce manuscrit à la page 304 des *Notes d'un voyage dans le midi de la France*, par M. P. Mérimée (1 vol. in-8°, 1835). M. Mérimée, en rapportant ces curieux documents, nous apprend qu'il en doit la communication à l'obligeance de M. Ch. Lenormant.

architecture décorative une influence, d'abord presque insensible jusqu'au dixième siècle, puis active et puissante, quoique partielle et incomplète, dans les deux siècles suivants; influence qui ne s'efface et ne disparaît que devant le grand mouvement tout national du treizième siècle, devant cette réaction de l'esprit européen et septentrional, manifestée si clairement dans l'art français du temps de saint Louis. Jusque-là, quoi qu'en dise M. de Verneilh, c'est l'esprit de l'Orient qui nous pénètre et nous anime ; c'est lui qui, sans usurper jamais un rôle matériellement considérable, s'insinue et se reflète dans toutes nos créations. M. de Verneilh dit quelque part que, s'il était possible d'évaluer, par une sorte d'analyse chimique, en quelle proportion l'élément byzantin s'est mêlé dans l'art occidental, un dixième, un vingtième serait encore une part trop belle : nous n'examinons pas si telle est en effet sa part, nous mesurons son influence. Selon les lieux, selon les époques, selon la nature des monuments, cet élément se produit dans des proportions très-diverses; mais là même où sa présence est à peine sensible, supprimez-le, tout va se transformer aussitôt, tout va retomber dans la plate et monotone reproduction de l'ornementation latine abâtardie. Sans lui plus de bases de colonnes ioniques ; ces deux bourrelets, fortement accusés, qui, de toutes parts, à partir de l'an 1000, remplacent les moulures multiples et mollement imitées de la base corinthienne, vous allez les voir disparaître; plus d'annelures au fût des colonnes, plus de griffes à leurs bases ; ces chapiteaux au profil évasé, protubérant, vont rentrer dans leur vieux moule, dans leur galbe grêle et camard : ces perles, ces pierreries d'un relief si hardi, vont s'effacer et s'aplatir ; ces rinceaux aux vigoureux contours, empruntés à la flore des climats ardents, vont se changer en arides guirlandes tressées de fleurs qu'on dirait desséchées dans un herbier. Vous voyez donc que cet élément étranger, si petite que soit sa part, est actif, animé, efficace, et qu'il faut compter avec lui.

Aussi demandons-nous à M. de Verneilh de laisser là cette partie de son système qui le condamne à méconnaître des influences si manifestes. Il a cru éclaircir et dégager la question en la circonscrivant ; il a été conduit à trop voir sur un point et à trop perdre de vue tout le reste. Quel que soit le haut prix que nous attachons à ses consciencieuses recherches, nous ne pouvions nous associer aux conclusions théoriques de son livre. Ce n'est ni dans un seul lieu de France, ni dans un seul monument, que le génie architectural de l'Orient a été importé parmi nous ; il n'y est apparu tout entier nulle part ; on ne peut lui assigner ni telle place ni telle œuvre déterminées, mais il a modifié et ravivé notre goût national, sans altérer son originalité, car l'originalité ne consiste pas à n'être influencé par rien ; on l'est toujours par quelque chose : seulement, si l'influence est directe, absorbante, sans mélange, sans rajeunissement, il y a copie, plagiat, stérilité ; si elle ne fait que stimuler une séve endormie, il y a vie nouvelle et véritable création.

FIN DE LA PREMIÈRE SÉRIE.

TABLE DES MATIÈRES

DE LA PREMIÈRE SÉRIE

I. (1860). — Pindare et l'art grec. 1
II. (1860). — Les marbres d'Éleusis. 27
III. (1861). — Nouvelles fouilles a Éleusis. 44
IV. (1862). — Projet d'un nouveau musée de sculpture grecque. 61
V. (1855). — Athènes aux quinzième, seizième et dix-septième siècles.. 75
VI. (1862). — La collection Campana. 113
VII. (1859). — Monuments antiques de la ville d'Orange. . . 156
VIII. (1863). — Les mosaïques chrétiennes de Rome. 197
IX. (1853). — De l'architecture byzantine en France. . . . 302

FIN DE LA TABLE DE LA PREMIÈRE SÉRIE

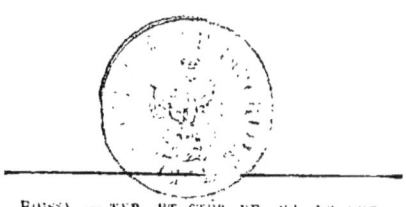

POISSY — TYP. ET STÉR DE GD. BOURET.

www.ingramcontent.com/pod-product-compliance
Lightning Source LLC
Chambersburg PA
CBHW052047230426
43671CB00011B/1820